U0924758

企业管理会计实务丛书

管理会计工具与案例

绩效管理

李守武　主编

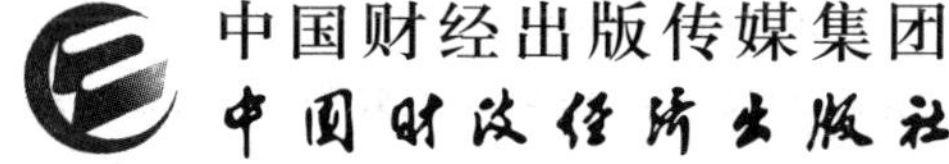
中国财经出版传媒集团
中国财政经济出版社

图书在版编目（CIP）数据

管理会计工具与案例．绩效管理／李守武主编．— 北京：中国财政经济出版社，2018.5
（企业管理会计实务丛书）
ISBN 978－7－5095－8158－2

Ⅰ．①管…　Ⅱ．①李…　Ⅲ．①企业绩效－企业管理　Ⅳ．①F234.3②F272.5

中国版本图书馆 CIP 数据核字（2018）第 078631 号

责任编辑：胡　懿　　　　封面设计：陈宇琰

中国财政经济出版社出版

URL：http：//www.cfeph.cn

E－mail：cfeph @ cfeph.cn

社址：北京市海淀区阜成路甲 28 号　邮政编码：100142

营销中心电话：010－88191537　北京财经书店电话：64033436　84041336

北京富生印刷厂印刷　各地新华书店经销

787×1092 毫米　16 开　16.5 印张　370 000 字

2018 年 5 月第 1 版　2018 年 5 月北京第 1 次印刷

定价：62.00 元

ISBN 978－7－5095－8158－2

（图书出现印装问题，本社负责调换）

本社质量投诉电话：010－88190744

打击盗版举报热线：010－88191661　QQ：2242791300

序言

Preface

于增彪序

2014年，财政部发布《关于全面推进管理会计体系建设的指导意见》（以下简称“指导意见”），在我国管理会计发展中，这是一份具有里程碑意义的纲领性文件，推动着我国管理会计的发展进入新的战略机遇期。

2016年，兵器装备集团副总经理、总会计师李守武与财政部的指导意见相呼应，主持编写了《管理会计工具手册》（第一册、第二册），《管理会计案例（第二版）》3部著作，其中包括7个大类15个管理会计工具和31个案例，系统总结了兵器装备集团在过去若干年间创造性引进和开发的管理会计工具及其应用案例，其影响重大，不仅将兵器装备集团自身的管理会计创新引向深入，而且为财政部制定管理会计应用指引提供了参考，为其他企业应用管理会计树立了标杆，受到普遍的欢迎。

现在摆在我们面前的著作为李总新作，是在“2016年3部版本”的基础上，根据财政部《管理会计基本指引》和诸项管理会计应用指引的内容，结合兵器装备集团最新的管理会计实践和经验，重新编排、重新提炼的升级版，其理论性、系统性和可操作性更加显著。这也表明，兵器装备集团在探索如何落实管理会计应用指引方面又走在了全国企业的前列。

大家知道，我国管理会计体系由理论体系、指引体系、人才培养和信息化4项内容构成，但未包括企业管理会计运行系统。这并不是缺陷，它意味着企业管理会计运行体系应该与此4项内容特别是其中的指引体系相互衔接。唯有如此，才能使各项管理会计应用指引得以落地，才能使企业管理会计运行体系更加有效，更能达成创造企业价值的目的。新编丛书分为战略与预算管理，成本管理，营运管理，绩效管理，投融资与风险管理，报告、信息化与其他6个领域，这实际上是兵器装备集团管理会计运行系统的6个子系统，不仅具有兵器装备集团的情景特色，植入了兵器装备集团的DNA，而且与财政部已发布的22项管理会计应用指引基本上衔接起来。因此，该书对兵器装备集团自身的指导意义不言而喻，仅对其他同类企业理解和落实财政部发布的管理会计应用指引，提升管理会计应用与创新能力，亦将大有裨益。

我以为，李总新书内容编排更为精细，形式对读者更为友好。其中选用的23个管理会计工具，全部经过兵器装备集团实践检验且行之有效，在借鉴财政部管理会计应用指引编写方法的基础上，将每个工具的介绍模板化，使得各个工具更易于理解和应用。选用的案例，都是兵器装备集团成员企业在充分消化吸收财政部各项管理会计应用指引的基础上，结合本企业实际情况，经过实践迭代，总结提炼出来的，可谓“个个精彩，真的精彩，真的让读者受益”，也是本套丛书最宝贵的部分。在我看来，这“宝中之宝”则是案例的架构。各个案例都包括5个部分，其中，描述部分事实完整、条理清晰、逻辑严谨，达到了“比着可做”的地步；多数案例所包括的解决方案、取得成效和经验总结3个部分更有启发性。因为“解决方案”就是决策支持，“取得成效”就是管理会计工具应用的目的，“经验总结”则意在举一反三，扩大战果。值得注意的是，如果我们从这些方面来衡量管理会计应用和创新是否成功，来评价管理会计理论、方法和系统是否可行，就不用担心理论脱离实践或者实践缺乏理论的状况发生，不用担心那些对管理会计坐山论道、夸夸其谈、蓄意忽悠以博取名利的人，把我们带到沟儿里去，更不用担心没有像李总新著这样的扎扎实实的研究成果不断地问世。

我以为，李总新编丛书有两点值得充分肯定。一是应用创新，在贯彻财政部管理会计应用指引的过程中不是教条主义、形式主义地照搬照抄，而是在“应用指引”的指引下，根据自身的特点、实际情况和实际需要，选择工具，制定和实施能够解决问题、见到效果的管理会计行动方案。应该说，管理会计应用本身就包含着创新。二是案例创新，管理会计案例的内容是管理会计实践的反映，做得不好，就无法指望案例好，但有些企业做得不错，编写的案例却“很糟糕”，这与案例编写者对管理会计实务的领悟能力有关，也与写作思路和方法有关，前面我们提到的案例编写框架，应该是一个尝试的途径。因此，本人向企业的财务经理、总会计师或财务总监，甚至全部企业高管推荐此书，作为应用管理会计的范本；向大学和科研机构的专家、教授推荐此书，作为教学和科研的参考；向咨询公司和软件公司的专家推荐此书，作为设计企业管理会计解决方案的依据之一。

党的十九大提出“我国经济已由高速增长阶段转向高质量发展阶段”。经济高质量发展的一个重要方面是高质量的企业经营，而企业经营高质量的衡量指标之一就是可持续的价值创造能力。兵器装备集团的经验提示我们，管理会计作为企业价值创造的信息系统，其未来挥洒的空间和潜力将是巨大的。很显然，应用和创新管理会计的意义决不限于企业本身，对整个经济发展也是不可或缺的。

清华大学教授、博士生导师

于增彪

2018年4月30日

王立彦序

《管理会计工具与案例》系列图书翻开来阅读，耳目一新。近几年管理会计很热，管理会计案例集也出版不少，弥补了以前的缺书少文困境（相对于财务会计及审计而言）。

这套丛书是对2016年兵器装备集团副总经理、总会计师李守武编著的《管理会计工具手册》（第一册、第二册）、《管理会计案例（第二版）》的修订，特点非常突出。

第一，体系逻辑清晰，内容系统完整。23项管理会计工具，63个配套应用案例，基于近年来兵器装备集团的最新管理会计实践编写，是提升管理会计工作质量的坚实基础。

第二，配合财政部《管理会计基本指引》和各项《管理会计应用指引》，按照应用指引的编排方式，对管理会计工具进行编排和分册，具体分为：《战略与预算管理》《成本管理》《营运管理》《绩效管理》《投融资与风险管理》《报告、信息化与其他》。

第三，每一管理会计工具后附对应的管理会计案例。编者充分考虑到学习和使用的便捷性，在每一管理会计工具后直接附2～5个对应工具的管理会计案例。这些案例是在充分消化吸收财政部各项《管理会计应用指引》核心内容的基础上，经过实践迭代总结提炼出来的，包含很多实践应用的图例、流程表单，具有很强的操作性、针对性和借鉴性。

第四，从主编到案例写作，出自一家大型制造业企业集团的多个成员企业，基于实战，紧扣实践，便于借鉴采用。

伴随着改革开放深入，中国经济社会发展日趋成熟，法律、税务等政策环境日益走向稳定。当外部环境规范化，企业家经营企业的最大注意力就不再聚焦于批文、税收优惠、法规漏洞，企业管理重心从“不得不”到“必然”、由外部而内部。内部管理重心在于“节流增效”，就是要强化预算规划、成本管控、运营效率，实现资源合理配置。

管理会计服务于组织内部的决策者和管理者，具有显著的“国情特色”。当前中国大型企业集团的管理会计正处于势头良好的发展阶段，实践中已经具有自己的鲜明特点。中国的产业模式和运营管理决定了我们应该、能够，也有担当责任，总结自己的管理会计理论体系，支持实体产业的发展。

北京大学教授、博士生导师

王立彦

2018年5月2日

傅元略序

自从财政部2017年10月19日重磅发布《管理会计应用指引第100号——战略管理》等22项管理会计应用指引（以下简称《应用指引》）以来，兵器装备集团财务团队在李守武副总经理、总会计师的带领下，将他们拥有20多年的管理会计应用经验和案例与《应用指引》对照总结形成了这套丛书，展现了兵器装备集团的管理会计应用研究团队对应用理论和案例研究的独特贡献，尤其是关于兵器装备集团在管理会计应用方面宝贵经验的系统性总结和阐述。这套丛书的特色和应用价值如下：

第一，遵循财政部发布的《应用指引》，总结管理会计应用的规律并形成制度化的示范。兵器装备集团十多年坚持应用理论研究和案例研究相结合，近3年承担财政部管理会计专项课题两项，每年组织1～2次全集团管理会计应用交流活动，收集到成员单位提交的100多个管理会计应用案例，从中精选出6大类、63个应用案例与丛书对应，为读者提供丰富的管理会计应用实战模拟范例，为财政部发布的《应用指引》的深度推广提供现实的应用案例支持。

第二，流程化、表单化和信息化集成一体。这套丛书的每一种管理会计工具的应用都遵循着“三化”（流程化、表单化和信息化）原则。书中每一种工具应用的案例都充分展示流程、表单和信息化的经验。兵器装备集团的管理会计研究团队认为“管理会计工具”是从管理会计实践出发，基于某一核心概念并加以延伸而构建的，它能够帮助管理会计人员提升绩效、促进决策、支持战略目标以及增创价值。实际上，管理会计工具应用过程就是其应用过程的流程化、表单化和信息化。因此，本套丛书的特色是从兵器装备集团应用的实例中提取大量的表单、流程图、分析模板来充实工具的内容，可以给读者的应用提供许多实战模式。

第三，每一种工具的应用过程既有简明性和可操作性，又富有哲理性。每一工具的应用都清楚地阐明了涉及部门及相关人员，而且需要考虑其应用的环境、资源和信息化的要求。尤其是，在本套丛书中的每一个工具应用案例在阐述应用模式和流程时，都能用表单和流程图来概括其应用过程，并适度地用文字阐述其理论和创新的内容。

第四，精选案例的经验颇为珍贵，具有应用价值。依照《应用指引》的分类，将兵器装备集团的管理会计实践案例归并为6类（战略与预算管理，成本管理，营运管理，绩效管理，投融资与风险管理，报告、信息化与其他）。这些精选案例与财政部的《应用指引》建立了对应关系，充分展示了这套丛书与财政部已发布的《应用指引》相呼应，为读者和企业深度学习和理解《应用指引》提供了现实的标杆性范例。此外，这套丛书还能引导企业将《应用指引》更好地运用到企业管理全过程，并能发挥其提升竞争能力和增创价值的作用。

第五，每一案例都能发现工具应用的创新。书中每一种工具的应用过程都在应用其计量模型和计量分析方法，创新之处就是指定工具应用的经验总结，通常表现为具体工具与案例企业实际应用的内部环境（制度、员工、内部治理、商业模式等）和外部环境（市场因素、政治环境、绿色发展要求、竞争对手、宏观经济政策和金融政策等）相结合所形成的创新举措。

总而言之，本套丛书的出版为企业运用《应用指引》提供了许多可借鉴的宝贵经验，同时为高校的管理会计教学提供实战型的丰富案例，而且为会计学术界开展管理会计理论研究提供中国案例的最新素材。因此，本套丛书不仅对实务界具有很高的应用价值，而且对学术界和高校教学的理论研究也具有丰富的论据题材价值。

厦门大学教授、博士生导师

2018 年 4 月 20 日

潘飞序

又一次看到这套丛书，我非常敬佩兵器装备集团副总经理、总会计师李守武带领的团队所付出的艰辛与获得的成果。自2014年财政部发布《关于全面推进管理会计体系建设的指导意见》以来，兵器装备集团积极探索中国企业管理会计应用的研究与实践，大力推广运用管理会计并取得实效，为我国企业管理者、相关政府部门、学术界、行业协会等各方面的管理会计工作做出了杰出的贡献。

李总的新作凝结了兵器装备集团财务团队多年管理会计实践的精华，是兵器装备集团成功的推进方法和经验的深刻总结。这套丛书按照管理会计的战略与预算管理，成本管理，营运管理，绩效管理，投融资与风险管理，报告、信息化和其他6个大类编排管理会计工具及其配套案例，已经按照管理会计应用指引全面覆盖企业管理会计应用的不同方面，读者可以依据分类“照单抓药”，找到适合自己企业的管理会计工具与案例示范，而且这些案例方法是兵器装备集团经过实践检验行之有效的实践经验总结，对制造业企业有较高的推广价值，其中的部分案例入选了财政部《管理会计案例索引》。我坚信这套丛书的出版对我国管理会计实务发展将会起到以下作用。

第一，对我国企业管理会计推进的示范作用。前段时间全国已经征集了许多管理会计案例，并从中挑选优秀案例作为全国示范，而管理会计案例库建设是管理会计体系建设的关键环节之一。管理会计案例库是对国内外管理会计经验的总结提炼，是对运用管理会计应用指引的实例示范。案例库建设是财政部推进管理会计应用的有效方式之一。兵器装备集团从系统梳理适合自身企业应用的管理会计工具开始，建立与企业组织架构、业务流程、发展阶段相适应的管理会计工具体系，其总结推出的管理会计案例把握住了案例库建设这个关键环节，通过每年的管理会计交流活动，总结、提炼出成员企业的优秀案例，既起到标杆示范作用，又有利于其他成员企业的学习和推广。

第二，对加快我国企业管理会计实践推进具有重要的意义。兵器装备集团通过多年的实践积累与探索，初步建成了完整的管理会计指引体系所含的6大类工具及其案例。这套丛书是兵器装备集团管理会计工具方法的经验沉淀。书中大量使用了企业推进管理会计时的表单和流程图，主要按照企业实际推进管理会计工具时的制度文件操作步骤编排，与财政部发布的管理会计案例编写的范式完全一致，兵器装备集团的这种推进管理会计实践应用的务实做法是值得借鉴和推广的。本套丛书为学术界研究中国企业管理会计实务以及后续大量企业进行管理会计案例的经验总结与编写提供了丰富的素材。

盛情邀请，乐为序！

上海财经大学教授、博士生导师

潘飞

2018 年 4 月 25 日

谢志华序

会计的目标经历了报告受托责任、决策有用和投资者保护的历史变迁。管理会计提供决策有用信息，这种信息不是报告过去而是披露未来，决策从来都是面向未来的，决策有用的信息也只能如此。

管理会计的目标要求如此并不是会计理论研究所致，而是企业实践的内在需求。在长期的企业经营实践中，决策者需要提供决策支持的信息，它是面向未来的。财务会计提供的信息却是面向过去的，财务会计的信息不能充分满足决策者的需要。管理会计自产生之日起就是为了弥补这一缺陷。

伴随着市场竞争环境日趋激烈、企业规模不断扩大和经营复杂程度不断增加，企业面临的风险越来越大，如何及时有效地预测和发现风险、控制风险以实现企业价值最大化，越来越成为企业必须面对的现实问题。管理会计既应运而生，又生而有责，如何为企业可能面对的风险提供预期、规避的信息成为风险决策和控制的前提。

中国管理会计的理论最早是从西方输入的，即便是简单概念也无不来自西方的约定，但这不否定中国企业管理会计实践的历史——只要有管理就必然有决策，只要有决策就不能没有管理会计；决策是面对风险的，预期和控制风险也就不能离开管理会计。

管理会计在西方的实践可以追溯到泰罗的科学管理时代，经历了如此漫长的实践和理论总结，已经形成了较为完整的管理会计学科。在我国，管理会计的实践也有了很长的历史，即便在中华人民共和国成立初期，工厂就采用“民主管理”“群众管理”和“两参一改三结合”等做法。在改革开放后，我国实行市场经济体制，经济得到前所未有的发展，企业面临的经济社会环境发生了巨大变化。企业不仅要面对国内竞争，更需要参与国际市场竞争，企业的规模和经营的复杂程度都是前所未有的，这些都给企业带来巨大的风险压力，决策正确与否对企业的可持续发展甚至生存都会带来决定性的影响。正是由于企业面临这种状况，为企业整个管理活动过程提供决策有用信息就变得十分重要或迫在眉睫。

兵器装备集团是一个传统上高度计划的企业，市场经济的春风使企业沐浴在史无前例的变革之中，市场经济的竞争压力使企业处在变革的风口浪尖上。企业既不可回去，也不可回避。它面临的竞争风险既是国内的，也是国际的，既是现实的，也是未来的。企业的领导者砥砺前行、迎难而上。本质上竞争而胜之必须知己知彼，必须未雨绸缪。这一切离不开用于决策的管理会计所提供的信息，从管理活动的预测、规划、控制到考核，没有哪一环节可以缺少它。兵器装备集团正是看到了这一点，率先垂范，亲历管理会计的伟大实践，并结出让国人让西方刮目相看的实践之果。

更难能可贵的是，兵器装备集团不仅是管理会计实践的先行者，更是其实践的理论总结者。最有效的实践一定能上升为最好理论，最有用的理论也一定能指导实践。兵器装备集团在进行实践总结形成初步理论范式的基础上，并不满足于此，遵循再实践再总结的创新模式，马不停蹄，一路前行，又形成了更新、更完善的理论体系。中国正处在一个飞速变化的时代，中国也正在成为世界上有影响力的大国，中国的伟大实践和所产生的不朽成果必将成为整个世界宝贵财富的重要部分。我深信兵器装备集团组织的《管理会计工具与案例》系列图书的出版必将对我国乃至世界的管理会计理论和实践的发展产生重要的作用。

北京工商大学教授、博士生导师

2018 年 4 月 26 日

汤谷良序

前几天收到一份快递，是守武总会计师主编的最新版《管理会计工具与案例》系列图书样书！这套丛书就是现在展现在我们读者面前的《战略与预算管理》《成本管理》《营运管理》《绩效管理》《投融资与风险管理》《报告、信息化与其他》6 本新作！

两年前，我曾为守武总编著的《管理会计工具手册》（第一册、第二册）、《管理会计案例（第二版）》3 本著作写过序言，至今记忆犹新。作为央企高管的守武总在间隔不到两年的时间里又有这 6 本管理会计大作出版面世，可喜可贺！我由衷佩服，也特别惭愧。作为一名学者教授的我，过去 5 年时间里也仅仅有些论文发表，未有新的著作出版。我坚信守武总的这些持续、高产著作的写作与出版无疑是他对管理会计的激情澎湃使然！因为“管理会计”的缘故，这些年我与守武总有较为频繁的沟通与交流，他对管理会计的满腔热情总是特别感染我！

读毕守武总的这 6 本新作，我觉得“激情”二字不仅可以用于概括守武总的个人品行与职业特征，还完全可以显现这套新作的内容要点与质量特征。我为什么如此认定呢？

首先，了解与熟悉这些年以财政部主导的中国管理会计制度体系建设的人士应该知晓，我国管理会计指引体系包括基本指引、应用指引和案例库 3 大部分内容。但是，至今我们只是在学习、宣贯这些指引与案例。守武总这 6 本新著的内容设计基本上就是财政部发布的管理会计应用指引中的项目与工具。这些年，我和守武总都是财政部管理会计咨询专家团队成员，一直参与这些指引体系与案例库的建设与评审。这些基本指引与应用指引的设计与建设只能比较原则与概括，宜粗不宜细。较为详实的理论解读与具体实操手册，这并非“指引体系”的内容，而应该是与此匹配的管理会计著作的任务。可以肯定，守武总的 6 本大作一定是我国第一套专门针对中国管理会计指引体系的详实解读与使用说明。这“第一套”必定是守武总葆有“敢为天下先”的激情的又一证据。

其次，和企业创新创业类似，管理会计理论研究与实践拓展，仅仅怀抱敢为天下先的理想与热情是不够的。成功与成就，还需要设计框架别具一格、实操路径可行可靠、内容体系独具匠心，等等。这些年我比较反感两类财会类书籍与文章：一类沉迷、纠缠于会计名词概念术语的解释。一些作者力图通过眼花缭乱的概念堆积来证明其理论“创新发展”。另一类纠缠过于琐碎的会计处理与特别细微的流程规范。作者试图证明其如何“独具匠心”。其实，这些书籍与文章很容易把读者带入“深井”，无法“观天”，也很难自拔！阅读守武总的这 6 本新作，特别赏心悦目。这套丛书的各个章节都是围绕各种管理会计工具展开的，每个工具的体例基本都是按照“总则、应用环境、应用程序、方法评价与配套案例”写作的。这种架构与内容设计实现了管理会计理论与实践的完美结合，既能让读者领略到管理会计的理论前沿，也能引领读者实操这些管理会计工具。这种品质的管理会计大作一定是守武总拥有顶天立地、开卷有益的治学激情的标志。

另外，这些年我对管理案例情有独钟，包括案例研究和案例教学。管理案例的重要特征就在于其鲜活新颖，其价值不仅是对本企业管理实践的总结升华，更重要的是能够直接给其他企业管理制度建设以启示、借鉴与指导。守武总的这套新书很吸引我的内容是每个管理会计工具都配有2～5个案例。我发现这些案例都是守武总所在的兵器装备集团管理会计实操的经验总结，而且所有案例都由集团下属企业新近提炼，决非守武总两年前写作《管理会计案例（第二版）》内容的简单复制。阅读守武总这套丛书的案例，我们不仅能“身临其境”地感悟到兵器装备集团在守武总的直接领导下管理会计工具如何创新性嵌入企业的战略管理与业务经营，更能感悟到一个特别的专业问题，即管理会计工具的导入必须着眼于整个企业的管理控制系统，不可以只见树木不见森林。管理会计工具的导入过程必须持续拥有制度建设与变革的激情，这种激情决不能立足财会部门或人员单打独斗与孤军奋战，必须谋求在企业文化与管理制度上永不停息的、深度的业财融合。

中国社会已经迈入新时代！我们必须坚守道路自信、理论自信、制度自信和文化自信！我相信守武总这套新书出版一定有助于中国管理会计建设的新时代，也必将推进基于中国本土的管理会计创新发展的“四个自信”！

对外经济贸易大学教授、博士生导师

2018年4月27日

前　言

Foreword

管理会计是会计的重要分支，主要服务于单位内部管理需要，是通过利用相关信息，有机融合财务与业务活动，在单位规划、决策、控制和评价等方面发挥重要作用的管理活动。世界各国的经济发展历程表明，市场化经济越发展，管理会计作用越明显。习近平总书记在党的十九大报告中指出，我国经济已由高速增长阶段转向高质量发展阶段，正处在转变发展方式、优化经济结构、转换增长动力的攻关期。必须坚持质量第一、效益优先，以供给侧结构性改革为主线，推动经济发展质量变革、效率变革、动力变革。同时，企业发展从追求规模、追求速度转为追求质量、追求效益，更加注重创新能力的培育和核心竞争力的提升。在宏观经济和微观企业转型升级的重要战略机遇期，企业对管理会计的需求日趋强烈。

一、对管理会计本质属性和应用边界的认识

西方国家研究和应用管理会计有近百年的历史，我国虽然起步较晚，但越来越多理论界与实务界的有识之士开始加强了对源于西方的现代管理会计思想和方法的研究与应用。中外学者或权威机构对管理会计的定义不尽相同，但又无法摆脱一些特定的内容，在充分吸收借鉴国内外先进理论的基础上，我们认为管理会计的本质属性和应用边界应该包括以下内容：

管理会计的本质属性至少应包括：第一，战略属性。管理会计作为企业战略管理的重要手段和工具，其宗旨和核心目标是为实现企业战略服务。第二，会计属性。管理会计作为会计的一个分支，其源头和本质属于会计。管理会计是对决策相关的财务和非财务信息进行搜集、整理，形成报告、支持决策的管理活动。第三，财务与非财务信息结合属性。管理会计突破了传统会计学中以货币计量，即仅提供财务数据的限制，将涉及企业战略和经营的非财务信息纳入，拓展了信息渠道、信息内容和获取信息的途径，使企业依据管理会计信息做出的决策更加全面、有效，适应性强。

管理会计的应用边界至少应体现以下三方面的拓展：第一，管理会计工作范围拓展到企业管理流程的各个环节。第二，管理会计信息客体拓展到与决策相关的财务和非财务信息。第三，管理会计信息收集主体拓展到管理会计人员和其他专业管理人员。

管理会计在促进组织目标实现过程中，其职能和作用范围并非无所不能、无所不包、毫无边界。只有认清管理会计在企业价值创造中的功能，明确界定其定位，才能从理论上明晰其与企业管理、财务管理等相近学科间的内在区别，在实务上确定其应有的边界，从而更加

聚焦性地发挥其应有的作用。管理会计与主要相近学科的关系可以概括为：第一，管理会计在企业管理中发挥独特作用。管理会计属于“价值管理”，它区别于企业其他的专业管理，价值管理不再是企业的某种职能管理，而是企业经营管理的全部，是一种以价值视角看待企业的管理，是一种战略意义的管理理念。第二，管理会计服务于企业的战略管理。管理会计是支持企业战略规划和战略实施的信息系统，其通过提供战略决策规划、战略实施、绩效计量及评价等管理信息，满足企业战略实施与经营管理的需要。第三，管理会计与财务会计表现出分化与融合的辩证统一。管理会计与财务会计是会计的两大分支，无论从逻辑层次还是从内容来看，二者都是会计管理系统的一个重要组成部分。从本质上说，财务会计与管理会计自始至终“你中有我，我中有你，相辅相成”，但二者在服务对象、内容范围、工作重点、方法步骤、信息质量要求以及对人员素质要求等方面存在较为明显的区别。第四，管理会计是成本会计的发展方向。管理会计自产生之日起就与成本会计存在天然的“血缘”关系，其发展的过程也标志着成本会计的发展。管理会计需利用成本会计所提供的信息进行分析、决策和规划，如果缺乏成本会计做基础，管理会计将成为无源之水，无本之木，变为空中楼阁而无法存在。第五，管理会计和财务管理研究视角不同。管理会计着眼于企业的日常经营管理活动，而财务管理为企业提供保持良好财务状况的手段和措施，着眼于资本经营和资金活动本身，侧重于融资和投资活动。第六，管理会计以管理控制系统为理论基础。管理控制系统包括：战略计划、预算编制、资源配置、业绩计量、评价和奖励、责任中心以及转移定价等内容，它从系统角度和理论高度对管理会计知识体系的建立提供重要支撑。

二、管理会计工具方法的特点与一般应用步骤

管理会计工具方法是从管理会计实践出发，基于某一核心概念并加以延伸而构建的，能够帮助管理会计人员提升绩效、促进决策、支持战略目标以及增加价值的框架、模型、技术或流程。管理会计理论与实践都需要通过具体的工具方法得以应用和落实。管理会计工具方法是管理会计理论的具体化、模型化，管理会计理论使管理会计工具方法具备逻辑严密性。通过文献检索，我们对管理会计工具方法系统梳理后发现，国内外管理会计工具方法有100多种。众多的管理会计工具方法，从实践角度分析，主要有3个方面的特点：源于实践、易于操作、相对独立。

第一，管理会计工具方法源于实践。虽然大多管理会计工具方法以某一核心理论为出发点，但都需要经过实践的检验，在实践中持续改进。比如丰田汽车以准时化发展方式实现精益制造管理；又如卡普兰和诺顿在20世纪90年代提出的平衡计分卡，也是在总结大量企业实践应用后，上升为工具方法，具备推广性。

第二，管理会计工具方法易于操作。管理会计工具方法的产生，直接作用是使管理会计理论更具操作性，主要表现在：一是模型化的工具方法易于收集和传递信息，易于信息化。二是有针对性地解决管理问题。由于工具方法本身是问题导向的，其使用的效果也具有明显的问题导向。三是与管理流程和业务流程融合。

第三，管理会计工具方法相对独立。目前主流的管理会计工具方法往往以某一选定的因

素为核心作为理论起点，用选定的分析性工具展开其理论架构，在达到工具本身逻辑严密的同时，也带来与其他管理工具相容性不高的问题。

另外，每种管理会计工具方法都具有个性化的特点，强调适用性，只有与企业组织架构、管理特点相适应的管理会计工具方法才能在企业中得到有效应用。管理会计工具方法选择与使用的步骤一般包括：识别应用环境、选择工具方法、适应性改良与整合应用。

第一步：识别应用环境。企业应结合每种管理会计工具方法的特点，对内外部应用环境进行分析。比如作业成本管理和标准成本管理的应用环境明显不同：标准成本管理一般适用于产品及其生产条件相对稳定，或生产流程与工艺标准化程度较高的企业。作业成本管理则主要适用于作业类型较多且作业链较长，产品、顾客和生产过程多样化程度较高以及间接或辅助资源费用所占比重较大的企业。

第二步：选择管理会计工具方法。各企业应根据管理特点和实践需要选择相应的工具方法。财政部《管理会计基本指引》中提出管理会计应用需考虑适应性原则，即“管理会计的应用应与企业内外部环境和性质、行业、规模、发展阶段等自身特征相适应，并随内外部环境和自身特征的变化及时进行相应调整”。企业在选择管理会计工具方法时也要遵循适应性原则。一是需要坚持从企业经营管理实际需求出发，广泛查阅相关文献、理论著作、核心期刊等资料，搜索国内外理论研究、运用实践、经验总结中的管理会计工具方法。二是确定与本企业治理结构、组织架构、行业性质、管理方式相适应的管理会计工具方法。三是应结合企业所处发展阶段的管理重点和需提升的管理短板，遵循问题导向原则，以及本企业推进管理会计体系建设的整体目标，确定应用管理会计工具方法的节奏和顺序。

第三步：适应性改良与整合应用。实践中，管理会计各种工具方法通过“交叉”应用实现了融合发展。一是战略管理、绩效管理、营运管理领域的管理会计工具方法创新速度明显加快，实践热度显著提升。二是战略地图、平衡计分卡、战略中心型组织、绩效计划、战略成本管理、EVA 管理等“交叉型”工具方法在国内企业中大量应用。三是供应链成本管理等工具跨越单体企业边界，在产业链角度寻求价值创造的空间和潜力。

三、国内外管理会计发展的最新趋势

近年来，国内外管理会计呈现以下发展趋势。

从国际上看，第一，管理会计处于创造价值、培育企业核心竞争力的战略管理会计阶段。西方国家管理会计经过近百年的发展，先后经历了以成本控制为特征的阶段、以预测决策为特征的阶段、以消除商业流程中资源浪费为重点的阶段，目前处于以重视创造价值、培育企业核心竞争力为特征的战略管理会计阶段。这一阶段，管理会计主要功能是服务战略落地，通过合理配置企业内部资源、识别企业的价值创造模式和路径，最终为企业价值创造和培育核心竞争力服务。第二，管理会计规范化、体系化取得突破进展。西方国家管理会计规范化历程与管理会计理论和实务的发展同步，主要依靠行业协会进行规范化和体系化。近年来规范化体系化进程加速并取得一定突破。比如，截至 2018 年 5 月，美国管理会计师协会（IMA）陆续发布了 58 个管理会计公告，而且公告数量和内容还处于不断更新中；英国皇家特许管理会计师公会和美国注册会计师协会于 2014 年联合推出了《全球管理会计原则》（CGMA），2015 年发布了《管理会计基本工具手册》，2016 年发布了中文版《CGMA 管理会计能力框架》。第三，理论和实践互相迭代、在实践中持续改进。西方国家的一部分管理会计工具方法从实践中产生，以典型企业应用典型工具为特色，比如丰田汽车以准时化生产方式实现精益制造管理；另一部分工具方法从理论出发，推广到实践领域，比如卡普兰和诺顿的平衡计分卡，在企业实际应用后，其理论体系又发展到战略地图、战略中心型组织等。无论工具方法最初是基于实践总结，还是源于理论创新，工具方法的应用都在不断改进和完善。第四，信息技术革命和快速发展推动管理会计变革。当前，互联网、物联网、云计算、大数据、人工智能、量子计算等新一代信息技术迅猛发展，企业管理面临海量数据、极速处理、实时报告的需求。同时，各种复杂管理会计工具方法的应用及融合应用成为可能，且更加便捷高效。比如大数据技术将使滚动预算的情景模拟更加符合实际；利用设备传感技术产生的物联网数据将为作业成本法的推广和应用奠定基础；实时订单成本核算将满足个性化定制的报价与成本预估需求。在新一代信息技术的快速发展下，企业管理的决策流程、方法和模式等必将发生变革，管理会计的理论、工具方法、实践应用也会随着发生巨大改变。

从国内来看，第一，财政部积极主导全面推进管理会计建设。2014 年 10 月，财政部发布《关于全面推进管理会计体系建设的指导意见》（以下简称《指导意见》）；2016 年 6 月发布《管理会计基本指引》，2017 年 10 月发布《管理会计应用指引第 100 号——战略管理》等 22 项管理会计应用指引。2016 年 10 月 8 日，财政部发布《会计改革与发展“十三五”规划纲要》，提出“2018 年前基本形成以管理会计基本指引为统领、以管理会计应用指引为技术支持、以管理会计案例示范为补充的管理会计指引体系”，明确了我国管理会计指引体系建设的时间表。《指导意见》发布以来，特别是《管理会计基本指引》发布后，在财政部大力推动下，我国各团体、高校、企业都在不同程度地开展管理会计的研究和应用，管理会计发展进入新的阶段。各专业协会、主流媒体、咨询公司和培训机构等组织了形式多样的管理会计研讨会及论坛，推动管理会计理论探讨和实践交流；各大中央企业和民营企业根据《指导意见》和《管理会计基本指引》，结合自身实际，已经开展或准备启动管理会计体系建设，比较领先的企业已经建立了基于自身特色的管理会计应用体系。第二，从单一工具方法模仿导入向个性化、体系化运用转变。中国企业应用的管理会计工具方法大多源于西方，在工具方法导入的初期，企业主要是针对某个工具进行研究，为弥补企业的某项管理短板而导入应用，但近几年，企业对多个工具方法的整合应用趋势明显，部分企业通过分析本企业业务模式、行业特点、发展阶段，对多个工具方法进行梳理选择，建立个性化、体系化的工具方法体系。第三，从促进财务转型向推动组织变革转变。目前企业通过对管理会计工具方法的应用，将其融入业务流程，逐步探索从核算型财务向决策型财务的转型，在融合业务的过程中，为实现资源优化配置、将更多财会人员从核算工作中解脱出来，部分企业大胆开展了业务流程再造和组织变革。这种变革可能发生在企业的财务组织内部，也可能涉及企业整体的组织架构变革。

四、中国兵器装备集团有限公司管理会计应用实践

中国兵器装备集团有限公司（以下简称“兵器装备集团”或“兵装集团”）是国有大型企业集团，成立于1999年7月，是国防科技工业的核心力量，肩负着“保军报国、强企富民”的神圣使命，其前身可以追溯到第五机械工业部、兵器工业部、国家机械工业委员会。兵器装备集团自1999年成立以来共经历了4个发展阶段：一是扭亏为盈求生存阶段（1999～2003年），二是以提升发展规模速度为主要特征的“622”战略阶段（2004～2009年），三是以提升发展质量效益为核心的“211”战略阶段（2010～2015年），四是“十三五”领先发展战略阶段（2016年以来）。从2010年开始，兵器装备集团从主要追求速度规模向主要追求质量效益转变，提出“211”发展战略，即六年两步走，利润翻两番，营业收入翻一番，人均收入翻一番。这一时期，财务工作的重点是提升集团的价值创造能力。基于管理会计服务战略落地、提高经营质量效益和助力价值创造的功能，兵器装备集团从战略需求出发，通过认真调查研究，决定开展管理会计体系建设。因此，兵器装备集团管理会计体系建设源于提升发展质量效益的需求。

在系统性总结兵器装备集团前期管理会计实践的基础上，我们按照“服务战略、融合业务、支持决策、管控风险”4个导向，采用“选工具、定方案、编手册、树典型、渐推广”的一套做法，经过导入准备期、试点推广期、分类实施期、完善提升期4个阶段的建设，到2015年初步建成了体系完善、内容丰富的集团管理会计体系，其特点包括：

第一，集团整体布局实施管理会计体系建设。管理会计个性化特征突出，兵器装备集团是多产业大型国有集团，如何从集团层面推进，兼顾成员企业的个性和整体推进的共性，是关键问题。我们在集团层面开展的主要工作包括：制定集团管理会计体系实施的整体方案；成立“价值创造型财务管理体系推进办公室”，配备管理会计专业人员；根据兵器装备集团下属成员企业所属行业、管理基础等因素选择适应的管理会计工具方法，编制《管理会计工具指导手册》，有步骤、分节点推进管理会计工具应用等。

第二，因地制宜地选择工具方法。管理会计工具方法具有个性化特点，强调适用性，只有与企业组织架构、管理特点等内部环境相适应的管理会计工具方法才能在企业中得到有效应用。兵器装备集团在选择全集团推广的管理会计工具方法时，根据应用环境和需求采用四步走的策略：第一步，坚持从企业经营实际需求出发，检索国内外理论研究文献，运用实践、经验总结中的工具方法，共研究收集管理会计工具方法102个。第二步，确定15个与兵器装备集团治理结构、组织架构、行业性质、管理方式相适应的管理会计工具方法。第三步，结合兵器装备集团管理特点、集团化财务管控体系以及集团战略目标，确定首先推广的10个管理会计工具方法。第四步，采取“7+3”的模式，全面预算、标准成本、全价值链成本管理等7个工具方法，要求在成员企业都有应用，平衡计分卡、客户盈利能力管理、作业成本管理3个选推工具方法，鼓励管理基础好、有条件的企业选择应用。

第三，成员企业“标杆示范”和“整体达标”相结合。集团成员企业所属行业、经营规模、管理基础、管理需求不同，管理会计应用的侧重点和进度也不一样。我们把管理会计

应用优秀的企业实践形成案例，在全集团宣传推广。这一时期成员企业应用管理会计形成142个案例，其中6个优秀案例入选第一批财政部《管理会计案例索引》，2个案例入选首批财政部管理会计案例库，有效地牵引了集团成员企业的管理会计实践。在经历前期建设后，我们提出对成员企业进行达标评级，对企业管理会计工具方法的应用效果进行评价，以评促建，从而实现成员企业管理会计应用水平的整体提升。因此，管理会计探索形成兵器装备集团特色的财务转型之路。

建设面向经营层、支持决策的管理会计体系是兵器装备集团价值创造型财务管理体系建设的核心任务，也是“SRRV”集团化财务管控模式的升华和深化，是兵器装备集团构建先进军工和现代产业体系，实施转型升级在财务管理方面的具体要求。经过6年的探索和实践，兵器装备集团管理会计体系初步建立。这一时期应用和推广管理会计取得的主要收获包括：通过应用管理会计工具方法，发现浪费、消灭浪费、发现价值、创造价值，集团发展的质量和效益显著提升，管理会计对价值创造的作用显著增强。截至2017年底，兵器装备集团连续11年被评为“央企负责人经营业绩考核A级”，位列“世界500强”第101位，主要经济指标列国防科技工业前列。组织成员企业开展管理会计体系建设，累计为集团创造价值181亿元，管理会计体系的建设有力地支撑了集团发展战略目标的实现。同时，兵器装备集团也形成了一批理论探索和实践应用成果，财会队伍素质大幅提升。兵器装备集团财务工作转型的同时，财会人员也成功实现转型，在价值创造型财务管理体系建设过程中，已承担财政部《中国企业管理会计指引体系研究》和《集团企业管理会计体系研究》课题两项，在核心期刊发表各类论文80余篇，编辑出版专著5册。截至2017年底，兵器装备集团拥有10名全国会计税务领军人才，通过CMA（美国注册管理会计师）考试的人数达到134人，企业财务人员从事管理会计工作的比重达到70%以上。

五、集团企业管理会计体系建设最新探索

从单一管理会计工具应用，到搭建管理会计体系，再到最终实现业财融合，是伴随企业机制创新、财务转型的一个管理变革过程。不同发展环境、不同发展阶段，企业对管理会计的需求和管理会计建设的侧重点不同。自2014年10月财政部发布《指导意见》以来，企业、高校、中介机构等研究和应用管理会计的中坚力量都积极投入管理会计体系建设。2015年和2016年，我们积极响应财政部全面建设管理会计体系的要求，结合前期在管理会计推进方面的实践经验，开展了中国企业管理会计体系建设和集团企业管理会计体系建设两个项目的相关研究工作。

在充分借鉴国内外管理会计理论、西方国家管理会计规范化历程、全球管理会计原则、美国管理会计公告、我国内部控制体系和财务会计准则体系的基础上，《中国企业管理会计指引体系研究》课题主要在以下几个方面进行有益探索，并取得突破和创新：第一，界定管理会计应用的边界、促进管理会计学科体系完善。通过比较管理会计与企业管理、战略管理、财务管理、财务会计、成本会计、管理控制系统等相关学科的关系，管理会计应用的边界得以明确，为后续管理会计应用的范围以及管理会计工具方法选择的范围提供判断依据，

促进管理会计学科体系的完善。该项研究认为，管理会计的本质属性和应用边界可以概括为：管理会计是从传统会计中分离出来与财务会计并列、以管理控制系统为理论基础之一、以会计核算信息为基础、对财务和非财务信息进行深加工、服务战略管理、在企业管理流程各环节发挥价值管理作用的一门会计学科。第二，形成企业管理会计应用的逻辑框架、为实践提供方法论。结合国内外相关研究成果，我们建立了目标、原则、要素的3层次管理会计应用的“1+4+4+3”逻辑框架，为管理会计应用研究和实务工作奠定理论基础、提供方法论指导。逻辑框架中“1”代表1个目标，即企业管理会计应用的总目标是“基于战略的可持续价值创造”。“4”代表4大原则和4个要素。4大原则包括：适用性、有效性、相关性、价值导向；4个要素包括：应用环境、管理活动、沟通反馈、决策与服务。第三，形成基于企业战略流程和价值链流程的管理会计工具方法体系的排布方式。该项研究以企业战略管理流程为纵轴、以价值链流程为横轴形成管理会计工具的二维排布框架，将实践成熟、易于推广的管理会计工具纳入二维排布框架，形成基于战略流程和价值链流程的管理会计工具排布方式，为企业实务中应用推广管理会计提供系统性建议。

《集团企业管理会计体系研究》课题主要聚焦集团企业管理会计体系。通过对国内外管理会计体系的文献进行全面回顾，重点对管理控制系统的不同流派进行对比分析，结合当前我国集团企业管理会计应用环境的最新变化，在管理控制系统理论框架的基础上，该项研究引入机制设计理论、网络治理理论、熊彼特创新理论和协同理论四大理论，搭建了中国集团企业管理会计体系的理论框架。作为该项研究的理论基础，该框架将为管理会计体系的研究和应用提供理论支撑。该项研究认为，集团企业管理会计体系应包括自主适应系统、运营管理系统、边界控制系统和信念系统四部分。其中，基于利益相关者价值创造的运营管理系统是该框架的核心，通过运营管理系统将集团企业的自主适应系统、边界控制系统和信念系统有效整合，可以更好地实现目标。自主适应系统、边界控制系统和信念系统都用来支持集团企业实现利益相关者可持续价值创造。其中，自主适应系统有利于促进集团企业自主适应环境变化和动态创新，实现持续创造价值；边界控制系统有利于促进集团总部及成员企业在设计、执行战略以及开发市场机会的过程中有效控制风险，实现合规创造价值；信念系统有利于促进集团企业的不同利益相关者统一目标和价值观，实现共同创造价值。

六、本次修订丛书的新特点和主要内容

为进一步完善集团管理会计体系，提升管理会计工作的质量，根据财政部《管理会计基本指引》和各项《管理会计应用指引》，结合近年来兵器装备集团的最新管理会计实践，我们对2016年版的《管理会计工具》（第一册、第二册）、《管理会计案例（第二版）》进行修订，选择兵器装备集团成员企业广泛使用的23个管理会计工具和总结提炼、补充更新的63个管理会计应用案例，形成企业管理会计实务丛书《管理会计工具与案例》系列图书。相较2016年版本，修订后丛书的特点包括：

第一，统一管理会计工具和管理会计案例的体例。本套丛书在2016年5月出版《管理会计工具》（第一册、第二册）、《管理会计案例（第二版）》的基础上，按照财政部《管理

会计应用指引》的应用领域及工具体例编排，形成23个体例统一的管理会计工具，参照财政部管理会计案例库的案例标准体例对兵器装备集团总结提炼的63个案例进行标准化，使其相对统一。

第二，按照《管理会计应用指引》的编排方式对管理会计工具进行编排和分册。我们将兵器装备集团成员企业广泛使用的23个管理会计工具，按照财政部应用指引的编排顺序进行排序，同时按照《管理会计基本指引》的应用领域对管理会计工具进行分册，具体分为《战略与预算管理》《成本管理》《营运管理》《绩效管理》《投融资与风险管理》《报告、信息化与其他》，共6册。综合考虑篇幅长短，不同于《管理会计基本指引》的8大类应用领域，本套丛书将战略管理和预算管理合并为1册，将投融资管理和风险管理合并为1册。

第三，每一个管理会计工具后附对应的管理会计案例。兵器装备集团管理会计案例库与集团推进管理会计同步进行，既是管理会计体系建设的基本内容之一，又对各成员企业管理会计的应用起到示范和推广作用。本套丛书的63个管理会计案例是兵器装备集团成员企业在充分消化、吸收财政部各项《管理会计应用指引》核心内容的基础上，经过实践迭代，总结提炼出来的。其中6个经典案例入选财政部《管理会计案例索引》，两个案例入选财政部国家首批管理会计案例库。

《管理会计工具与案例》系列图书共6册，其中：

《战略与预算管理》分册包括战略管理类的战略地图工具和预算管理类的全面预算、滚动预算工具。

“1 战略地图”：以财务、客户、内部业务流程、学习与成长4个维度为主要内容，通过分析各维度的相互关系，绘制战略因果关系图。战略地图工具是以财政部《管理会计应用指引第100号——战略管理》和《管理会计应用指引第101号——战略地图》为基础和依据编制的。该工具旨在描绘战略地图在企业战略管理实战应用的操作，为企业战略制定、分解、监控、评估等战略管理提供一套方法、模板。战略地图工具后附长安汽车“深化运用管理会计工具，全面提升战略管理能力”和青山公司“增强战略指导，确保战略落地”两个案例。

“2 全面预算”：全面预算是指企业以战略目标为导向，通过对未来一定期间内的经营活动和相应的财务结果进行全面预测和筹划，科学、合理配置企业各项财务和非财务资源，并对执行过程进行监督和分析，对执行结果进行评价和反馈，指导经营活动的改善和调整，进而推动实现企业战略目标的管理活动。全面预算工具是以财政部《管理会计应用指引第200号——预算管理》为基础和依据编制的，重点总结了兵器装备集团在全面预算管理实践中的典型做法、图表等，为企业实施全面预算管理提供参考。全面预算工具后附长江电工“运用五步法推进全面预算”和东安汽发“战略导向、基于作业、面向价值链的全面预算管理”两个案例。

“3 滚动预算”：企业根据上一期预算执行情况和新的预测结果，按既定的预算编制周期和滚动频率，对原有的预算方案进行调整和补充，逐期滚动，持续推进地编制预算。滚动预算工具是以财政部下发的《管理会计应用指引第201号——滚动预算》为基础和依据编制的，旨在与实践相结合，进一步阐述滚动预算在实践中的注意事项和执行步骤，以便企业各自参考、借鉴和运用。滚动预算工具后附建设工业“月度滚动预算及弹性预算在企业管理提升中的应用”、东安汽发“以经营预测为起点的月度滚动预算”、南方天合“做好以经营预测为基础的滚动预算，助力企业运营管理”和南方佛吉亚“滚动预算保障经营目标实现”4个案例。

《成本管理》分册包括成本管理类的目标成本法、标准成本管理、变动成本法、作业成本管理工具。

“4 目标成本法”：企业以市场为导向，以目标售价和目标利润为基础确定产品的目标成本，从产品设计阶段开始，通过各部门、各环节乃至与供应商的通力合作，共同实现目标成本的成本管理方法。目标成本法工具是以财政部下发的《管理会计应用指引第301号——目标成本法》为基础和依据编制的。内容以目标价格为主导，以客户为核心，以产品设计为主线，以价值链为导向，以流程设计为手段，参与企业成本管理、新产品竞价，为管理层决策提供可靠的支撑。目标成本法工具后附长安汽车“面向成本设计的成本管理工具的实践和推广”、长江电工“目标成本法助建企业竞价体系”和嘉陵股份“目标成本法在新品开发上的运用与拓展”3个案例。

“5 标准成本管理”：企业以预先制定的标准成本为基础，通过比较标准成本与实际成本，计算和分析成本差异，揭示成本差异动因，进而实施成本控制、评价经营业绩。标准成本管理工具是以财政部下发的《管理会计应用指引第302号——标准成本法》为基础和依据编制的。标准成本管理工具后附长安工业“特种产品制造业标准成本体系的建立及运用”、长江电工“机械加工企业的标准成本体系建设”、云箭公司“复杂装备系统标准成本体系的构建尝试”、华庆公司“标准成本法在华庆公司的应用”和长江化工“推行标准成本助力企业精细化管理”5个案例。

“6 变动成本法”：企业以成本性态分析为前提条件，将生产过程中消耗的变动成本作为产品成本的构成内容，固定生产成本和非生产成本作为期间成本，直接由当期收益予以补偿。变动成本法工具是以财政部下发的《管理会计应用指引第303号——变动成本法》为基础和依据编制的。变动成本法工具后附长安工业“基于变动成本法在企业经营决策中的运用”和长江电工“变动成本法服务于企业短期决策”两个案例。

“7 作业成本管理”：以成本精细化管理、提高客户价值、增加企业利润为目的，基于作业成本法的成本管理系统。作业成本管理工具是以财政部下发的《管理会计应用指引第304号——作业成本法》为基础和依据编制的。该工具以作业成本法为基础和前提，围绕作业成本管理展开，重点总结了应用于实践的典型做法、图表等，帮助企业更好地实施作业成本管理。作业成本管理工具后附长安汽车“作业成本法在长安汽车的实践与运用”、建设空调“基于价值链成本管理，推行企业班组精益化改善提升”和万友汽车“作业成本法在汽车服务业的应用”3个案例。

《营运管理》分册包括营运管理类的经营预测、本量利分析、敏感性分析、边际分析、现金流管理、客户盈利能力管理工具。

"8 经营预测"：通过收集整理过去和现在发生的信息，运用一些科学的预测手段，对未来可能产生的经济效益以及发展趋势做出合理预判和推测。经营预测工具是以财政部下发的《管理会计应用指引第 400 号——营运管理》为基础和依据编制的。经营预测工具后附云箭公司"构建以战略为导向的经营预测模型"和长江化工"全面开展经营预测，促进企业健康发展"两个案例。

"9 本量利分析"：在成本按其性态划分的基础上，运用数学模型及图表形式，对成本、利润、业务量与单价等因素之间的依存关系进行分析，发现变动的规律性，为企业进行预测、决策、计划和控制等活动提供支持。本量利分析工具是以财政部下发的《管理会计应用指引第 401 号——本量利分析》为基础和依据编制的。该工具重点叙述了本量利分析模型的搭建及本量利分析的内容，帮助企业更好地运用本量利分析方法，为企业决策提供支撑。本量利分析工具后附大江工业"本量利分析的应用"和华中药业"运用本量利工具支撑企业经营决策"两个案例。

"10 敏感性分析"：对影响目标实现的因素变化进行量化分析，以确定各因素变化对实现目标的影响及其敏感程度。敏感性分析工具是以财政部下发的《管理会计应用指引第 402 号——敏感性分析》为基础和依据编制的。该工具重点总结了应用于短期营运决策和长期投资决策中的典型做法、图表等，帮助企业更好地运用敏感性分析方法。敏感性分析工具后附建设工业"敏感性分析在投资决策中的应用"和万友汽车"敏感性分析在汽车服务业利润预测中的应用研究"两个案例。

"11 边际分析"：分析某可变因素的变动引起其他相关可变因素变动的程度。边际分析工具是以财政部下发的《管理会计应用指引第 403 号——边际分析》为基础和依据编制的。该工具为帮助企业评价产品的盈利能力，支撑管理者做出正确的决策，促进企业提高经济效益提供方法指导。边际分析工具后附望江工业"基于价格决策和产品结构调整的边际分析应用"和建设工业"边际贡献在企业经营决策中的分析与应用"两个案例。

"12 现金流管理"：企业在一定会计期间按照现金收付实现制，通过一定的经济活动（包括经营活动、投资活动和筹资活动），对产生的现金流入和流出进行制定、执行、调整、监控与分析、应用效果评价的全过程管理，是确保企业的生存与发展、提高企业市场竞争力的重要保障。企业在应用现金流管理工具时，应建立健全现金流管理制度，帮助企业开展日常经营合理安排资金，提高资金的周转及使用效率，助推企业持续、健康、快速发展。现金流管理工具后附望江工业"构建动态资金管控体系，提升企业资金抗压能力"和嘉陵股份"完善企业现金流管理"两个案例。

"13 客户盈利能力管理"：企业通过研究客户希望拥有某种产品的意愿、支付能力以及购买机会，吸引新客户、保留老客户以及将已有客户转为忠实客户，最终实现客户对产品的购买以及售后服务，增加市场份额，从而实现客户持续为企业创造价值。客户盈利能力管理工具主要应用于经销商、供应商以及终端客户，以满足企业经营发展需求，实现多方共赢的生态运营体系。客户盈利能力管理工具后附长安汽车"基于共赢理念的客户盈利能力管理"、南山公司"客户盈利能力管理提升公司营运质量"、长江化工"运用客户盈利能力分析，精耕客户差异化管理”和财务公司“利率市场化推动下财务公司盈利能力分析工具的应用探索”4个案例。

《绩效管理》分册包括绩效管理类的企业绩效管理、关键绩效指标法、EVA提升、平衡计分卡工具。

“14 企业绩效管理”：企业与所属单位（部门）、员工之间为了达到共同的企业绩效目标，共同参与绩效计划制定、计划执行、考核评价、结果运用及改进的管理全过程。企业绩效管理工具是以财政部下发的《管理会计应用指引第600号——绩效管理》为基础和依据编制的。该工具旨在促进企业加强绩效管理，激发和调动员工积极性，增强价值创造力。企业绩效管理工具后附长安工业“变革基于BSC的绩效管理体系”、建设工业“应用管理会计工具实施‘建设特色’经营绩效管理”、成都光明“基于管理标准、价值创造的绩效管理变革”和北方工具“资产经营绩效考评体系的构建与应用”4个案例。

“15 关键绩效指标法”：基于企业战略规划，通过建立关键绩效指标（KPI）体系，将价值创造活动与战略规划目标有效联系，并据此进行绩效管理的方法。关键绩效指标法工具是以财政部下发的《管理会计应用指引第601号——关键绩效指标法》为基础和依据编制的。关键绩效指标法工具后附嘉陵特装“关键绩效指标在企业的应用”和青山公司“切实运用关键绩效指标，提高管理针对性、有效性，保障战略落地”两个案例。

“16 EVA提升”：以经济增加值（EVA）为核心，建立绩效指标体系，引导企业注重价值创造，并据此进行绩效管理的方法。EVA提升工具是以财政部下发的《管理会计应用指引第602号——经济增加值法》为基础和依据编制的。该工具定位于经济增加值法的提升管理，内容包括经济增加值法的概念及核心思想、经济增加值法计算方法，重点讲述EVA中心管理、EVA价值诊断流程、EVA提升管理步骤等。EVA提升工具后附望江工业“风电齿轮箱EVA中心建设与探索”和长江特装“EVA提升引领企业价值创造方向”两个案例。

“17 平衡计分卡”：基于企业战略，从财务、客户、内部业务流程、学习与成长4个维度，将战略目标逐层分解转化为具体的、相互平衡的绩效指标体系，并据此进行绩效管理的方法。平衡计分卡工具是以财政部下发的《管理会计应用指引第603号——平衡计分卡》为基础和依据编制的。该工具旨在描绘平衡计分卡在企业实践应用中的操作，为企业推进平衡计分卡提供一套方法、模板，为企业战略管理和绩效管理服务。平衡计分卡工具后附长安汽车“深化运用管理会计工具，全面提升价值创造能力”和青山公司“深入推进平衡计分卡，确保战略执行落地”两个案例。

《投融资与风险管理》分册包括投融资管理类的项目财务管理、贴现现金流法工具和风险管理类的企业风险管理工具。

“18 项目财务管理”：基于项目全生命周期的项目财务活动的归口管理工作，是项目营运过程中财务资源使用的全流程管理的方法。项目财务管理工具是以财政部下发的《管理会计应用指引第502号——项目管理》为基础和依据编制的。该工具内容包括项目投资基础管理、固定资产项目财务决策评价、研发项目财务决策评价、项目财务预算管理、项目财务挣值法管理。项目财务管理工具后附秦变公司“±1 100千伏特高压变压器基地建设项目投资决策分析”、昆仑公司“强化项目财务管理，提升项目管控水平”、云箭公司“特种产品生产线综合技术改造项目管理”和光明派特“TFT加工制作技术项目财务管理”4个案例。

“19 贴现现金流法”：又称现金流折现法，是以资金的时间价值为理论基础，并基于一定的前提假设条件，选择恰当的贴现率对企业预期的各期现金流入、流出进行贴现，最终计算得出企业当前的价值，为经济行为提供价值参考依据。贴现现金流法工具是兵器装备集团以财政部下发的《管理会计应用指引第501号——贴现现金流法》为基础和依据编制的。该工具重点描述了运用贴现现金流法的步骤和具体模型，并结合应用过程中可能遇到的问题进行了分析与探讨，提出了应用贴现现金流模型需要注意的问题。贴现现金流法工具后附B公司“贴现现金流法在企业价值评估中的运用”和成都光明“贴现现金流法在非球面项目投资中的运用”两个案例。

“20 企业风险管理”：企业对风险进行有效评估、预警、应对，为企业风险管理目标的实现提供合理保证的过程和方法。企业风险管理工具是兵器装备集团以国资委下发的《中央企业全面风险管理指引》为基础和依据编制的。该工具包括总则、应用环境、应用程序、工具方法评价，重点总结应用于实践的典型做法、图表等，帮助企业更好地进行企业风险管理。企业风险管理工具后附红宇公司“推进内控体系建设，提升全面风险管控能力”和建设空调“空调器基于全面风险管理的履约监督体系建设”两个案例。

《报告、信息化与其他》分册包括企业管理会计报告、管理会计信息化、价值链成本管理工具。

“21 企业管理会计报告”：企业运用管理会计方法，根据财务和业务的基础信息加工整理形成的，满足企业价值管理和决策支持需要的内部报告。企业管理会计报告工具是以财政部下发的《管理会计应用指引第801号——企业管理会计报告》为基础和依据编制的。该工具对兵器装备集团以及其下属成员企业的管理会计报告的实践经验与案例进行总结，按照可推广的原则，对其通用性内容进行提炼。企业管理会计报告工具后附望江工业“基于精益化决策的管理会计报告体系建设”和兵器装备集团摩托车部“管理会计报告的深度应用与实践”两个案例。

“22 管理会计信息化”：企业财务核算、业务处理和相关管理模块集成的信息化平台，系统涵盖企业主要经营管理信息，包括采购、库存、销售、生产制造、维修、财务核算等。管理会计信息化工具是以财政部下发的《管理会计应用指引第802号——管理会计信息系统》为基础和依据编制的。该工具结合兵器装备集团多年来管理会计信息化应用实践的成果，将价值创造的理念与其他管理会计工具的运用有机结合，为企业提供可借鉴的经验总结。管理会计信息化工具后附长江电工“信息化系统助推管理会计落地”、建设工业“管理会计信息系统建设实践”和华川工业“管理系统建设实践”3个案例。

“23 价值链成本管理”：以价值链管理和战略成本管理等理念为先导，以价值链分析和成本动因分析为手段，全面收集、分析和利用价值链上各环节的成本信息，通过推行和实施全价值链成本管理工具和方法，优化企业价值链，降低企业价值链上各环节成本，实现总成本最优，提升企业长期竞争优势。价值链成本管理工具内容丰富，涉及范围广，对应多个指引。价值链分析、竞争战略分析和成本动因分析等内容是以财政部《管理会计应用指引第100号——战略管理》为基础和依据编制的，设计成本管理是以财政部《管理会计应用指引第301号——目标成本法》为基础和依据编制的，制造成本管理是以财政部《管理会计应用指引第300号——成本管理》为基础和依据编制的，采购成本管理是以财政部《管理会计应用指引第400号——营运管理》为基础和依据编制的。价值链成本管理工具后附长安汽车“基于平台建设的汽车全价值链精细化成本管理”、长安工业“基于精益生产方式的特种产品企业计划与物流管理变革”、青山公司“产品全生命周期的全价值链成本管理”和华川电装“基于信息化的质量成本推进探索”4个案例，以及1个涉及价值链不同环节的小微案例集。

后续兵器装备集团将根据财政部管理会计应用指引的发布节奏，及时丰富完善兵装集团应用的管理会计工具方法。

兵器装备集团的管理会计实践虽然在国内开展较早，但相比国外先进企业依然有差距。这次，我们将这些年实践中应用有效的一些管理会计工具和成功案例，结合财政部《管理会计应用指引》的编排方式编撰成册。希望在兵器装备集团内部能够进一步深入推广，也希望与各界相关人士分享我们的经验，为国内管理会计发展贡献一点自己的力量。本套丛书的基础都是兵器装备集团的具体实践，仅是一家之言，难免有不当之处，恳请读者批评指正。

中国兵器装备集团有限公司副总经理、总会计师

2018年5月

目　录

Contents

第五类

绩效管理类

第五类

绩效管理类

14

企业绩效管理

第一章　管理会计工具——企业绩效管理

为更好地应用财政部《管理会计应用指引第 600 号——绩效管理》（以下简称“应用指引”），兵器装备集团结合最新的探索和实践，开发了企业绩效管理工具，主要内容包括总则、应用环境、应用程序和工具方法评价等。企业绩效管理工具以应用指引为指导和依据，重点介绍企业与部门、员工共同参与绩效计划制定、执行、考核的全过程管理，旨在促进企业加强绩效管理，激发和调动员工积极性，增强价值创造力。

第一节　总　则

一、定义

企业绩效管理是企业与所属单位（部门）、员工之间为了达到共同的企业绩效目标，共同参与绩效计划制定、计划执行、考核评价、结果运用及改进的管理全过程。绩效管理的核心是绩效评价和激励管理。

绩效评价，指企业运用系统的工具方法，对一定时期内企业营运效率与效果进行综合评判的管理活动。绩效评价是企业实施激励管理的重要依据。

激励管理，指企业运用系统的工具方法，调动企业员工的积极性、主动性和创造性，激发企业员工工作动力的管理活动。激励管理是促进企业绩效提升的重要手段①。

企业绩效包括组织绩效和员工绩效两个方面。组织绩效指组织外部出资者对组织及其高层管理者的绩效要求。个人绩效指对组织内部个体的绩效要求。

二、功能目标

企业绩效管理是现代企业管理体系中不可或缺的环节，具有十分重要的作用，主要体现在以下几个方面：

一是有助于适应外部环境的变化。随着经济的发展，企业面临更复杂多变的环境，例如政府政策临时调整、产品市场发生重大变化等。企业需要在环境发生变化时，及时调整内部发展策略。及时传达调整后的发展策略，整合内部资源应对外部环境的变化等都可以通过建立绩效管理系统来实现。

二是有助于提升组织效能。绩效管理通过将组织绩效目标层层分解，并结合团队或个体承担的职责、能力、意愿等情况建立团队或个体的绩效目标，使二者一致，消除因目标不一致产生的内耗，不断提高管理效率，提升组织效能。

三是有助于促进员工能力的提升。通过绩效管理，员工对自己在组织中的工作目标确定了效价，也明确了绩效与薪酬的对等关系，从而努力提高自己的期望值，不断提高胜任工作的能力。

三、适用范围及注意事项

（一）适用范围

绩效管理的适用范围很广，按照适用对象的不同，可分为企业、企业所属单位（部门、分子公司）和员工。

（二）注意事项

绩效管理要特别注意以下几个问题：

一是就目标及如何达到目标必须达成共识。绩效管理需要解决的首要问题即“如何确定有效的目标”。绩效目标不仅是结果目标，还包括行为目标，不仅要确定做什么，达到什么样的效果，还要就怎样做达成一致；既要确定要达成什么样的效果，又要确定怎样做才能更好地实现绩效目标。

二是绩效管理要突出绩效沟通、绩效辅导及员工能力提升。绩效管理中的绩效和大多数人通常理解的绩效不太一样。在绩效管理中，绩效首先是结果，其次是过程，最后是绩效本身的素质、能力。绩效管理是指达成绩效目标全过程的管理，绩效考核只是绩效管理的一个环节。

三是绩效管理不仅仅是结果导向，而且还要重视达成目标的过程。绩效管理的根本目的在于绩效的持续改进。绩效管理是一个计划式的过程，而非判断式的结果，重在过程，而非评价。绩效管理寻求的是问题的解决，而非对错判断。改进与提高绩效水平，需要管理者与

---

① 财政部：《管理会计应用指引第600号——绩效管理》。

被管理者共同努力。绩效管理的过程对于管理者来说是不断寻找并解决问题的过程，对于被管理者来说，是能力与素质不断开发、提升的过程。

第二节 应用环境

一、组织架构

企业绩效管理是世界级难题，其涉及面广，协调难度大，员工关注多、期望高，关系各方面的利益。因此，思想重视和坚强的组织领导是取得成效的前提。

首先，成立由公司领导班子成员组成的绩效管理委员会。重点抓好绩效管理顶层设计，统一思想、明晰原则、凝聚共识，全面协调各方资源，稳步推进绩效管理工作开展。

其次，在绩效管理委员会下设绩效管理办公室，在领导小组的统一领导下开展工作，重点做好绩效管理的实施，如拟定公司绩效管理办法、拟定各部门年度经营目标责任书、拟定各项指标的考核评价标准；审定月度绩效指标考核结果等。绩效管理办公室实行由人力资源部门、财务部门、计划部门以及审计部门等多部门组成的矩阵式组织机构管理模式，打破横向壁垒和利益保护，确保绩效管理可操作、可信服。

最后，由指标归口管理单位各司其职。制定各归口管理的评分细则、实施绩效考核和反馈（见图 14－1－2－1）。

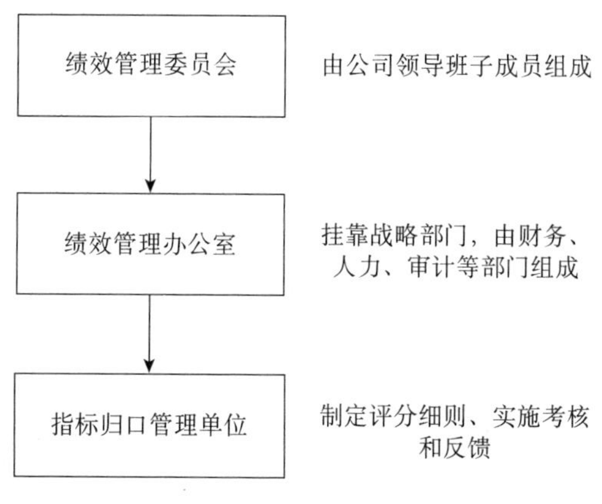

图 14－1－2－1 绩效管理机构

二、管理制度

企业绩效管理的制度体系需要明确绩效管理的工作目标及原则、职责及分工、工具方法及工作程序等内容。

（一）工作目标及原则

绩效管理的工作目标不仅仅是企业的战略目标，还应该包括部门及员工的绩效目标改进，必要时可明确企业绩效管理目标和企业战略目标及价值观的关系。

绩效管理的原则是企业保证绩效管理工作目标实现的关键因素，包括且不限于以下原则：

1. 战略导向原则。绩效管理应为企业实现战略目标服务，支持价值创造能力提升。

2. 客观公正原则。绩效管理应实事求是，评价过程应客观公正，激励实施应公平合理。

3. 规范统一原则。绩效管理的政策和制度应统一明确，并严格执行规定的程序和流程。

4. 科学有效原则。绩效管理应做到目标符合实际，方法科学有效，激励与约束并重，操作简便易行。

（二）职责及分工

企业绩效管理是多个部门共同的职责，每个部门扮演的角色不同。一般来说，战略管理部门的主要职责是制定企业发展战略规划，明确企业长期、中期、短期任务目标；人力资源部门的主要职责是明确企业经营绩效目标、部门绩效目标、员工个人绩效目标 3 个层次的绩效目标，定期对各层次绩效目标执行情况进行检查、督促；财务部的主要职责是设置经营绩效考核指标，收集财务指标数据，并对其进行分析；生产、质量、安全等职能部门的职责主要是对归口管理的业务设置考核指标及目标值，并配合绩效管理部门对归口考核指标进行考核。

（三）工具方法及工作程序

企业可根据自身战略目标、业务特点和管理需要，结合不同工具方法的特征及适用范围，选择适合的绩效管理工具，在绩效管理体系中明确各项绩效管理工具的使用范围、具体方法、管理流程及考核周期。

三、信息化

绩效管理成本常常为企业所忽略，却是影响绩效管理执行的一个关键因素。在传统的绩效管理模式下，绩效管理过程工作量巨大，如发放表格、考核主体填写、表格回收、统计和计算。在上述过程中难以避免人为差错，特别是统计错误。这些问题可以通过信息系统解决。信息系统可以根据设定将各考核主体应进行的评价任务自动推送到其办公系统桌面进行提醒；考核主体可在系统中对考核对象进行评价；评价完毕各类数据自动存储到服务器中，并自动完成统计、计算；绩效管理人员还可以通过系统查看考核工作进程，掌握考核过程中存在的问题。绩效管理信息系统通过电子化操作实现全过程管理，大量事务性工作都交由系统完成，减少人为沟通协调，降低绩效管理成本，帮助企业提升绩效管理价值。

（一）绩效管理信息化平台

绩效管理信息系统是未来绩效管理的发展方向。绩效管理信息系统是将各类绩效管理方法及其常见的操作方式进行集成，从而保证实施中能够“随需应变”、灵活配置，在充分响应企业不同需求的同时，又能有效控制成本。此外，企业绩效管理者可以根据企业情况的变化进行绩效管理信息系统的重新设置。绩效信息系统能够支持不同考核方法、不同操作方式，并能随企业发展需要不断进行配置、调整①。绩效管理信息系统应达到如下要求：

1. 支持多种绩效管理方法，定制个性化考评方法。能够支持企业常用的绩效管理方法，如平衡计分卡（BSC）、关键绩效指标法（KPI）、目标管理法（MBO）、360 度考评法等，并能根据企业要求在这些基本方法基础上配置个性化考评方法。

2. 参数设置灵活，可适性强。同样的绩效管理方法，不同企业的具体操作也是不同的，在考核流程、考核表格、打分设置、结果计算等环节应该能够进行灵活设置。这些参数设置体现着企业的管理理念。例如，个人考核结果与部门考核结果联动，丰富的参数设置不仅通过灵活配置快速地满足了企业需求，也贯彻了各种差异化的管理理念。在企业发展过程中，要根据考核指标、指标权重、考核流程、考核方法的调整情况对绩效管理信息系统进行调整。这些调整应当能够由企业绩效管理人员灵活配置，并不需要专业的 IT 人员进行操作，尽量不涉及二次开发。考虑到人员操作的便利性，信息系统配置应更加灵活、简便，可操作性强。

3. 实施成本较低。绩效管理信息系统能够在实施中通过应用层的灵活配置满足企业需求，实施成本将大幅降低。

（二）电子绩效档案

为充分反映企业经营绩效管理的过程，方便历年数据查询，便于分析趋势，为以后指标的下达提供重要参考，不断提高企业绩效管理水平，促进企业战略的稳步达成，可建立电子绩效档案，将每年的销售、生产、科研等众多经营数据，部门及员工绩效数据进行分年分类归集，形成便于随时查询和分析的电子书册，建立企业绩效管理的基础数据库。电子绩效档案主要内容包含：组织机构图，企业绩效档级，主要经营指标完成情况，重点工作情况，产品科研、生产、销售情况，各单位主要绩效指标完成情况及得分，各归口部门考核意见，员工绩效档次，绩效结果运用情况（包括奖惩、表彰、晋升），等等。

四、应用基础

绩效管理一般要求企业具有较高的基础管理水平，企业文化氛围比较健康、发展战略较为清晰、组织结构适应企业发展战略、岗位责权清晰、薪酬体系较为公平且具有完备的预算核算体系，公司上下都具备较强的执行力。

企业绩效管理通常被看作一个不断循环的过程，其主要环节包括绩效计划与激励计划制定、绩效计划与激励计划执行、绩效计划与激励计划实施、绩效评价与激励管理报告编制。

（一）绩效计划与激励计划制定

绩效计划是企业开展绩效评价工作的行动方案，包括构建指标体系、分配指标权重、确定绩效目标值、选择计分方法和评价周期、拟定绩效责任书等一系列管理活动。制定绩效计划通常从企业层级开始，层层分解到所属单位（部门），最终落实到具体岗位和员工。这一

---

① 朱国成："以信息化手段提升国有企业的绩效管理"，《中国人力资源开发》，2011 年第 4 期。

过程将员工目标、部门和团队目标与组织目标结合起来。

激励计划是企业为激励被评价对象而采取的行动方案，包括激励对象、激励形式、激励条件、激励周期等内容。激励计划按激励形式可分为薪酬激励计划、能力开发激励计划、职业发展激励计划和其他激励计划。

（二）绩效计划与激励计划执行

绩效计划与激励计划的执行主要包括绩效计划与激励计划的下达、分解落实和监督控制。

绩效计划与激励计划的下达，指将审批后的绩效计划与激励计划以正式文件的形式下达执行，确保与计划相关的被评价对象能够了解计划的具体内容和要求。

绩效计划与激励计划的分解落实，指各计划执行单位（部门）从横向和纵向两方面将计划落实到各所属单位（部门）、各岗位员工，形成全方位的绩效计划与激励计划执行责任体系。

绩效计划与激励计划的监督控制，指对计划执行情况及时记录，进行差异分析与纠偏，持续优化业务流程的过程。

在绩效计划与激励计划执行过程中，绩效管理工作机构应通过会议、培训、网络、公告栏等形式，进行多渠道、多样化、持续不断地沟通与辅导，使绩效计划与激励计划得到充分理解和有效执行。沟通的信息包括工作进展情况、潜在的障碍和问题、可解决的措施以及需要的支持等。

（三）绩效计划与激励计划实施

绩效计划与激励计划实施，指绩效管理工作机构根据计划的执行情况定期实施绩效评价与激励，按照绩效计划与激励计划的约定，对被评价对象的绩效表现进行系统、全面、公正、客观地评价，并根据评价结果实施相应的激励。

绩效评价过程及结果应有完整的记录，结果应得到评价主体和被评价对象的确认，并进行公开发布或非公开告知。绩效评价的反馈是最容易被大多数组织在绩效管理中忽略的环节，它是绩效管理部门通过书面或口头方式反馈部门及员工绩效考评结果的过程，是与被考核部门、员工对下一个绩效周期的目标进行协商，形成绩效合约的重要过程。

（四）绩效评价与激励管理报告编制

绩效评价与激励管理报告是企业定期通过回顾和分析，检查和评估绩效评价与激励管理的实施效果，不断优化绩效计划和激励计划，改进未来绩效管理工作的依据。绩效管理工作机构应定期或根据需要编制绩效评价与激励管理报告，反映绩效评价和激励管理的结果。绩效评价与激励管理报告主要用于绩效结果应用和绩效改进。

绩效结果应用，指将部门绩效考评结果与部门评先评优、下一年工资总额挂钩；员工绩效考评结果与员工的薪酬、评先评优、职务调整、培训等挂钩。

绩效改进首先要分析绩效评价和激励结果，然后找出存在的问题，制定合理的改进方案，并确保方案得到有效实施。

五、常用工具

“工欲善其事，必先利其器。”先进的绩效管理工具能够更好地加强绩效管理的效果。根据绩效管理对象的不同，绩效管理工具可以分为基于组织绩效的绩效管理工具和基于员工绩效的绩效管理工具。

（一）基于组织绩效的绩效管理工具

基于组织绩效的绩效管理是从企业战略出发，通过设置绩效考核指标、实施绩效考核、绩效考核结果反馈、绩效改进等方面将企业战略分解落实到部门的系统过程。基于组织绩效的管理工具主要有关键绩效指标法（KPI）、经济增加值法（EVA）、平衡计分卡法（BSC）、目标管理法（MBO）等。

企业可根据自身战略目标、业务特点和管理需要，结合不同工具方法的特征及适用范围，选择一种适合的绩效管理工具单独使用，也可选择两种或两种以上的工具综合运用。

关键绩效指标法、经济增加值法、平衡计分卡法工具的具体运用参见本丛书相关内容。目标管理法工具具体运用如下：

目标管理是通过将组织的整体目标逐级分解直至个人目标，最后根据被考评部门、员工完成工作目标的情况来进行考核的一种绩效考核方式。在开始工作之前，考评双方应对需要完成的工作目标、时间期限、考评标准达成一致。在时间期限结束时，根据被考评部门、员工的工作状况及原先制定的考评标准来进行考评。

企业目标可分为战略性目标、策略性目标以及方案、任务等。一般情况下，经营战略性目标和高级策略性目标由高级管理者制定；中级策略性目标由中层管理者制定，初级策略性目标由基层管理者制定；方案和任务由员工个人制定。自上而下的目标分解和自下而上的目标期望相结合，使经营计划的贯彻执行建立在员工主动性、积极性的基础上，把企业员工吸引到企业经营活动中来。

目标管理的具体实施分 3 个阶段：第一阶段为目标设置、第二阶段为实现目标的过程管理、第三阶段为总结和评估。

1. 目标设置。这是目标管理最重要的阶段，第一阶段可以细分为 4 个步骤：

（1）高层管理者预定目标，这是一个暂时的、可以改变的目标预案，可以由上级提出，再与下级讨论确定；或由下级提出，上级批准。两种方式预定的目标均是上下级共同商量决定。领导要根据企业的使命和长远战略及客观环境预判面临的机会和挑战，对组织要达到的目标心中有数。

（2）重新审议组织机构和职责分工。目标管理要求每一个分目标都有明确的责任主体。因此，在预定目标之后，应对现有组织结构进行审视，确认是否需要根据新的目标分解进行调整，明确目标责任者和协调关系。

（3）明确下级的目标。首先，根据上级的目标以及下级职责、能力素质、发展规划等情况，共同商定下级的分目标。在目标确定过程中，上级要尊重下级意见，指导下级制定目标。其次，分目标要具体量化，便于考核，要分清轻重缓急，以免顾此失彼；同时要有挑战性，又要有实现可能。最后，每个部门和员工的分目标要和其他的分目标协调一致，支持本单位和组织目标的实现。

（4）上级和下级就实现目标相关要求以及实现目标后的奖惩事宜达成共识。分目标确定后，对下级实现目标所需的条件进行规定，对实现目标后的奖惩做出承诺，而且下级要认同上述规定及承诺。分目标制定后，要给予下级相应的配置资源的权力，实现责权利的对等。

2. 实现目标过程的管理。目标管理重视结果，但并未忽略过程。目标体系环环相扣，一旦出现问题，就会牵动全局。因此，在目标实施过程中，首先，要定期检查，利用信息反馈渠道收集目标实现情况，并进行分析；其次，要向下级通报进度，便于互相协调；最后，当出现意外事件严重影响组织目标实现时，要提供支持和帮助，找出解决措施，确保目标实现。

3. 总结和评估。达到预定期限后，下级首先进行自我评估，提交书面报告，然后上下级共同对目标完成情况进行审视，决定奖惩，同时讨论下一阶段目标，开始新的循环，对目标没有完成的原因进行分析，找出解决措施，总结教训。

（二）基于员工绩效的绩效管理工具

基于员工的绩效管理是指明确员工个体绩效目标，并设置相应的考核指标进行考核管理的过程。

基于员工的绩效考核工具主要有：以业绩报告为基础的自我报告法、业绩评定表法；以员工比较为基础的简单排序法、配对比较法、强制排序法；关注员工行为及个性特征的因素考核法、图解式考核法、行为锚定等级评定表法；以个人绩效合约为基础的绩效合约法；以特殊事件为基础的关键事件法、不良事故考核法；全方位考核的360度考核法等。

企业选择什么样的绩效管理工具，需要从以下几个方面考虑：一是充分了解每种绩效管理工具的适用范围及优缺点；二是明确行业、企业性质；三是熟悉企业内部制度管理现状、人员素质，等等。

第三节 应用程序

一、绩效计划与激励计划的制定

企业应根据战略目标，综合考虑绩效评价期间宏观经济政策、外部市场环境、内部管理需要等因素，结合业务计划与预算，按照上下结合、分级编制、逐级分解的程序，在沟通反馈的基础上编制各层级的绩效计划与激励计划。

绩效计划是企业开展绩效评价工作的行动方案，是企业对部门及员工的绩效期望并得到认可的过程。绩效计划必须清楚地说明期望部门及员工达到的结果，以及为达到结果所期望部门表现出来的经营能力和员工表现出来的行为、技能。绩效计划可以分为组织绩效计划和员工绩效计划。组织绩效计划是指企业对各部门的绩效期望，是根据企业整体战略及各部门的主要业务综合确定各部门绩效目标的过程；个人绩效计划是在组织绩效计划的基础上，根据岗位职责及员工特点确定员工绩效目标的过程。

（一）制定绩效计划的原则

在制定绩效计划时，需要遵循3个原则：战略相关性、合理性和可操作性。绩效计划的制定过程就是战略目标层层分解落实的过程，因此，无论是组织绩效目标还是个人绩效目标，均与企业战略紧密相关。绩效目标要具有合理性，最大限度激发被考评者的潜能去完成绩效目标。绩效目标要清晰可测量，可以通过具体标准与实际工作的比较确定工作业绩的好坏。

（二）设计绩效指标体系

绩效指标体系设计是绩效计划与激励计划执行的关键环节，指标设计合理就能更好地促使企业达成绩效目标，一旦绩效指标不能有效衡量或偏离企业绩效目标，那么绩效管理就变得毫无意义。因此，设计精准、有效的绩效指标体系是绩效管理的重点，同时也是难点。

一个有效的绩效指标体系往往与企业战略紧密联系。下面介绍如何通过综合应用3种绩效管理工具构建全面绩效指标体系。

首先，根据企业使命、愿景、企业总体战略，使用平衡计分卡（BSC）建立企业绩效目标体系；其次，根据企业绩效目标，使用关键绩效指标法（KPI）建立企业关键指标和部门关键指标；最后，使用目标管理法（MBO）建立岗位绩效指标（见图14－2－3－1）。

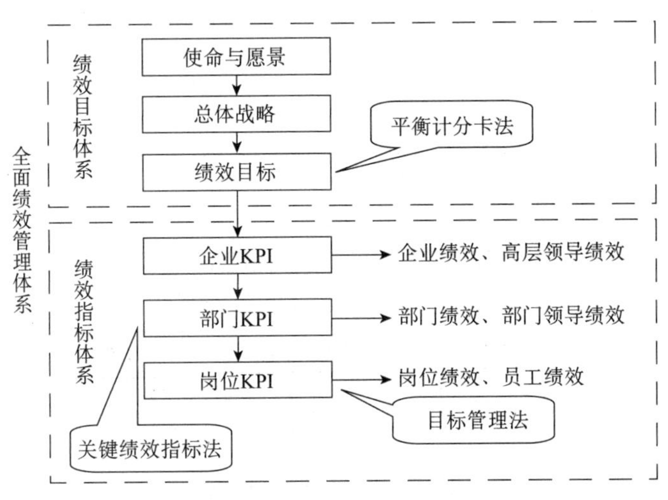

图14－2－3－1 绩效指标体系

1. BSC与企业绩效目标。战略目标是对企业战略经营活动预期取得的主要成果的期望值。战略目标的设定，也是企业宗旨的展开和具体化，是企业宗旨中确认的企业经营目的、社会使命的进一步阐明和界定，也是企业在既定的战略经营领域展开战略经营活动所要达到的水平的具体规定。战略目标不止一个，它是由若干目标项目组成的一个战略目标体系。

在企业使命和企业宗旨的基础上制定企业的总战略，为了保证总目标的实现，必须将其层层分解，确立职能性战略目标；总战略目标是企业主体目标，职能性战略目标是保证性的目标。

横向来说，企业的战略目标大致可以分成两类。第一类是满足企业生存和发展所需的目标，包括业绩目标和能力目标。业绩目标主要包括收益性、成长性和安全性指标 3 类定量指标；能力目标主要包括企业综合能力指标、研究开发能力指标、生产制造能力指标、市场营销能力指标、人事组织能力指标和财务管理能力指标等一些定性和定量指标。第二类是满足与企业有利益关系的各个社会群体要求的目标。与企业利益关系的社会群体主要有顾客、企业职工、股东及其他社会群体。

（1）运用平衡计分卡（BSC）工具确定企业绩效目标。平衡计分卡能够将企业绩效目标与战略紧密结合，使战略落地。作为战略管理工具的平衡计分卡，把企业战略放在公司管理过程的核心地位，它以简单的、一致的方法描述了公司的战略，并将其在公司各个层面展现出来。平衡计分卡从财务、顾客、内部流程及学习与成长 4 个互为关联的维度来平衡和考核公司各个层次的绩效水平。

企业有比较清晰的发展思路和战略，有远期发展目标及近期发展目标，在此基础上根据外部经营环境的预期变化以及企业内部条件制定出年度经营计划及投资计划，制定企业年度经营目标。企业管理者将公司的年度经营目标向各个部门分解就成为部门的年度业绩目标。

（2）绘制战略地图。战略地图是平衡计分卡的起点，是对战略的总体描述，它从财务、客户、内部流程、学习与成长 4 个维度将战略目标呈现在一张纸上，反映了战略目标之间自下而上的逻辑关系，清晰展示企业或部门未来几年“做什么”“怎么做”“做到什么程度”。具体流程见图 14－1－3－2：

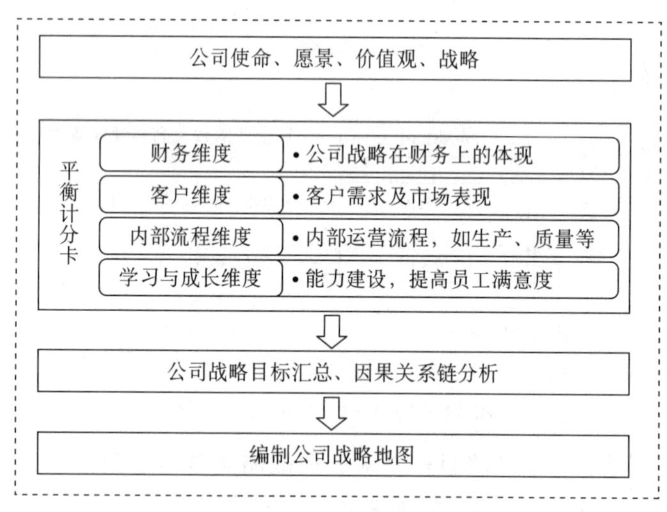

图 14－1－3－2 战略地图绘制基本流程

（3）编制平衡计分卡。首先，对企业、部门战略目标进行定义，主要包括“是什么”“怎么做”“达到的效果”。其次，根据战略目标的定义，确定衡量战略目标的指标。指标包括定量指标和定性指标。最后，编制企业、部门平衡计分卡，示例见表 14－1－3－1。

表 14－1－3－1 **公司级平衡计分卡**

序号	维度	战略目标		目标定义	衡量指标	
1	财务维度：国有资产保值增值	盈利能力提高	利润增加（收入增加、成本减少）	通过扩大产品销售规模来增加收入；通过利用固定资产、技术优势等方式增加收入；通过采购、生产成本、人工成本等成本减少来降低成本；通过各项费用减少来降低成本；通过其他相关工作来降低成本	收入	营业收入
					……	……
		……	……	……	……	……
2	客户维度：保持良好客户关系，提高客户满意度	客户服务最优	协同客户开发	与外部客户沟通，共同明确客户需求，提高服务准确性；满足内部各单位需求，提高服务准确性	外部	客户投诉数
					……	……
		……	……	……	……	……
3	内部流程：优化内部流程，提高运营效率	技术领先	新产品研发	争取科研项目经费，提供经济保障；科研项目设计立项，取得资格；重点科研项目研制，突出核心研发能力	新产品设计定型数	
					科研计划完成率	
					……	……
		……	……	……	……	……
4	学习与成长维度：加强员工队伍建设，提高员工满意度	培训体系有效运行	提升专业技能	建立培训体系、开展技能等级鉴定，提升专业技能	员工技能等级提升	
					人均培训学时	
					公司培训计划完成率	
					……	……
		……	……	……	……	……

2. KPI与企业绩效指标。

（1）根据平衡计分卡确定公司KPI指标体系（见表14－1－3－2）。

表 14－1－3－2 **KPI指标体系**

序号	指标类型		KPI或重点工作		权重	目标值	考核周期	考核部门
1	财务	收入	营业收入		5%	以当年责任书为准	年度	审计部门
		……	……	……	……	……	……	……
2	客户	内部	客户投诉数		5%	以当年责任书为准	季度	质量管理部门
		……	……	……	……	……	……	……
3	内部流程	研发	科研项目计划完成率		10%	以当年责任书为准	年度	计划部门
		……	……	……	……	……	……	……
4		技能	员工技能等级提升		2%	以当年责任书为准	年度	人力资源部门

（2）优化考核体系，消除考核盲区，确保绩效管理全覆盖。首先，分层分类管理。从企业层面建立顶层制度文件，各部门就归口管理指标分别制定具体的考核实施细则，实现绩效管理的系统化、制度化和规范化。按照职能职责，根据部门性质将被考核单位划分考核类别，分别设定不同的绩效考核指标体系。其次，责任层层传递。企业领导班子与各部门、各部门与各员工逐一签订或分解目标责任书，对指标充分沟通，正确传递企业经营管理理念和绩效管理思路，将考核主体与被考核者利益联动起来，有效强化战略目标的认同度和执行力。中层管理人员采用目标考核法，按照考核细则，对“绩效目标责任书”的落实情况严格考核；各单位对管理、科研、营销和技能人员分别实施目标管理、工作标准和经营责任考核，构建“无边界”的全员绩效管理模式，形成“千斤重担人人挑，人人肩上扛指标”的绩效管理氛围。

（3）建立绩效指标调整机制。进一步强化预算的刚性原则，年初制定的预算目标原则上不进行调整，对年初没有考虑到的突发事件，企业可在中期进行适当调整。同时，中期调整也只原则调整各生产经营单位由于产品品种与数量变化而相应变化的指标。

3. MBO与个人绩效指标。员工个人绩效指标的确定是由部门绩效指标及岗位说明书综合确定。各个部门向每个岗位分解的核心指标成为每个岗位的业绩指标，再结合员工的工作分工及特点，就可以确定员工个人的绩效考核指标。

个人绩效目标及指标制定有以下几个步骤：

（1）明确企业及部门绩效目标。熟悉公司的战略及业务计划、流程、部门职责、岗位工作职责等要求，明确企业及部门考核期内的绩效目标。

（2）梳理岗位职责。通过工作分析的各种方法，梳理岗位的主要职责。对岗位的关键工作内容与应完成的主要工作成果，以及对岗位工作职责的界定是设定关键绩效指标、制定员工绩效计划的基础。岗位职责界定完毕后，就可以从职责中提炼绩效指标。

（3）制定岗位绩效目标及指标。部门内部不同岗位的工作性质存在着很大差异，根据梳理的岗位职责，提炼岗位绩效指标。在设计考核指标时，可选择从对企业价值有贡献的关键工作而非所有工作内容选取考核指标，同时不宜过多，一般控制在3～5个。

4. 确定指标目标值。指标目标值是用来衡量被评估者工作是否达到企业期望的参照标准，是确保绩效管理体系公平客观性的关键环节。指标目标值根据企业目标由评估者与被评估者双方共同商定确立。其中，关键绩效指标往往包括企业或部门的重要经营结果，其目标值的设定直接关系到企业的经营目标，涉及公司战略规划、企业预算、行业竞争、企业内部资源等相关管理程序，因此往往需经过正式评估、测算，予以慎重确定。

5. 设计指标权重。权重是绩效指标体系的重要组成部分，体现了各项指标在整个指标体系中的重要程度。权重确定要注意以下几个方面：

（1）权重分配向关键绩效指标倾斜。关键绩效指标是被考评部门、员工承担的核心业务指标，直接影响绩效目标的完成，因此，权重分配应向关键绩效指标倾斜。

（2）指标权重保持一致性。一些通用类指标，如“费用管控、人员总量、员工能力提升、履职尽责”等指标，有这些指标的各部门所占权重应保持统一，以体现一致性。

（3）部分指标可以不设权重。那些完成难度较大、对企业整体目标完成有间接影响、对企业未来发展有深远影响的指标可以不设权重，对完成较好的给予奖励。

（三）确定绩效计划

在绩效周期开始时，企业要与各部门及员工对工作目标达成一致。绩效目标主要包括以下几方面内容：本次绩效周期内所要达到的工作目标是什么；何时完成；完成目标的结果是怎样的，如何判断。

形成绩效计划的过程实际上是一个持续双向沟通的过程，即考评者和被考评者双方共同设定绩效计划，而不仅仅是考评者向被考评者提出工作要求，也不仅仅是被考评者自发地设定工作目标，而是需要双方的互动与沟通。在这个过程中，要向各部门宣传和说明的是：企业的整体目标是什么？为了完成整体目标，各业务部门的目标是什么？各部门开展工作的过程有何权限和资源。

（四）制定激励计划

激励计划的制定应以绩效计划为基础，采用多元化的激励形式，兼顾内在激励与外在激励、短期激励与长期激励、现金激励与非现金激励、个人激励与团队激励、正向激励与负向激励，充分发挥各种激励形式的综合作用。

激励计划按激励形式可分为薪酬激励计划、能力开发激励计划、职业发展激励计划和其他激励计划。薪酬激励计划按期限可分为短期薪酬激励计划和中长期薪酬激励计划。短期薪酬激励计划主要包括绩效工资、绩效奖金、绩效福利等。中长期薪酬激励计划主要包括股票期权、股票增值权、限制性股票以及虚拟股票等。能力开发激励计划主要包括对员工知识、技能等方面的提升计划。职业发展激励计划主要是对员工职业发展做出的规划。其他激励计划包括良好的工作环境、晋升与降职、表扬与批评等。

（五）绩效计划与激励计划的审定

绩效计划与激励计划制定完成后，应经薪酬与考核委员会或类似机构审核，报董事会或类似机构审批。

二、绩效计划与激励计划的执行

（一）计划下达与实施

审批后的绩效计划与激励计划，应以正式文件的形式下达执行，确保与计划相关的被评价对象能够了解计划的具体内容和要求。

计划与激励计划下达后，各计划执行单位（部门）应认真组织实施，从横向和纵向两方面落实到各所属单位（部门）、各岗位员工，形成全方位的绩效计划与激励计划执行责任体系。

（二）绩效沟通与辅导

绩效管理过程中，通过观察、沟通及月度或季度考核，及时了解部门、员工绩效目标完成情况以及遇到的障碍和问题，统筹配置资源，为其提供支持，帮助解决问题，保障其实际绩效与目标不出现较大的偏差。绩效管理工作机构应通过会议、培训、网络、公告栏等形式，进行多渠道、多样化、持续不断地沟通与辅导，使绩效计划与激励计划得到充分理解和有效执行。例如到各单位进行调研，了解各单位绩效目标及员工绩效目标预计完成情况、存在问题、应对措施以及坚持以业务配置资源的原则对有需要的部门给予政策支持。

（三）绩效数据的收集

考核数据收集、统计的及时性、真实性和准确性，直接影响和决定绩效结果。数据如何获得并且由谁提供，在绩效计划中已经明确。部门绩效考核数据由绩效管理部门及指标归口管理部门提供，个人绩效考核数据往往由人力资源部门组织绩效考评者考评后得出。数据收集过程中要注意以下几个方面：

1. 数据收集的便利性。在设计考核指标时，就需要考虑到该指标的考核数据收集问题，要尽可能提取可量化的指标，并且数据要方便提取，这样可以保证数据的真实、有效，结果才能更真实、公平。

2. 数据提供的责任人。原则上绩效考核数据不应由被考核人或部门提供，而应由第三方提供，避免被考核部门或个人既当“运动员”又当“裁判员”的情况发生，如由相关业务工作流程的下一个环节负责部门或个人提供。例如，针对产品研发计划完成率指标，该指标定义为产品研发完成年初下达目标。因此，该指标考核数据就可以由下达研发任务目标的部门及相关人员来提供。当然，有的时候有的指标考核数据只能由本部门提供。在这样的情况下，该数据就需要加强相关部门的审核，并且提供对应的证明资料。如有些公司的产品质量有关的数据，这些数据只能由质量管理部门提供，因此必须有其他部门确认的相关资料。

3. 数据的统计标准。在收集、统计考核数据前，需要对各指标数据的统计口径、标准、方法以及数据来源进行明确，并使各部门在收集时保持统一。例如，“人员流失率”指标虽然对指标的计算公式进行了明确和定义，但在人员流动非常频繁的时期，进企业时间非常短的人员要不要统计为流失人员需要统一界定，否则对“人员流失率”指标值影响很大。

4. 数据的时效性。考核数据收集的及时性将影响到数据的有效性和最终考核结果的真实性，因此在收集考核数据时要注意数据的时效性。绩效考核数据的收集要在工作过程中及时记录，做好基础数据的累计，避免主观随意性。例如，在统计客户投诉率时，若未及时在客户投诉时做好记录，就无法提供哪家客户投诉以及为什么投诉等记录资料，使考核变得没有依据，得不到认可。部门主管在对员工考核时，如果平时没有对员工的一些工作表现做好记录，那么考核也只能凭印象打分，无法使员工信服。因此从设计考核指标开始，就需要考虑到指标数据提取的事情，并且在平时工作中就要做好基础的记录工作，这样才能确保数据的准确有效。因此，要使得考核结果更真实有效地被大家所信服，那么考核数据统计的及时性、真实性和准确有效也是很重要的一个环节。要做到数据收集“过程有理有据、方法科学公开、时间及时有效”，同时将所收集的考核数据在运用到考核评分时，建议将数据或者是考核评分的依据反馈至被考核部门或个人，当被考核部门或个人有异议时，可提出申诉，让整个考核过程更透明。

三、绩效评价与激励的实施

（一）绩效评价

绩效评价是指绩效评价主体按照绩效计划收集相关信息，获取被评价对象的绩效指标实际值，对照目标值，应用选定的计分方法，计算评价分值，并进一步形成对被评价对象的综合评价结果的过程，评价结果主要用于反馈、激励承诺兑现及运用。

部门绩效考核评价者是由绩效管理部门及各业务归口部门组成。在考核周期内，绩效管理部门组织各业务归口部门根据年初制定的绩效目标及评价标准对被考核单位进行考核。

签于现代企业中岗位的复杂性，仅仅凭借一个人的观察和评价很难对员工做出全面的绩效考核。因此，员工绩效考核的参与者也是多方面的。正如图 14－1－3－3 中所示，参与评估的人员可能包括上级、同事、员工自己、下级和顾客。

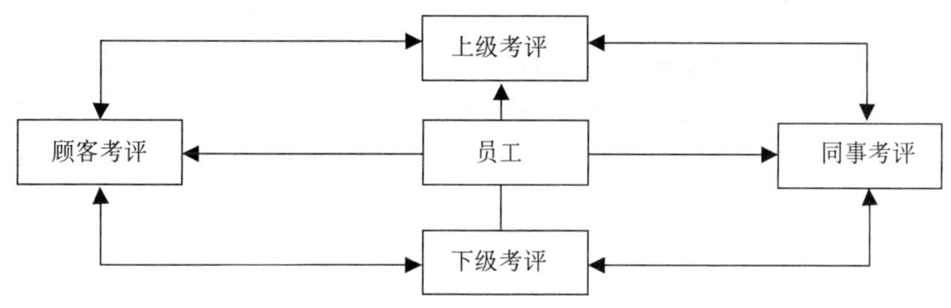

图 14－1－3－3 360 度考评法

绩效评价是对绩效目标执行情况检查的一种途径。客观、公正、实事求是、有理有据是绩效考核的基本原则。在绩效考核过程中，组织评价者要加强对评价标准的学习，确保对绩效标准能够准确把握，避免出现对不同被考核者评价标准不一致的问题。

（二）绩效结果运用

1. 评价结果反馈。日常绩效考核后，及时与被考核部门、员工进行沟通，充分说明奖惩的原因；年度绩效考核后，以书面的形式，与各部门、员工进行“点对点”沟通，详细反馈考核的原则、口径以及奖惩结果，针对绩效结果不理想的方面，帮助其找出解决的办法，针对绩效好的方面，帮助其设定更高的目标。

2. 评价结果兑现。综合运用绩效薪酬激励、能力开发激励、职业发展激励等多种方式，逐级兑现激励承诺。例如，各级人员的薪酬、培训与绩效考核结果应挂钩——领导班子成员的薪酬与绩效考核结果直接挂钩；中层领导人员的年度绩效工资主要以部门年度绩效考核结果为依据；一般员工的年度奖励与部门绩效考核和个人绩效考核结果密切挂钩。

3. 评价结果应用。绩效考核结果还应用于员工推先评优、职位、职级调整、员工培训与开发、个人职业生涯规划等方面，实现绩效管理与人事管理、培训教育管理和职业发展管理等其他体系联动，相促进。例如，企业“先进集体”评比、后备中干选拔、职位调整均对年度绩效档次有要求；分析完成情况不理想的部分，制定相应的培训方案，提高员工素质，进而改善部门和企业绩效；根据个人绩效考核结果，帮助员工进行个人职业生涯规划。

（三）绩效结果分析

绩效结果分析是企业对内部部门及员工的绩效完成情况进行分析的过程。绩效考核是企业管理的一种手段，考核的目的并不终止于考核结果。从绩效管理PDCA循环来讲，可以说绩效考核是新的绩效管理的开始。绩效考核通过分析原因提出改进措施，应对考核的指标进行多维度分析。首先应对单个指标在同一条件下不同时期的考核结果进行分析，以确定单一指标的不足；然后在此基础上对各个指标的考核结果进行全面综合分析，确定业绩改进的总体目标和措施。例如，对员工考核中的能力类指标（难以量化的）和业绩类指标（能量化的）应区别对待，应在对业绩类指标的分析找出差距的基础上，再进行能力类指标分析，这主要是因为业绩类指标考核结果更客观且容易得到员工认可①。

绩效结果分析常见方法，可以分为两大类：纵向分析和横向分析。横向比较分析是指，在同一个考核期，对部门及人员的各指标进行比较，可以分析其各项工作执行情况的均衡状况，便于进一步的指导和工作协调。对部门的比较，目的是分析任务完成或对组织贡献的优劣顺序，是绩效工资、评先进等依据。同时，在比较过程中，也可以发现评价过程造成的各种误差，以利于及时调整，提高以后的评价工作质量。纵向比较分析是对不同考核期的同一考核指标进行比较分析。通过对公司、部门、员工本期指标考核结果与上期的考核结果进行对比分析，寻求业绩差距及引起差距的内在原因，以达到有针对性地改进绩效的目的。

（四）绩效改进计划

绩效改进是指确认工作绩效的不足和差距，查明产生的原因，制定并实施有针对性的改进计划和策略，不断提高竞争优势的过程，即指采取一系列行动提高员工的能力和绩效。

绩效改进是绩效考核的后续应用阶段，是连接绩效考核和下一循环计划目标制定的关键环节。绩效考核的目的不仅仅是作为确定员工薪酬、奖惩、晋升或降级的标准，员工能力的不断提高以及绩效的持续改进才是其根本目的，而实现这一目的的途径就是绩效改进。

1. 分析工作绩效差距。

（1）目标比较法：将考评期内被考评部门实际绩效水平或员工的实际工作表现与绩效计划的目标进行对比，寻求工作绩效的差距和不足的方法。

（2）水平比较法：将考评期内被考评部门绩效和员工的实际业绩与上一期的工作业绩进行比较，衡量和比较其进步或差距的方法。

（3）横向比较法：在各部门或单位间，各员工间进行横向比较。

2. 查明产生差距的原因。

（1）部门绩效差距影响因素：一是企业外部环境：资源、市场、客户、对手、机遇、挑战等；二是企业内部环境：资源、组织、文化、人力资源制度等。

（2）员工绩效差距影响因素：一是客观因素：企业经营方向、经营环境、规章制度等；二是主观因素：个人体力条件（性别、年龄、智力、能力、经验、阅历等）和心理条件（个性、态度、兴趣、动机、价值观等）。

---

① 刘贵生：《电力企业绩效考核》，上海财经大学出版社2006年版。

3. 改进工作绩效的策略。

（1）预防性策略与制止性策略。预防性策略是提前明确部门工作计划、告诉员工应该如何行为。制止性策略是及时跟踪部门绩效目标完成情况及员工的行为，及时发现问题予以纠正。

（2）正向激励策略与负向激励策略。正向激励策略主要采取鼓励手段，负向激励策略主要采取惩罚手段。

（3）组织变革策略与人事调整策略。针对考评中反映出的问题，及时对组织结构、作业方式、人员配置等方面进行调整。

（五）绩效改进措施

1. 通过开展绩效辅导及培训，提升部门及员工绩效水平。针对部门绩效考核结果分析，明确短板，组织业务或指标归口部门对其进行绩效辅导，找出改进方案，督促实施。员工通过绩效考核结果，明确绩效短板、知识能力等方面不足，通过针对性的培训，提高工作能力和绩效水平。基层管理者是处于管理层的底层，直接面向基层员工，在提升企业管理水平的过程中起着至关重要的作用，因此在员工培训的同时，要先关注基层管理者的培训。基层管理者培训内容包括绩效管理的基础知识、流程和应用技巧等方面。培训的目的是澄清基层管理者对绩效管理的错误及模糊认识：绩效管理并不是给其增加额外工作量，只是为了更好地管理；绩效管理不是为了制造员工之间的差距，而是实事求是地去发现、评价员工的业绩和能力，进而有针对性地帮助员工提高；平时虽然需要投入大量的时间和精力在绩效辅导和沟通上，但它能防患于未然，给企业带来长远效益。

2. 通过公布绩效管理制度，明确相关的奖惩措施，从制度上保证绩效改进的实施。在实施绩效管理的过程中，容易出现“走过场”的敷衍现象。因此要从制度上明确改进的途径及措施，督促改进措施实施，使得部门及员工绩效切实得到改善。

（六）需注意的问题

1. 绩效改进方案一定要有实际操作性。根据部门及员工现在的绩效水平，结合企业提供的资源、部门及与员工特点，制定绩效改进方案，能详细到具体的每一步骤。

2. 绩效改进方案要符合 SMART 原则。绩效改进方案是指导绩效改进实施的标准，其制定的原则也要符合 SMART 原则，做到具体、可衡量、可达到、相关联和有时限。

3. 绩效改进方案要有针对性。绩效改进方案要根据上一阶段绩效考核结果而制定，要着重针对绩效低下的原因制定，提高方案的针对性。

4. 绩效改进方案的形式可以多样，但关键是要控制过程，提供指导。任何方案都需要付诸实施，绩效改进工作可以有各种各样的方案，但是改进的过程只有一个。绩效改进能否成功，关键就在于是否能控制改进的过程。只有绩效管理部门及指标归口部门对被考核部门提供指导、各级主管在过程中给予员工指导和帮助，修正改进方案，才能保证绩效改进的效果①。

---

① 曾惋芬：《员工的责权利：如何遵循企业的游戏规则》，中国物资出版社 2005 年版。

四、绩效评价与激励管理报告编制

绩效管理工作机构应定期或根据需要编制绩效评价与激励管理报告，对绩效评价和激励管理的结果进行反映。绩效评价与激励管理报告可分为定期报告、不定期报告。定期报告主要反映一定期间被评价对象的绩效评价与激励管理情况。每个会计年度至少出具一份定期报告。不定期报告根据需要编制，反映部分特殊事项或特定项目的绩效评价与激励管理情况。其中，绩效评价报告根据评价结果编制，反映被评价对象的绩效计划完成情况，通常由报告正文和附件构成。报告正文主要包括以下两部分：一是评价情况说明，包括评价对象、评价依据、评价过程、评价结果、需要说明的重大事项等；二是管理建议。报告附件包括评价计分表、问卷调查结果分析、专家咨询意见等报告正文的支持性文档。

激励管理报告根据激励计划的执行结果编制，反映被评价对象的激励计划实施情况。激励管理报告主要包括两部分：一是激励情况说明，包括激励对象、激励依据、激励措施、激励执行结果、需要说明的重大事项等；二是管理建议。其他有关支持性文档可以根据需要以附件形式提供。

第四节 工具方法评价

一、优点

绩效管理的主要优点：一是使企业各层级的业绩评价与战略目标密切相关，使整个组织行动协调一致，有利于战略目标的实现。二是将个人收入同工作业绩直接挂钩，可以在不增加企业固定成本的前提下，鼓励员工创造更多的效益。三是有利于企业人才队伍的建设，绩效好的员工得到的激励更多，员工的发展要求和组织资本、信息资本等无形资产的开发利用相一致，有利于增强企业可持续发展的动力。

二、缺点

绩效管理的主要缺点：一是工作量比较大，操作周期较长，需要持续地沟通和反馈，实施比较复杂，实施成本高。二是需要企业全员的参与系统性强、涉及面广，如果企业信息化程度较低，管理人员能力较差，不易开展实施绩效管理。三是在实施中难以避免人为差错，特别是统计错误。

三、挑战与思考

随着经济全球化和信息事业的发展，竞争已经成为世界各国经济发展的主旋律。通过建立战略绩效管理理念、优化绩效考核机制、引入新的绩效考核工具等绩效管理变革来改进经营绩效，从而提高竞争力成为各企业的重要任务。因此，绩效管理发展出现新的挑战：

（一）如何通过绩效管理促使战略落地

在现实中，我们经常会发现一种奇怪的现象：部门绩效突出，但企业战略目标却未能实现。造成这一现象的原因之一在于战略与绩效管理脱节，即战略的制定和实施未有效融入绩效管理，未形成一体化的战略绩效管理体系。战略管理主要包括企业战略制定、战略实施和战略评价3个环节，而绩效管理是始终贯穿于战略实施和战略评价两大环节的关键要素之一。由此可见，绩效管理是企业战略的主要传递系统，它通过不断循环的绩效改进过程，把企业战略思想、目标、核心价值观层层传递给员工，不断提高员工素质，使员工行为与企业目标一致。

（二）如何将组织绩效与员工绩效紧密结合

在人力资源管理过程中，绩效管理往往研究员工个人绩效，而忽略了组织绩效管理。衡量员工个人的绩效目标有效性的标准是员工所在的组织绩效是否实现。组织绩效目标没实现，组织内员工个人绩效再好都没有意义。因此，组织绩效与员工绩效的紧密结合是企业提高绩效管理水平的重要手段。

（三）如何将绩效管理与其他管理机制和文化融合

从系统理论来看，绩效管理作为企业管理系统的重要组成部分，受到企业管理其他组成部分的影响。例如，企业经营模式影响绩效管理指标体系搭建，薪酬体系影响绩效管理结果运用，企业文化影响绩效管理的执行，等等。因此，绩效管理指标体系搭建更需要关注的是企业战略目标，包括战略运营、产品研发和客户发展等长期运营指标，而不仅仅是关注财务等短期运营指标。这就要求企业根据自身的行业特点、核心价值观、企业文化等要素，有针对性地设置各种绩效管理配套机制和管理办法，实现绩效评价办法的多元化，这样才能最大限度发挥绩效管理的作用。

（四）如何拓展绩效管理结果应用领域

企业应根据绩效管理的目标来设定绩效管理结果的应用领域，绩效计划是激励计划的依据，激励计划不仅仅体现在薪酬上，人力资源相关的各个板块都可以体现出激励性，都可以与绩效计划相关联，包括培训、薪酬、岗位、员工关系、福利和发展等。

（五）绩效评价反馈如何落地

绩效评价反馈是绩效管理的重要一环。部门绩效反馈是实现部门绩效改进的重要环节，是指标归口管理部门与被考核部门就指标完成情况、指标设置合理性等情况充分沟通的过程。部门绩效反馈的结果是双方共同制定改进措施，提高绩效水平。员工绩效反馈是管理者与员工针对考核结果进行沟通，找出绩效短板，共同制定改进措施的过程。绩效反馈不仅能使中基层管理者加入绩效管理活动，也能提高其管理技能和效率。绩效评价反馈中存在的普遍问题是大部分中层和基层管理者没有定期进行绩效反馈，使得绩效管理变成了简单的结果考核。为加强管理者和员工之间的沟通，越来越多的企业倾向于在绩效评价时加入员工自评环节，但此方法能够起到的作用较为有限，更好的方式是在绩效计划阶段就让员工参与进来，通过建立员工与管理者对重点工作的梳理盘点，开展定期绩效辅导。

第二章 管理会计案例——企业绩效管理

案例一 长安工业——变革基于 BSC 的绩效管理体系

重庆长安工业（集团）有限责任公司（以下简称“长安工业”）隶属于中国兵器装备集团有限公司（以下简称“兵装集团”），是国有大型军民结合型企业。自 2012 年以来，按照兵装集团“价值创造行动”的总体部署，紧密结合自身生产经营实际，长安工业拟定了“4332”的推进策略，个性化的开展管理会计推进工作，即重点运用全面预算管理、经营预测、标准成本和内部报告 4 项工具；推广运用投资决策、EVA 提升和价值链成本管理 3 项工具；探索运用作业基础管理、客户盈利能力管理和平衡计分卡（BSC）3 项工具；同时做好内控体系建设和信息化支撑 2 项基础保障工作。

长安工业主动适应战略发展和转型升级的迫切需要，积极开展管理会计探索与实践，深度运用各项绩效管理工具，在构建基于平衡计分卡的绩效管理体系的基础上，结合关键绩效指标法（KPI）和目标管理法（MBO），积极探索推进“一部一策”考核激励机制变革，以“自主管理、自我评价、自我提高”为核心，在准确界定每个部门的价值属性和价值创造点的基础上，建立“一个部门，一套策略”的差异化绩效考核评价机制。通过构建“1 + N”（通用 + 重点关注）绩效考核指标体系，实现指标体系科学精简、考核过程有理有据、结果评价公开透明、考核结果深度应用、绩效改进效果明显的目标，不仅原汁原味地传递和贯彻了兵装集团经营理念和绩效管理导向，而且有力地提升了管理效率和效益，促进了长安工业转型升级、做强做优。

一、背景描述

（一）基本情况

长安工业是国家重点特品生产企业之一，其前身为 1862 年李鸿章创办的上海洋炮局，是中国历史最悠久的工业企业之一。2015 年以来，长安工业形成了以特种产品为主业，以智能制造、工程建设等业务为支撑的产业布局。

（二）管理现状和存在的主要问题

随着我国经济进入新常态，“三期叠加”（增长速度换挡期、结构调整阵痛期和前期刺激政策消化期）矛盾日益凸显，认识新常态，适应新常态，引领新常态，是今后较长时间我国经济发展的大逻辑。虽然近几年长安工业生产经营质量逐步向好，企业的经验管理水平、经营质量也稳步提升，但在新形势下，仍然面临较大的挑战。

1. 历史负担较重，职工思想固化。2009 年长安工业、长安汽车“责股分开”后，长安工业承担了原长安集团所有的历史债务和企业办社会职能，财务费用和维稳压力较大。同时，作为历史悠久的大型国有企业，职工思想固化，铁饭碗意识严重，机制体制转化、创新困难较大。

2. 基础管理薄弱，标准体系不全。长安工业属传统的国有制造企业，与先进企业相比，企业基础管理较薄弱，如：定额管理不精益，标准成本不完备，工时水分重，材料定额不精准，分厂周转库存大，生产浪费环节多，良品率统计不完全，成本管控不严格，业务流程有交叉、有空白，资源配置不尽合理，资产收益率不高，标准化管理不强，绩效考核的导向发挥不充分，经营绩效结果的真实性存在偏差，信息管理水平不高、对信息系统的开发不够、对信息化平台的企业大数据分析运用不足等。

3. 效率效益不高，盈利能力不强。特种产品附加值低，创新能力不足，生产组织、采购配套保供及产品实物质量保障等方面还存在一定的问题；工程开发业务逐步萎缩，主要业务已转向工程建设方面，提质增效难度较大；汽车零部件产业仍处于亏损状态。

4. 绩效管理水平不高，战略导向性不够。虽然建立了一定的绩效管理制度，从一定程度上解决了薪酬自定、薪酬与业绩脱节、薪酬增长过快以及只升不降等问题。但是，还存在对于绩效管理的认识还不够清晰、绩效管理与企业战略脱节、指标设计不合理、绩效考核流于形式等问题。个别单位对资产经营绩效管理工作还不够重视；部分指标归口管理单位在指标设置及考核细则制定过程中，不能有效分解公司战略要求，未能充分挖掘提炼考核指标，考核细则缺失；个别被考核单位理解不到位，不能按照相关要求抓分解、抓落实、抓提升。为了考核而考核，为了指标而考核的现象依然存在；绩效考核指标大多为“拿来主义”，其他单位考核什么，我们考核什么，至于指标是否符合公司实际等未做深入思考，绩效管理与公司战略脱节，导致绩效管理难以形成真正的作用。

（三）选择绩效管理工具方法的原因

在复杂的国际国内经济环境、严峻的产业形势下，如何较好解决绩效管理过程中存在的问题，如何利用好绩效管理这根“指挥棒”，为企业“把好脉”“开好方”，实现长安工业各产业板块健康持续发展是我们面临的重要课题。

1. 选择绩效管理工具方法是企业适应未来市场竞争，实现持续稳定发展的必然要求。未来企业的竞争已不再完全取决于市场、技术和产品等因素，而更重要的是取决于企业战略性竞争优势的取得。所谓战略性竞争优势是指企业在同行业中所具有的长期的、稳定的、综合的竞争实力，其关键是形成其特有的核心竞争力。战略性竞争优势必定在战略性经营业绩上体现出来。因此，如何建立科学、系统、全面的衡量企业战略性经营业绩的指标体系，直接关系到对企业战略性经营业绩和竞争优势的正确评价。作为兵装集团推荐的十二大管理会计工具之一的平衡计分卡就是适应现代经营管理要求和综合评价企业战略经营业绩的重要体系。

2. 选择绩效管理工具方法是企业改善绩效管理体系，提升价值创造能力的内在动力。国内外的实践经验表明，平衡计分卡是一个重要的战略工具，它为企业的战略管理活动创建了很好的基础构架，可以在分解战略目标时使重点更加突出，使战略目标在各个运营层面达成一致，使各个层次都能理解企业战略目标和评价指标，使资源配置更加集中高效，有助于企业战略的实施。通过层层分解传递、明晰方向、对症下药，促进价值创造能力提升。

3. 选择绩效管理工具方法是企业提高考核激励效果，扩大单位主动意识的重要途径。传统的业绩评价体系强调管理者希望（或要求）下属（或所属单位）采取什么行动，然后通过评价来证实下属（或所属单位）是否采取了行动以及行动的结果如何，整个控制系统强调的是对行为结果的控制与考核。平衡计分卡强调的是目标管理，鼓励下属（或所属单位）创造性的完成目标，即下属（或所属单位）提出完成目标需要管理者配置怎样的资源，而不是一味地扯皮谈判，能够有效地扩大下属（或所属单位）参与意识。

综上所述，平衡计分卡作为全球公认的最有效的战略执行工具，其在战略分解落实、指标维度设计等方面具有独到的优势，不仅能有效弥补长安工业现有绩效管理方面存在的不足，更能提升企业价值创造能力，促进企业可持续发展。因此，引入该体系是符合长安工业全面深化改革、转型升级、做强做优的整体战略要求。

二、总体设计

（一）应用相关管理会计工具方法的目标

推进“SRRV”财务管控机制建设，建立“以标准成本体系建设为抓手，以全面预算管理体系建设为基础，以其他管理会计工具为支撑，以绩效管理体系建设为主线”的全面价值创造体系，助推企业效率效益和管理水平的“双提升”。

（二）应用相关管理会计工具方法的总体思路

引入平衡计分卡绩效管理工具，辅以关键绩效指标法和目标管理法（MBO）这两种工具，结合企业实际，设计科学的绩效指标体系，完善绩效管理各环节，全面优化绩效管理体系。首先，根据企业使命与愿景，制定企业总体战略，使用平衡计分卡（BSC）建立企业绩效目标体系；其次，根据企业绩效目标，使用关键绩效指标法（KPI）建立企业关键指标和部门关键指标；最后，使用目标管理法（MBO）建立个人绩效指标（见图 14-2-1-1）。

（三）相关管理会计工具方法的内容

按照“横向到边、纵向到底”的原则，导入平衡计分卡管理思想，坚持秉承战略导向、分层分类、预算刚性、责权利对等和绩效改进五大理念，辅以关键绩效指标法和目标管理法这两种工具，统筹财务指标与非财务指标、长期战略目标与短期经营目标、企业内部与企业外部、领先指标与滞后指标，不断优化绩效指标体系，使绩效指标与企业战略紧密结合，实现绩效管理体系精准高效；对标先进企业，发现本单位经营短板，分析找准根本原因，制定相应措施，不断优化绩效管理体系。

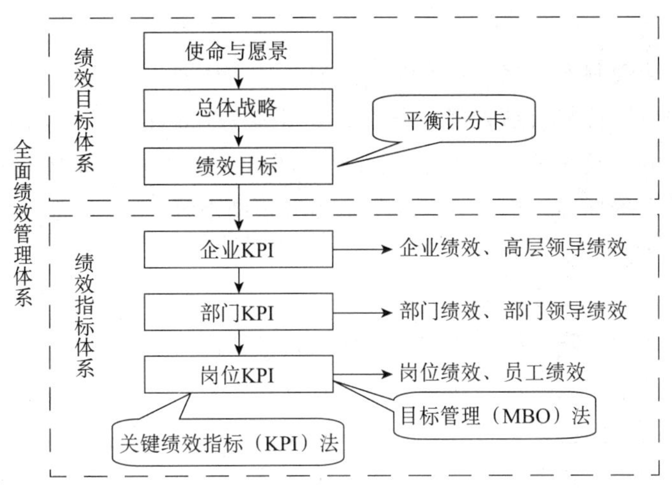

图 14－2－1－1　长安工业全面绩效管理体系总体思路

（四）相关管理会计工具方法的创新

推行二级单位“自主管理”的绩效考核理念，通过建立“二上二下”的绩效目标申报、审核、确认机制，激发“全员主动想、全员主动干、全员努力追求卓越”的内生动力，实现绩效考核目标报告与年度工作计划相统一，推进 BSC 的深度运用，构建财务、运营、客户、学习与成长和专项考核“4＋1”评价要素体系，做到指标体系科学精简、结果评价公开透明、考核过程有理有据、考核结果深度应用、绩效改进效果明显。

三、应用过程

长安工业全面传递和贯彻兵装集团的考核理念，以战略目标为牵引，重点突出对经营质量、价值创造、科研创新与管理提升等关键指标的考核；坚持以业务配置预算，严格预算执行，不随意新增预算费用；坚持预算刚性的原则，权威性及指标导向作用将愈加体现；坚持“业绩升薪酬升，业绩降薪酬降”的基本思路，持续完善绩效管理与薪酬激励对等的分配机制；建立完善目标设置、过程监控与调整、绩效反馈、改善提升的工作机制，提高绩效管理水平；以提升价值创造能力、提高经济运营质量、建立责任追究制度、实施薪酬双向联动机制为手段，将考核理念进一步推向深入。

（一）组织机构及方式

绩效管理是世界级难题，其涉及面广，协调难度大，关系各方面的利益，员工关注度大、期望高，是典型的“一把手”工程。因此，思想重视和坚强的组织领导是取得成效的前提。

长安工业搭建了强有力的绩效管理组织机构。首先，成立公司绩效管理委员会，由公司一把手任主任，领导班子为成员。其次，重点抓好绩效管理顶层设计，统一思想、明晰原则、凝聚共识，全面协调各方资源，稳步推进资产经营绩效管理工作开展，如审定公司绩效管理办法及工效挂钩办法、公司各单位经营目标责任书、公司年度重点工作项目、对各单位季度和年度的考核结果报告等。

绩效管理委员会下设绩效考核办公室，在公司绩效管理委员会的统一领导下开展工作，主要负责制定绩效管理制度、制定年度绩效计划与激励计划，组织绩效计划与激励计划的执行与实施，编制绩效评价与激励管理报告，并协调解决绩效管理工作中的日常问题，如拟定公司经营绩效管理办法及工效挂钩办法、拟定各部门（单位）的年度经营目标责任书、拟定各项指标的考核评价标准、审定月度绩效指标考核结果等。

（二）参与部门

绩效管理办公室实行由战略部门、财务部门、人力资源部门、市场部门、生产部门、研发部门等多部门组成的矩阵式组织机构管理模式，打破横向壁垒和利益保护，确保绩效管理可操作、可信服。其中，战略部门负责搭建绩效管理体系，牵头制定绩效管理办法，负责子公司经营绩效管理目标的设定、过程管控及考核评价；财务部门负责所承担的经营指标考核办法及评分细则的制定，负责牵头责任书指标的调整；人力资源部门负责薪酬激励方案及规章制度的制定；其他部门负责所承担指标评分细则的制定。

（三）相关资源、环境、信息化条件等部署要求

1. 制度保障。从公司层面建立《绩效管理办法》《工效挂钩管理办法》《绩效考核评分标准》等顶层制度文件，各部门就归口管理指标分别制定具体的考核实施细则，明确绩效管理的工作目标、职责分工、工作程序、工具方法，实现绩效管理的系统化、制度化和规范化。

2. 信息化保障。加强信息化与管理融合，利用基于信息化平台的企业 OA、ERP、HR 等系统，优化完善标准成本等各类数据，做好统计、分析、应用，提高信息化运行效率及协同效率，确保数据的及时性和准确性，提高管理数字化水平和管理效率。

3. 电子绩效档案。为充分反映企业资产经营绩效管理的过程，方便理念数据的查询，便于分析趋势，为以后指标的下达提供重要参考作用，不断提高企业资产经营绩效管理水平，促进公司战略的稳步达成，2014 年，长安工业首份资产经营绩效档案建立，将 2011 ~ 2013 年的销售、生产、科研等众多经营数据被分年分类归集形成书册，便于随时查询和分析，有力夯实了公司资产经营绩效管理的基础。档案的主要内容包括：组织机构图，绩效档级表，主要经营指标完成表，重点工作情况，特种产品科研、生产、销售情况，各单位得分及奖惩情况，先进单位与“四好”领导班子表彰情况及各单位主要经营指标完成情况，具体见表 14 - 2 - 1 - 1、表 14 - 2 - 1 - 2 及表 14 - 2 - 1 - 3。

表 14 - 2 - 1 - 1　　上级单位评定长安工业公司绩效档级表

考核年度	2011 年	2012 年	2013 年
绩效考核等级			

（四）具体应用模式和应用流程

1. 基于战略目标，将 BSC 导入绩效管理体系。

（1）发挥战略牵引作用，明确资产经营绩效管理导向。从财务、客户、内部运营、学习与成长四个维度构建企业绩效目标体系。平衡计分卡主要体现财务指标与非财务指标、长

表 14－2－1－2　　上级单位下达给公司的主要经营业绩指标完成情况

经营业绩项目	2011 年指标值	2011 年实际	2012 年指标值	2012 年实际	2013 年指标值	2013 年实际
利润总额						
净利润						
营业收入						
经济增加值						
……						

表 14－2－1－3　　××单位主要生产经营绩效指标档案

主要生产经营指标或工作	子项目名称	指标归口单位（数据填报单位）	年度计划与实际完成值					
			2011 年计划	2011 年实际	2012 年计划	2012 年实际	2013 年计划	2013 年实际
收入								
利润								
……								

期战略目标与短期经营目标、企业内部与企业外部、领先指标与滞后指标之间的平衡（见图 14－2－1－2）。

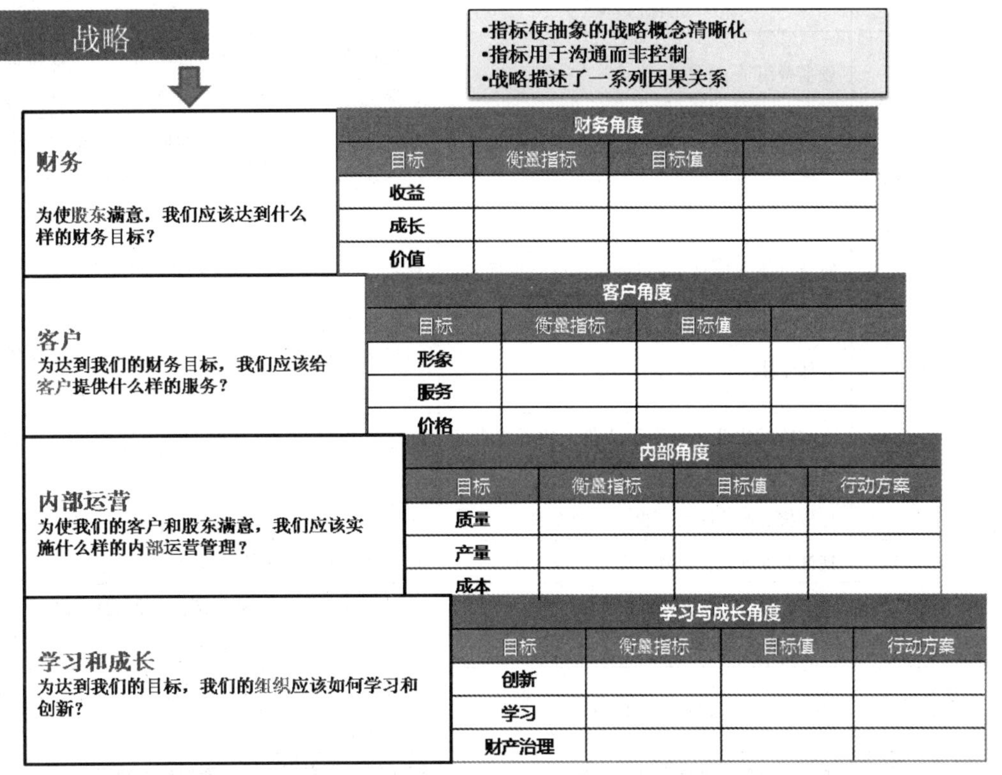

图 14－2－1－2　长安工业基于战略的企业绩效目标体系分解示意图

（2）优化考核体系，消除考核盲区，分层分类，做好“动作规定”，确保绩效管理全覆盖。按照职能职责，分类制定考核标准，将40余家二级单位根据单位性质划分为生产经营类、市场营销类、研发技术类、业务支撑类、职能管理类和子公司类6大类别（见表14－2－1－4），分别制定“1＋N”（通用＋重点关注）的绩效考核指标分类设定标准（见表14－2－1－5～表14－2－1－10）。

表14－2－1－4　　长安工业绩效考核二级单位分类标准

序号	单位类别	定义	具体单位
1	生产经营类	负责产品生产、检验的单位	例如生产分厂、检验中心、汽车零部件公司、工具公司
2	市场营销类	负责产品市场开拓、售后服务的单位	例如市场部
3	研发技术类	负责产品研发、工艺改进的单位	例如专业研究所
4	业务支撑类	负责产品理化检测、试验测试的单位	例如理化计量中心、试验基地
5	职能管理类	负责财务、生产、质量、采购等职能保障的单位	例如财务部、制造物流部、质量管理部等
6	子公司类	全资/控股子公司	例如房地产公司

表14－2－1－5　　生产经营类单位绩效考核体系

指标分类	序号	指标内容	设置目的（简述）
通用类指标（“1”）	1	成本费用	通过降低生产成本，支撑公司当期生产经营目标的实现
	2	产品（科研）生产计划完成率	一是保证公司产品合同按期履约，保障当期生产经营目标实现；二是按计划完成当期科研试制生产组织，保证试制项目生产进度
	3	质量指标（质量问题数/质量索赔事件数、合格率、质量损失）	提高公司产品生产实物质量，降低生产质量成本，提高生产经营质量
	4	支部党建工作有效性	增强党组织的凝聚力、战斗力，为公司的发展提供组织保障
	5	人才队伍建设（年平均从业人数、技能等级提升）	为公司的高效发展，提高有效的人力保障
重点关注指标（“N”）	1	打造核心制造能力，提升劳动效率	实现“瘦身健体，做强做优，提质增效”的目标，提高分厂生产效率和效益
	2	推进业务外包，实现劳务用工减半	
	3	提出核心制造能力建设方案	实现“瘦身健体，做强做优，提质增效”的目标，提高分厂生产效率和效益
	4	推进智能车间建设及小件冲压	项目进度、生产任务两不误；改进落后工艺，提升劳动效率
	5	降低能源费、维修费和排污费	通过对主要费用控制，降低成本费用
	6	打造国际一流的总装现场	改善总装作业环境，提高生产效率

续表

指标分类	序号	指标内容	设置目的（简述）
重点关注指标（“N”）	7	转变生产组织，探索定人定工位实施“柔性访问式”生产模式	通过优化生产人员结构，提高生产效率
	8	实现分厂安全结构化管理	提高分厂生产安全度，保障生产推进
	9	控制生产交验消耗	降低制造费用
	10	内部管理提升、深度挖潜	提升管理水平

表 14－2－1－6　市场营销类单位绩效考核指标体系

指标分类	序号	指标内容	设置目的（简述）
通用类指标（“1”）	1	成本费用	通过降低生产成本，支撑公司当期生产经营目标的实现
	2	日常管理工作履职及上级、公司布置的专项工作完成情况	更好地完成日常工作及上级、公司布置的专项工作
	3	支部党建工作有效性	当前，中央、兵装集团都对国有企业党组织承担、落实从严管党治党责任提出了更高的要求。为贯彻落实上级精神，通过抓实党建工作，为单位生产任务完成保驾护航
重点关注指标（“N”）	1	销售合同签订额	公司战略部门支撑
	2	收款	公司战略部门支撑
	3	某产品改造升级定点	公司战略部门支撑
	4	9个新产品外贸和国内市场拓展	支撑公司新产品开发战略

表 14－2－1－7　产品研发类单位绩效考核指标体系

指标分类	序号	指标内容	设置目的（简述）
通用类指标（“1”）	1	费用管控	进一步加强归口管理费用、本部门费用管控力度
	2	支部党建工作有效性	进一步加强基层党建工作，确保从严治党在基层得到有效落实
重点关注指标（“N”）	1	立项数	增加型号项目数量，支撑公司未来发展
	2	新产品贡献率	进一步提高新产品在商品中的占比，增强发展后劲
	3	与装备论证、立项、试验部门和总体厂所建立良好客户关系	进一步拓展科研市场，抢占发展机遇
	4	推进产学研合作	进一步提升公司研发实力和竞争力
	5	项目设计质量和项目成本费用控制	提升研发工作质量
	6	科研计划完成率	加强项目进度质量成本等管控
	7	生产保障服务满意度	增强生产保障服务质量

表 14-2-1-8 业务支撑类单位绩效考核指标体系

指标分类	序号	指标内容	设置目的（简述）
通用类指标（“1”）	1	支部党建工作有效性	增强党组织的凝聚力、战斗力，为公司的发展提供组织保障
	2	人才队伍建设（年平均从业人数、技能等级提升）	为公司的高效发展，提高有效的人力保障
重点关注指标（“N”）	1	利润	提高经营效果和质量
	2	销售收入	提高经营效果和质量
	3	劳动生产率	实现整合业务、减员增效，促进公司整体的劳动生产率提高
	4	客户满意度	做好客户关系，维系现有市场，确保市场份额
	5	质量指标（综合良品率、质量损失）	提高公司产品生产实物质量，降低生产质量成本，提高生产经营质量

表 14-2-1-9 职能管理类单位绩效考核指标体系

指标分类	序号	指标内容	设置目的（简述）
通用类指标（“1”）	1	费用管控	关注“公司成本费用大进而蚕食公司利润”的痛点、难点，对各单位设置费用管控指标，倒逼各单位采取有效措施，减少成本费用
	2	日常管理工作履职及上级、公司布置的专项工作完成情况	更好地完成日常工作及上级、公司布置的专项工作
	3	支部党建工作有效性	当前，中央、兵装集团都对国有企业党组织承担、落实从严管党治党责任提出了更高的要求。为贯彻落实上级精神，通过抓实党建工作，为单位生产任务完成保驾护航
重点关注指标（“N”）	1	国防科工局项目立项、项目验收及投资计划完成率	积极争取国家项目资金支持，为公司“创收”
	2	核心能力建设	为提升公司科研创新、核心能力和综合保障能力
	3	年度合资合作工作及子公司管理	年度合资工作是公司“十三五”战略规划中的核心工作之一，是实现“1612”的关键
	4	处僵治困	提质增效
	5	改革改制	主辅分离，精干主业，实现瘦身健体，扭亏脱困
	6	中层干部队伍建设	优化中干队伍结构，提升中干队伍素质和能力
	7	商品（科研试制）准时交付率（合同履约）	保证合同按期履约，保障当期生产经营目标实现
	8	核心制造能力建设（以机加一为试点推进业务外包、生产组织方式优化、科学排产、产品生命周期）	一是响应“小核心、大协作、专业化开放型”的国防科技工业体系要求；二是降低单位生产成本，提高劳动生产率

续表

指标分类	序号	指标内容	设置目的（简述）
重点关注指标（“N”）	9	投入产出（在产品资金存货期末数）	提高经营质量，严控投入产出，强化“五品四数”管理，降低和盘活公司存量资产
	10	主要生产设备运行指标	提升设备管理对生产进度的保障能力
	……	……	……

表 14-2-1-10　　子公司单位绩效考核指标体系

指标分类	序号	指标内容	设置目的（简述）
通用类指标（“1”）	1	财务类 8 大指标及两金占用	兵装集团财务考核要求
	2	支部党建工作有效性	为贯彻落实上级精神，通过抓实党建工作，为单位生产任务完成保驾护航
	3	人力资源指标（用工规模、能力提升、劳动生产率）	提升经营质量效益
重点关注指标（“N”）	1	投资收益	确保股东利益
	2	完成两型产品转产	实现可持续发展
	3	按时分红	确保股东利益
	……	……	……

（3）完善资产经营绩效管理指标建设和评价标准，构建“五位一体”的考核指标体系，提高绩效考核精准度，实现可考核、可量化。长安工业建立了财务、内部运营、客户、学习与成长（党建）、专项考核“五位一体”的资产绩效考核指标体系；精炼考核指标，只保留那些驱动企业战略的核心指标，指标数宜精不宜细，同时指标还兼顾公司长远利益；此外，关键绩效指标都应可量化，具有可达性，让各单位“跳一跳能够得着”。截至 2017 年末，长安工业部门绩效指标共 182 个，其中“1”（通用类指标）30 个，“N”（重点关注类指标）152 个。各单位绩效指标总数同比减少近 60%。

（4）合理确定指标权重设置标准。在设置指标权重时，坚持向单位重点工作、关键和核心业务指标倾斜的原则。对各单位，党建指标统一指标权重为 10%；对子公司以强化运营质量提升为出发点，重点突出对各子公司经济增加值等经营性指标的考核，指标权重达到 50% 以上；对生产单位，成本费用指标权重达 30%，生产计划完成率占 20%；工具工装制造部门成本费用及工具计划完成率指标占比达 50% 以上，目的是引导提高工具工装质量，降低工具工装消耗；生产管理部门计划完成率、万元自制产值能耗下降率等指标总体占比达 50%，促进其节能减排，实现均衡生产；对市场营销部门，销售合同签订额、货款回收率以及研发技术部门的科研项目立项数、重点科研项目研制完成率等等指标占比达 60% 以上，提升企业核心竞争力；对职能部门承担的公司重点工作，履职尽责等指标权重加大，达到 50%。

2. 基于 BSC 创新部门 KPI 指标体系。

（1）建立基于 BSC 的部门 KPI 申报机制。在“做好动作规定”的基础上，在具体确定各二级单位年度考核指标（部门 KPI）时，对各二级单位实施推行“二上二下”的部门绩效目标申报、审核及确认机制，实现“一部一策”。各单位按照指标设置标准，自主申报“年度绩效目标报告”，考核办审核并提出修改意见，待各单位进一步优化完善，公司绩效管理委员会审定确认后，纳入本单位责任书，作为下一年度考核评价依据。各单位绩效指标、目标值、考核权重、考核细则等都由各单位根据相关绩效考核指标设置标准自己提出，能不能完成，能完成多少，各二级单位能做到心中有数，考核结果自己都能计算。

（2）建立基于“横向纵向”评比的激励方案确定机制。组织召开“年度部门业务工作交流会”，各单位按照公司绩效管理委员会审定的“年度绩效目标报告”，向公司报告、展示。公司领导、各单位“一把手”将从战略支撑、价值创造、跨越提升、工作难度等方面现场打分，评价各单位绩效效能，最终形成部门年度工作任务系数。将该系数直接运用于中层干部和员工薪酬，实现绩效考核与中层干部、员工薪酬激励相融合、相支撑，实现价值链与资源链相对应、相匹配，激发“全员主动想、全员主动干、全员努力追求卓越”的内生动力，实现绩效考核目标报告与年度工作计划、职代会工作报告、年度重点工作计划相统一。

努力从战略支撑、价值创造、跨越提升、工作难度等方面客观评价各单位在改革、发展、党建等方面的绩效效能。践行“干得多、干得好，则薪酬增加；干得少、干得差，则薪酬下降”的薪酬分配理念，各单位自己与自己纵向比有进步的，自己与其他单位横向比有提高的，都能获得更好的绩效，员工能拿到更高的薪酬。在预算环节，每个单位的年薪基数都一样，每个单位都有获得高薪的机会，打破个别单位“天生丽质”的现象。

3. 基于 MBO 层层传递责任目标。建立基于 MBO 的个人绩效指标体系。长安工业与领导班子成员、各单位（部门）、各岗位、各员工逐一签订或分解目标责任书，对指标充分沟通，正确传递公司经营管理理念和绩效管理思路，将考核主体与被考核者利益联动起来，有效强化战略目标的认同度和执行力。领导班子采用目标考核法，建立个人绩效指标，并与公司主要领导签订目标责任书；中层管理人员采用目标考核法，对照考核细则，对目标责任书的落实情况严格考核；各单位对管理、科研、营销和技能人员分别实施目标管理、工作标准和经营责任考核，构建了“无边界”全员资产经营绩效管理模式，形成了“千斤重担人人挑，人人肩上扛指标”的绩效管理氛围。

4. 加强沟通、辅导，实现绩效目标全过程管理。

（1）公司层面，通过年度绩效管理会、经营形势宣贯会、月（季）度考核会、平面媒体等形式，宣传并树立科学的绩效管理理念，即管理的目的不是为了制造部门与部门、员工与员工之间的差距，而是实事求是地分析工作的长处和短处，以便及时改进、提高员工绩效；各二级单位也通过班组长会、班前学习会等，加强员工层面的科学绩效理念，转变员工绩效管理意识，减少员工对企业绩效管理，特别是对绩效考核环节的抵触，绩效申述量大大降低。

（2）绩效管理过程中，通过观察、沟通及月度或季度考核，及时了解单位或部门绩效目标完成情况以及遇到的障碍和问题，统筹配置资源，为其提供支持，帮助解决问题，保障其实际绩效与目标不出现较大的偏差。例如，在签订经营目标责任书时，由考核办公室主任带队，与每个单位一把手就责任书指标体系进行充分的沟通，收集意见；在经营目标责任书签订后，又组织到各单位进行调研，了解各单位责任书预计完成情况、存在问题、应对工作措施以及坚持以业务配置资源的原则对需要的单位给予政策支持；中期，根据公司实际情况，及时对年初的指标进行调整，在进行日常绩效考核后及时与各单位进行沟通，充分说明奖惩的原因；年度绩效考核后，长安工业将以正式文件的形式，与各单位进行“点对点”沟通，详细反馈考核的原则、口径以及奖惩结果，针对绩效结果不理想的方面，帮助其找出解决的办法，针对绩效好的方面，帮助其设定更高的目标（见图 14－2－1－3）。

图 14－2－1－3 长安工业绩效目标全过程管理示意图

5. 持续改进，不断提升绩效管理水平。

（1）强化运用，实施全员评价与结果挂钩。首先，各级人员薪酬与绩效考核结果挂钩：领导班子副职成员的薪酬与资产绩效考核结果直接挂钩；中层领导干部的年度绩效工资主要以部门年度绩效考核结果为依据；一般员工的年度指标兑现奖励与部门绩效考核结果密切挂钩；在超额完成年度绩效目标的单位给予单位领导班子及员工进行超额奖励。其次，绩效考核结果还应用于员工推先评优及职位职务职级调整、员工培训与开发、个人职业生涯规划等方面，实现绩效管理与人事管理、培训教育管理和职业发展管理等其他体系联动，互相促进。例如，企业“星级员工”评聘、后备中干选拔、职位调整均对以往年度绩效档次有要求；分析完成情况不理想的部分，制定相应的培训方案，提高员工素质，进而改善部门和企业绩效；根据个人绩效考核结果，帮助员工进行个人职业生涯规划。

（2）对标先进，持续优化绩效管理体系管理对标是促进绩效管理持续优化的重要手段。将对标理念深入贯穿到资产经营绩效管理各个环节，深入查找、认真研究在绩效管理方面存在的问题，找准切入点和主攻方向，才能达到“事半功倍”的效果，但一定要结合实际，切忌盲目对标，照搬照抄。在日常工作中，由于企业的特殊性，长安工业经常选取企业内部、国内或行业的标杆数据，以及与兵装集团下发的标杆企业数据，结合自身实际进行对比分析，发现本单位经营短板，结合预警手段，仔细分析，找准根本原因，并拟定未来的绩效标准和实现路径。具体见表14-2-1-11：

表14-2-1-11　××年（季）度长安工业劳动效率对标看板（示例）

序号	单位	劳动生产率		人均利润		人工成本利润率	
		实际值（万元/人）	同比增减（%）	实际值（万元/人）	同比增减（%）	实际值（万元/人）	同比增减（%）
集团平均		6.8	21.43				
对标企业1							
对标企业2							
1	××	9.64	1.47				
2	××			26.92	-4.98		
3	××					56.72	-5.85
4	××					269.06	58.04
……							

注：1. 连续两个季度下降的指标用阴影标示。

2. 对季度指标完成情况出现偏差的，发出预警函，帮助各单位整改提升。

四、取得成效

通过不懈的努力，长安工业各单位绩效管理意识增强，主动参与公司绩效管理全过程，绩效管理体系得到持续优化，绩效管理“指挥棒”作用进一步增强，基本达到了“管理要加速，ERP运行有效、标准成本建立完善、价值创造能力明显提升、公司风险可控”的经营绩效目标，2017年各项指标较2011年提升明显。

（一）经营业绩质量持续向好

资产总额从113.64亿元增加到133.42亿元，增幅17.41%。带息负债率从215.73%减少到73.66%，减少142.07个百分点；资产负债率从86.61%下降到77.04%，减少9.57个百分点。

（二）效益效率显著提升

全员劳动生产率从4.18万元/人增加到8.34万元/人，增幅99.52%；利润增幅连续6年高于收入增幅；经济增加值从4 300万元增加到4.21亿元，增幅879.07%；累计实现投资收益5.28亿元（不含处置收益3.46亿元）；员工人均年收入从4.96万元增加到7.14万元，增幅43.95%。

（三）科技创新能力逐渐增强

科技创新方面，科技投入累计7.5亿元，保持了每年6%以上的投入强度；累计型号立项24项、新产品定型33项；获得技术专利累计147项。某重点项目获得总装型号立项，公司在大型复杂装备系统研制方面取得重大突破；某重点产品重要部件获得型号立项、外贸特种车辆设计定型并批量订货，标志着公司在车辆领域取得实质性进展。人才方面，拥有兵装首席科技专家、技能大师、科技带头人、技能带头人等高端人才7人，建立公司专业领域领军人才、星级员工等核心骨干员工队伍 884 人。科技人员占比从 10.7% 提高到 18.2%，增加 7.5 个百分点。

（四）绩效管理体系得到优化

一是完善了《绩效管理办法》《工效挂钩管理办法》《绩效考核评分标准》等 4 个顶层制度文件，从制度层面优化了考核体系，明确了考核标准。

二是导入平衡计分卡、关键绩效指标法、目标管理法先进绩效管理工具，优化了考核指标体系。从企业战略确定绩效目标到制定企业、部门绩效指标，再到制定员工绩效指标，层层分解，确保部门及员工绩效与企业绩效挂钩。同时，将被考核单位分类，并根据类别性质分别设置绩效考核指标，使企业指标体系更全面、更具有针对性。

三是持续沟通，确保了考核执行到位。从企业绩效目标和绩效管理指标的确定、资产经营责任书签订到执行及考核过程中各个环节，考核实施者与被考核者均进行了不同形式的沟通，确保考核执行到位。

（五）正向激励效果明显提升

变“未完成扣分”为“完成得分”，单位（员工）认知度提高；根据工效联动机制，近几年员工年人均工资增长均保持在 5% 以上，正向激励作用进一步突出，单位及员工工作积极性进一步提高，绩效申诉量大幅降低。

五、经验总结

长安工业在分析面临的复杂国际国内经济环境基础上，结合企业实际绩效管理问题，导入平衡计分卡绩效管理工具，结合关键绩效指标法、目标管理法先进绩效管理工具，建立了全面绩效管理体系，解决企业绩效管理问题，不断提升企业经营业绩。通过不断的实践，从中可以得到以下启示：

一是要营造积极的绩效文化。摒弃“为了考核而考核的”思想，树立“为提升而考核，为发展而管理”的绩效管理观念，侧重正激励，避免一味地负激励，形成“考核是手段，提升是目标”的绩效管理文化。

二是要强化顶层设计。作为一个企业，首先要明确通过绩效管理要解决什么问题，要达到什么效果，要使用什么先进工具，要有怎样的资源保障（包括制度流程怎样完善、组织机构怎样搭建以及人员怎样配备等）。

三是要选择合适的管理工具。使用符合企业实际的工具往往可以取得事半功倍的效果。在选择绩效工具时，除了分析工具与企业的适应性外，还要对已使用该绩效管理工具的企业应用效果进行调研，最后择优选用。

四是要注重绩效结果的沉淀。要将绩效管理结果进行归档，记录企业资产经营绩效管理的过程，借助信息技术，实现考核数据的查询、趋势分析，也为以后指标的下达提供重要参考作用。

五是要持续改进全过程管理。绩效管理是一个持续改进的过程。一方面，绩效指标体系要与时俱进，要深入领会先进绩效工具的内涵，结合企业绩效指标考核情况，调整、完善绩效指标体系；另一方面，考核标准要明确，员工能力与成果的定性考察与定量考核结合起来，建立客观而明确的管理标准，定量考核，用数据说话，以理服人。

六是要夯实绩效管理基础数据库，实现绩效数据“过程有理有据、方法科学公开、时间及时有效”。一方面，有助于实现绩效管理的过程公开、结果透明，提高绩效考核管理的效率及准确性；另一方面，也方便了绩效管理数据的查询，便于分析趋势，为以后指标的对标、下达，绩效目标的改进提供了有效的支撑。

案例二 建设工业——应用管理会计工具实施“建设特色”经营绩效管理

重庆建设工业（集团）有限责任公司（以下简称“建设工业”）2014 年与长风机器合并，成立了新的“建设工业”，企业进入全新发展阶段，但也面临着历史负担沉重、预算管理薄弱、成本控制乏力、绩效评价导向作用欠缺等问题，企业效率效益偏低、盈利能力不强。企业集团化的高速发展需要有更加充满活力和个性的激励机制来满足生产经营发展需要。

建设工业以全面预算管理体系建设为基础，以标准成本体系建设为抓手，以绩效管理体系建设为主线，全面实施基于激励与创新的“建设特色”经营绩效管理。以全面预算管理体系建设为基础，采用“零基预算、弹性预算、滚动预算”等相结合的方法，实施零基预算，建立预算管理标准，强化弹性预算差异分析，与滚动预算相结合，实现滚动式考评。以标准成本体系建设为抓手，强化基础管理，完善原始记录、数据采集和基础统计工作，制定工序标准成本，开展工序成本核算，确保绩效考评结果公平。以绩效管理体系建设为主线，搭建完善企业经营基础数据平台，健全绩效管理评价体系，确保绩效实施具有操作性、真实性、透明性，提高企业经营绩效管理水平。

通过多年不懈努力，建设工业管理会计思想及工具应用越来越广泛，越来越深入，形成了一套包括绩效计划、绩效方案、绩效考评、绩效兑现、绩效改进、绩效文化等方面的经营绩效管理体系，结合个性化激励政策，导向作用逐年增强。建设工业营业收入增长 467%，成本费用占营业收入比重降低 74%；资产负债率降低 42%，顺利实现扭亏为盈；经营板块从单一的特种产品发展到特种产品、汽车零部件、民用枪产品等，经营能力持续增强。全面完成“十二五”规划目标，建设工业真正实现了军民融合、军民结合，军民产品同步发展。

一、背景描述

（一）单位基本情况

建设工业的前身为 1889 年张之洞创建的被誉为“民族工业摇篮”的湖北枪炮厂（后更名为汉阳兵工厂）是中国近代 24 家军工企业之一。建设工业跨越了两甲岁月，历经了 4 次搬迁，实施了 4 次引进，创造了 4 次辉煌。2014 年末，建设工业与长风机器合并，成立了新建设工业。工厂进入全新的发展阶段。

（二）单位管理现状分析和存在的主要问题

2009年，建设工业搬迁后，通过综合技术改造，厂房、设备设施等硬件全面升级，生产作业环境大为改观：科研开发能力明显增强，生产能力和自动化、信息化水平大大提升，工艺流程和物流得到优化，节能减排取得明显成效，生产制造和科研能力已达到行业领先水平，企业进入了一个全新的发展阶段。但在新厂区开始了为期4个月的生产经营恢复性运行，原以为生产经营硬件的提升，会使生产经营产生明显的效率和效益，但事实并非如此。企业经营实际情况反映管理软实力与生产经营硬件不匹配、不兼容的矛盾日益突出，经营管理与效益指标严重脱节、落后和经营生产管控手段与方式严重滞后的问题逐渐显现，这给企业管理工作带来新的挑战。

1. 历史负担沉重，职工思想僵化。2009年军民分立时，建设工业承担了原建设集团所有的历史债务和企业办社会职能，人员多，债务多，银行贷款多，资产负债率高，管理费用、财务费用居高不下。同时，作为历史悠久的大型国有企业，职工思想僵化，铁饭碗意识严重，部分干部职工缺乏市场、经营、创新、大局、主人翁等意识。

2. 预算管理薄弱，成本控制乏力。建设工业属于传统国有制造企业，与先进企业相比，企业基础管理薄弱、粗放。预算管理模式传统，方法单一，灵活度不够，与战略、业务的结合度不高；成本管理仅限于分厂车间级，尚未到班组工序，成本控制乏力。传统预算管理、成本管理模式已不能完全适应当前企业的发展要求。

3. 绩效结果偏差，导向作用欠缺。2009年军民分立时，建设工业尚未形成体系化的经营绩效评价体系，仅仅依照传统思维模式及所谓“经验”开展经营绩效评价工作；再加之又缺乏一套科学有效的财务数据的支撑，从而导致结果的真实性存在偏差，造成整个经营绩效评价工作考评结果不真实，无法正常发挥经营绩效评价的导向作用，无法为公司经营决策提供支撑。

4. 效率效益偏低，盈利能力不强。建设工业特种产品结构单一，附加值低，创新能力不足，核心能力不强，生产组织、产品实物质量保障等方面还存在不足；民品扭亏压力大，库存高、消耗大的现象仍较严重。

（三）选择相关管理会计工具方法的主要原因

2010年，建设工业按照阶段发展战略目标的要求，调整和充实了企业阶段性目标体系，并在年度经营目标责任制管理中把阶段性目标分解为可操作的关键业绩指标，强化和明晰企业发展战略阶段性目标的导向作用，计划通过年度经营目标责任制管理的加强和实施，确保企业阶段发展战略目标的实现。此时，建设工业预算管理、成本管理等财务基础管理工作薄弱，不能为绩效评价工作提供真实有效的财务数据支撑。建设工业迫切需要应用全面预算管理、标准成本管理、企业绩效管理等管理会计工具，全面提升公司各项管理工作，充分发挥绩效评价的导向作用，为公司经营决策提供强有力的支撑，全力助推公司战略目标的实现。

二、总体设计

（一）应用相关管理会计工具方法的目标

建设工业拟通过融合运用全面预算管理、标准成本管理、企业绩效管理等管理会计工具，全面实施基于激励与创新的“建设特色”经营绩效管理，全面提升公司各项管理工作，充分发挥绩效评价的导向作用，为公司经营决策提供强有力的支撑，全力助推公司战略目标的实现。

（二）应用相关管理会计工具方法的总体思路

全面预算管理是引导企业战略目标落地的重要工具，标准成本管理是加强成本控制、评价经济业绩的成本控制制度，绩效管理是管理组织绩效的系统，是管理员工绩效的系统，是管理组织和员工绩效的综合系统。建设工业以全面预算管理体系建设为基础、以标准成本体系建设为抓手、以绩效管理体系建设为主线，全面实施基于激励与创新的“建设特色”经营绩效管理。

（三）相关管理会计工具方法的内容

以全面预算管理体系建设为基础，采用“零基预算、弹性预算、滚动预算”等相结合的方法，年度预算在年度经营计划的基础上实行零基预算，月度预算采用滚动预算与弹性预算相结合，充分体现“预算与战略”“财务与业务”紧密结合，强化经济运行过程监控与分析，为绩效管理提供准确财务数据信息。

以标准成本体系建设为抓手，通过控制工序成本控制单件产品的制造成本；通过控制单件产品成本控制整个制造成本。成本管理在生产中间环节和生产过程实现全覆盖，不断夯实分厂班组（工序）基础管理，使之更加精细化，为管理决策提供翔实的成本信息，保证企业的各项数据真实有效，确保绩效考评结果公平。

以绩效管理体系建设为主线，按照“横向到边、纵向到底”的原则，通过建立完善各类基础数据平台、构建基于发展战略的绩效计划体系、构建基于过程管控的绩效实施体系、构建基于经营结果的绩效考评体系和构建基于改进与提升的绩效激励体系等 5 个方面，形成一套有效的企业绩效管理体系，明确绩效管理的目标和任务，建立完善绩效考评程序流程，树立以人为本的管理理念，使企业全体员工从战略上认识企业的管理目标，理解企业绩效管理的战略目标，提升企业绩效管理实施的执行力，助推企业管理水平的提升和企业的发展壮大。

（四）应用相关管理会计工具方法的创新

全面预算管理、标准成本管理、企业绩效管理 3 种管理会计工具，既相互独立又相互联系，全面预算管理、标准成本管理为企业绩效管理提供真实有效的财务数据，企业绩效管理又反作用于全面预算管理和标准成本管理的财务数据优化和完善，建设工业将 3 种管理会计工具相互融合并有效运用，全面提升了建设工业基础管理水平，实现了企业管理螺旋式上升，有效助推了公司战略目标的实现。

三、应用过程

（一）组织机构及方式

建设工业成立了绩效评价委员会，由公司党委书记、董事长亲任委员会主任。绩效评价委员会下设绩效评价办公室，挂靠公司经营计划部，经营计划部部长任办公室主任，公司财务部、质量管理部、精益生产部领导分别为组员。绩效评价办公室负责带领办公室成员开展公司经营绩效管理工作，分解指标，编写各单位年度经营目标责任书，并按月进行考核评价，实施评价反馈，实现持续改进。

（二）参与部门和人员

建设工业财务部负责全面预算管理和标准成本管理工作；建设工业经营计划部负责企业组织绩效管理；在公司董事长、党委书记和公司总会计师的指引带领下，经营计划部和财务部牵头，公司各部门各层级人员，齐心协力，应用管理会计工具全面推进、实施基于激励与创新的“建设特色”经营绩效管理。

（三）应用相关管理会计工具方法的资源、环境、信息化条件等部署要求

1. 人员保障。全面预算管理、标准成本管理、企业绩效管理工作是全员、全方位和全过程参与的工作。在实施过程中，建设工业通过各层级各类别会议的召开，确保公司各部门各层级人员得到各层级人员的理解和支持，全员齐心协力，共同推进。

2. 制度保障。建设工业制定了《经营绩效管理办法》《全面预算管理办法及编报实施细则》《成本费用管理办法》等管理办法，从制度上对公司绩效管理、全面预算以及成本控制等工作予以制度保障，确保各项工作按制度实施。

3. 信息化保障。在全面预算管理和标准成本管理取得实质性成效的前提下，建设工业搭建完善了企业经营基础数据平台，健全了绩效管理评价体系，按月评价，并在公司内部 DQ 网予以公布，确保绩效实施具有操作性、真实性、透明性，全面提高企业经营绩效管理水平。

（四）具体应用模式及应用流程

1. 实施全面预算管理，推动战略目标实现。全面预算管理是科学、合理、分配企业财务资源和非财务资源，并全面控制企业生产经营管理活动，引导企业战略目标落地的重要工具，是管理会计工具的基石。建设工业全面预算管理工作采用“零基预算、弹性预算、滚动预算”等相结合的方法，年度预算的编制在年度经营计划的基础上实行零基预算，月度预算采用滚动预算与弹性预算相结合的方式。

（1）实施全面预算管理，搭建绩效评价财务数据体系。基于企业战略、经营目标而开展的预算编制工作是整个预算工作的起点。每年 9 月建设工业公司领导牵头组织相关业务部门经过多轮讨论，确定来年的经营计划大纲、组织架构、生产分工、物流路径、材料消耗定额、工时定额等预算假设和重大前提条件，从而明确企业年度总体经营目标，搭建绩效评价财务数据体系。

①强化业务计划，以业务预算支撑财务预算。为确保预算切实真正全员、全方位和全过程参与，避免将预算简单等同于“财务预算”或者是“财务部门的预算”，建设工业不断强

化业务计划管理，发挥各业务归口单位的总控作用，深入细化经营、生产、采购、科研、投资、薪酬等业务预算，以业务预算来驱动财务预算，根据业务预算流程控制关键点来细化财务预算，形成“业务预算驱动财务预算，财务预算是结果”的全面预算管理体系，确保业务预算与财务预算的无缝衔接。

②实施“零基预算”，建立预算管理标准。建设工业职能部门费用采用“零基预算”方法，按企业《全面预算管控方式》规定的38项成本费用开支范围、开支标准和使用流程按88个子项费用逐项细化进行预算编制。明确各项目管控要点：各项目按预算严格控制，在核定额度内控制使用；有预算不一定开支，无预算原则上不开支，若确需发生无预算项目，必须按预算调整流程执行。

建设工业分厂成本费用预算编制按直接材料、辅料、工装、能源、人工等17个成本项目，通过22张报表细化至每个产品、每个零件和每道工序上，通过班组工序成本预算标准和生产任务编制工序成本费用预算额，又以工序成本费用预算额编制班组或生产线的成本费用预算额，从而得到分厂和公司成本费用预算总和。

③加强过程管控，建立月度通报机制。为确保预算过程受控制，建设工业强化预算监控及过程控制，特别是月度滚动预算与业务预算的紧密结合，对月度预算执行情况以及异常情况（经营、科研、生产、销售、采购、成本费用、资金收支、资金占用等）进行挂网通报，督促各单位制定相应的措施及办法实施改进，由事后反映变事前预测、过程控制、事后分析反映，确保预算目标实现。

（2）持续推行月度滚动预算，加强弹性预算差异分析，实现滚动式考评。建设工业通过实施“战略规划—年度预算—月度滚动预算”，保证企业战略目标和经营计划的实现。财务部将年度预算细分获得分期预算（月份），以分期预算控制确保年度预算目标的实现。每月月末（职能部门29日、分厂30日）各单位向财务部门报送次月预算。预算编写采取弹性预算，确保可比性。财务部根据当月的生产任务和各项成本费用的预算标准审核后下发。月末在实际产量基础上，用实际产量计算应消耗的标准成本与实际成本进行对比，其中，与产品直接相关的材料配套外协、工装消耗、废损等变动成本按照“实际生产量×标准单耗”进行弹性预算调整；与产品间接相关的薪酬、燃动、辅料、折旧、制造费用等按照“实际生产量×费用分摊率”进行弹性预算调整（费用分摊率=各项间接费用/年度生产任务量）。

为确保预算过程受控制，建设工业对预算执行情况实行月度预警通报、季度运营分析、年度综合考评。每月重点通过弹性预算差异分析，查找出实际偏离的原因，一目了然寻找出预算管控的方向和重点。

根据与月度预算目标，结合月度预算执行情况，进行月度预算考评。通过月度考评，对经营活动全过程跟踪监督，督促各单位及时解决出现的问题，激励员工工作的积极性和主动性，助推建设工业经营目标的实现。

2. 构建工序标准成本，提供绩效评价精准财务数据。工序标准成本管理推行以工序为控制点，按照生产工艺分工序测算并制定相应的成本标准，运用标准与实际成本的差异对比分析，揭示差异形成原因，并努力寻找改进措施，确保成本得到有效控制的一种细化的成本经营管理工具或方法。对建设工业来讲，工序标准成本管理是一种成本管理方法上的创新，构建工序标准成本管控体系，确保企业成本全面落地做实，为绩效评价管理提供了精准的财务数据基础。

（1）完善原始记录、数据采集和基础统计工作，强化基础管理。由于产品工艺技术决定了工艺路线、工艺节拍、所需设备和工装、机物料、辅料消耗等各项消耗，为切实夯实各项基础管理，将企业各项成本管理工作全面做实、落地，切实找准成本控制点，建设工业以库房物资管理为切入点，以设备为单元进行各项成本费用的核算、归集。各分厂结合生产实际情况及加工特点，根据库房的数据统计，分别建立细化到班组、工序的统计数据，规范并固化各项消耗领用单，包括数据采集、单据制定、填写、传递、使用等。

（2）开展工序成本核算，制定工序标准成本。工序成本核算是工序标准成本管控体系的一个关键环节，核算准确与否，直接关系到整个体系运行的基础和效果，为此，建设工业按生产工艺划分工序、按成本形态开展成本核算，按成本动因设置成本控制点。

①按成本项目逐一测算工序标准成本。工序成本核算是按每道工序所需的各类资源消耗包括人工、燃料、折旧、废品损失、工装消耗、油辅料消耗、劳保费用、设备维修费等依据一定办法进行的核算。各项费用能直接归集进入工序的成本费用直接计入，不能直接计入的成本费用项目，在综合考虑产品的材料、工艺要求、性能、加工难易程度等因素后，采用与成本费用形成有直接关系的分配标准。

②通过会计科目的细化核算工序成本。为确保工序标准成本数据的固化，拟实现“工序成本—生产线成本—分厂成本—汇总卷积成建设工业成本”的成本核算体系，除材料和材料差异之外，工序成本费用项目可以在财务软件进行专项细化核算。

③标准成本制定。在有了工序成本核算数据的基础上，企业利用近一年时间，按公司各分厂的经营特性，对主要产品每道工序的各项成本费用进行连续的数据收集，并按照理想产能与正常产量相结合、历史成本与公司成本目标相结合的原则，经过对工序成本各项构成基础数据的综合分析，得到一个既基于以往水平但又高于以往水平且不能轻易达到的合理值，这便是工序成本的标准。同时，根据生产工艺、生产条件等因素的变化，公司适时对工序成本标准本身不断加以修正，保证其科学合理性。

（3）实施工序标准成本差异分析，强化问题分析和整改。建设工业建立了工序标准成本差异分析、持续改进机制。每月通过工序成本核算，将月工序成本核算结果与工序标准成本比较，每月开展班组、分厂、业务归口管理部门、公司等不同层级的工序标准成本差异分析，对实际成本与标准成本产生的偏差（差异）进行影响因素分析，找准成本控制点，提出改进措施，持续提升成本管理水平。

①工序标准成本差异分析涵盖内容。除材料成本以外，在工序上的各种实际消耗与标准消耗的差异对比分析，如实际废品损失率与定额废品损失率的差异；工装实际工序分摊成本与预设工序分摊成本的差异及使用品种、寿命的差异；劳保实际使用与使用标准的差异；辅料、低值易耗正常消耗量与异常消耗量的对比等各项实际指标与预算差异分析。

②差异产生原因分析与持续改进。每月通过工序成本核算，将月工序成本核算结果与工

序标准成本比较，每月开展班组、分厂、业务归口管理部门、公司等不同层级的工序标准成本差异分析，对实际成本与标准成本产生的偏差（差异）进行影响因素分析，找准成本控制点，提出改进措施，持续提升成本管理水平。一是班组层面的分析。班组利用班前会按日进行简要分析、对班组消耗情况进行通报，对异常消耗提出改善建议。二是分厂层面的分析。分厂每月完成财务成本报表后，开始工序班组成本的核算，每月 15 日以前核算的实际结果与标准成本进行差异分析，并查找原因和提出改进建议。三是业务归口管理部门（如质量管理部门、设备能源管理部门、工具管理部门等）按月定期开展归口业务的成本消耗差异分析、并查找原因和提出改进措施。四是公司财务部牵头组织开展月度预警通报、季度经济活动分析会、异常成本耗费专题分析会等，进行综合、全面、系统的分析，从公司层面系统提出降本增效措施或建议。

3. 发挥绩效评价作用，健全绩效管理评价体系。建设工业深入推进全面预算管理、标准成本管理等管理会计工具的应用，通过全面预算管理、标准成本管理等管理工具的运用，搭建完善企业经营基础数据平台，健全绩效管理评价体系，确保绩效实施具有操作性、真实性、透明性，提高企业经营绩效管理水平（见图 14－2－2－1）。

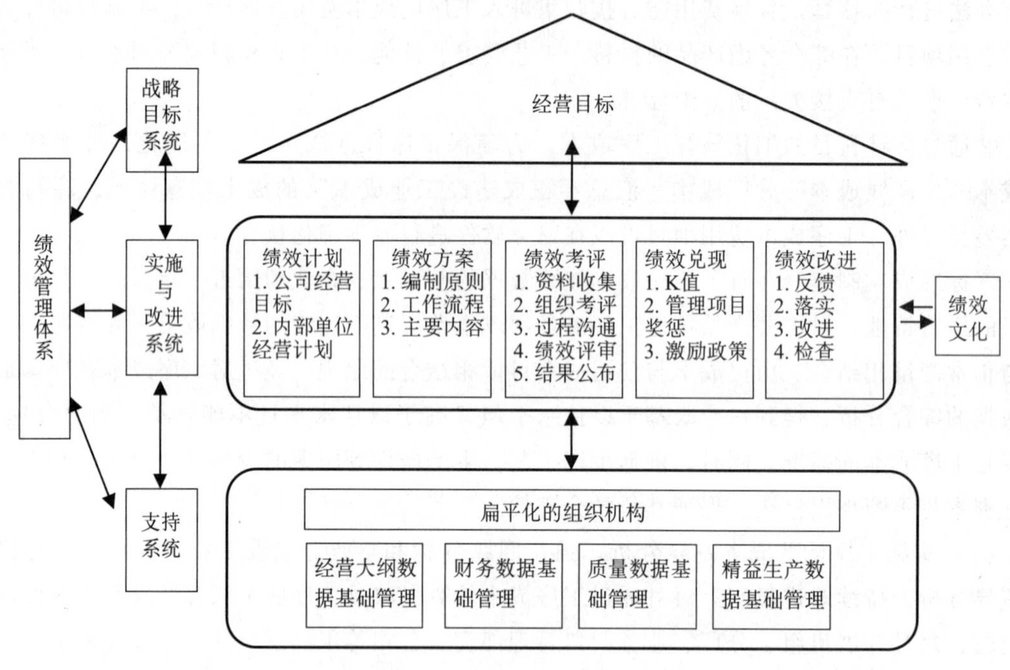

图 14－2－2－1 绩效管理评价体系

（1）绩效计划。根据兵装集团战略部署，建设工业确定了公司中长期战略目标以及阶段性经营目标，以发展战略目标为导向，以兵装集团下达给建设工业年度经营指标和公司总体经营目标为牵引，以公司年度生产经营大纲和经营预算为依据，确定经营绩效考评基本思路和原则，形成建设工业二级单位绩效计划，包括各单位经营目标、绩效考评机制和年度重点工作，以年度经营目标责任书的形式进行明确（见图 14－2－2－2）。

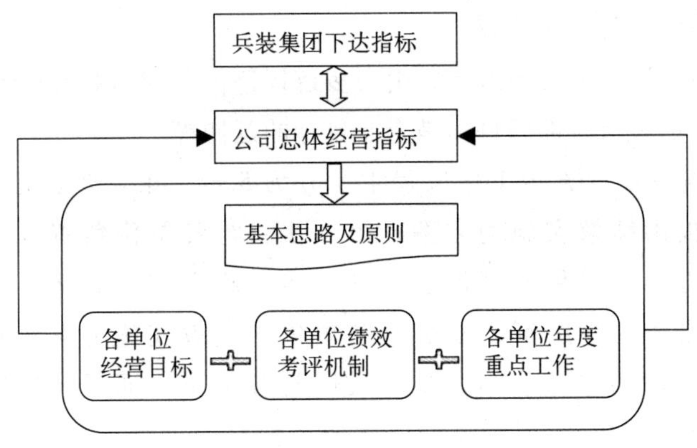

图 14－2－2－2 建设工业绩效计划体系图

建设工业根据各二级单位不同性质及工作重点，确定不同的管控方式，设置不同的激励政策，确保公司全年经营目标的实现（见表 14－2－2－1）。

表 14－2－2－1 建设工业二级单位管控重心与激励重点

单位性质	主要包括单位	管控重点	激励重点
销售部门	销售单位	增加订单，强化收款	订单、回款、涨价、新产品以及高附加值产品
经营单位（利润中心）	子公司	独立经营，独立核算	收入、回款、利润
	模拟法人经营的分厂	独立经营，模拟核算	收入、回款、利润
生产单位（成本中心）	各分厂	完成任务、降低成本	成本费用、在制品资金占用
管理单位	设备、能源、工装、采购	生产保障、降低成本	成本费用、采购品资金占用
	生产管理单位	鼓励增收	销售收入、在产品资金占用
	职能、党群等	生产计划达成率、预算执行率、部门重点工作	50% 与生产计划达成率及预算执行率挂钩，50% 与部门工作挂钩

重点工作任务是根据企业阶段性发展战略进行的工作分解，要求各单位加大经营与管理力度努力争取实现的年度工作目标。

建设工业领导层采取一对一的形式，与二级单位进行年度经营目标、经营机制以及重点工作等情况的沟通，取得各单位的认可，最后，确定各单位的年度经营目标、经营机制和重点工作，作为其年度绩效计划。同时，建设工业引入了主体计划图这一战略管理工具，把企业经营目标与重点工作的执行相结合，每年组织培训，指导各单位确定完成单位经营目标的策略，制定完成策略的行动计划，责任落实到人，形成人人明确目标、人人了解计划、人人参与行动的全员行动方案。

（2）绩效方案。建设工业依据目标管理法的工作方式制定目标计划，对目标计划的阶段性完成情况进行点检，根据结果对组织或者个人进行奖励及处罚，编制形成了一套绩效实施方案和标准化的绩效评价工作流程。

①编制原则。绩效评价方案的编制原则为多目标评价、管理对象从组织到个人、目标与考评标准一体化、全员参与、部门目标是企业目标的延伸等。

②工作流程。绩效评价方案工作流程主要分为 5 步。第一步：根据各单位经营分析及绩效计划，初步提出绩效实施的方案；第二步：与各单位负责人就初步方案进行沟通，征求意见，并将沟通成果整理汇总；第三步：确定初步方案，报高层领导班子成员；第四步：公司层面的高层班子成员对各单位的绩效实施方案进行讨论，在公司层面进行全面性及平衡性的审核；第五步：最后与各单位沟通后，确定最终的绩效实施方案。

经过以上步骤提取出来的绩效实施方案，既考虑了公司整体业绩的要求，也关注了各个板块的特性，既考虑了单位的共性，也考虑了其差异性，且同时取得了各单位的认可，为下一步绩效管理打下了良好的基础。

③主要内容。绩效实施方案的主要内容包括绩效指标及其评价方式、重点工作及其评价方式、管理项目及其评价方式、激励兑现的标准及方式。

指标评价

KPI 指标体系是做好绩效管理的关键。建设工业建立了明确的切实可行的 KPI 指标体系库，主要包括收入、成本、盈利能力、债务风险、经济运行、生产、质量、科研、安全、管理效率等，其中安全指标为一票否决指标（见表 14－2－2－2）。

表 14－2－2－2　　建设工业 KPI 指标体系

指标类别	指标名称	指标管理单位	指标提供单位
收入指标	营业收入	经营管理部门	财务部门
	各板块收入	经营管理部门	财务部门
	合同签订额	经营管理部门	经营管理部门
	回款额	财务部门	财务部门
	补贴	财务部门	财务部门
成本指标	成本费用控制额	财务部门	财务部门
	能源消耗控制额	设备管理部门	财务部门
	工装消耗控制额	工装管理部门	财务部门
	油辅料消耗控制额	采购部门	财务部门
成本指标	消耗控制额	财务部门	财务部门
	试制费用	研发部门	财务部门
	IT 耗材消耗及维修控制额	信息部门	财务部门
	废品损失	质量管理部门	财务部门
	厂房/生活区设施维修费用控制额	设备管理部门	财务部门
	五费	公司办公室	财务部门
	部门费用等	财务部门	财务部门

续表

指标类别	指标名称	指标管理单位	指标提供单位
盈利能力指标	经济增加值	财务部门	财务部门
	利润	财务部门	财务部门
	成本费用占营业收入比重等	财务部门	财务部门
债务风险指标	逾期应收账款	财务部门	财务部门
	回款率	财务部门	财务部门
	带息负债率	财务部门	财务部门
经济运行质量指标	在制品资金占用（月末值/月均值）	财务部门	财务部门
	采购资金占用（月末值/月均值）	财务部门	财务部门
	产成品资金占用（月末值/月均值）	财务部门	财务部门
	流动资产周转率	财务部门	财务部门
生产指标	月度生产计划达成率、停工次数、翻箱/翻检次数等	生产管理部门	生产管理部门
质量指标	合格率、故障率、废品数、A类问题次数、B类问题次数、可靠静检拒收批次等	质量管理部门	质量管理部门
科研指标	研发节点计划完成率	研发部门	经营管理部门
安全指标	特品事故、重大安保事故、失窃事故、物资进出查验次数、人员进出查验次数、事故处理及时率等	武装保卫部门	经营管理部门
	工伤事故率、重大交通事故、轻伤事故、火灾事故等	安全保卫部门	经营管理部门
	失泄密事件	公司办公室	经营管理部门
管理效率指标	全员劳动生产率	人力资源部门	人力资源部门
	公文流转及时率、办公会纪要准时下发率、上报文件准确及时率	公司办公室	经营管理部门
其他管理职责指标	乘车用餐满意度、工作满意度等	公司办公室	工会

根据各单位业务职能的重点设定关键KPI指标，并根据指标对公司经营的重要程度赋予不同的权重。指标考评采用计分方式：实行百分制，由多个单项指标权重组成，总指标得分 = ∑各单项指标得分，以K值形式体现，即K = ∑单项指标完成率 × 权重，即根据各单位经营目标责任书约定的经营指标完成情况及指标权重计算得分。不同指标设置不同的权重，同一指标根据不同单位具体情况设置不同权重，通过权重分值的大小充分发挥指标的导向作用。指标完成情况由归口管理部门提供数据，每单项指标权重分为基础分，各单项指标按完成情况进行评价。计算得分时，按责任书约定的考核细则进行分值计算，最低单项基础分为零分，考核指标在非考核期时得基础分（见表14－2－2－3）。

重点工作评价

对各单位根据本单位的职能职责与分工，为达成年度经营目标而制定的工作计划进行的阶段性检查。重点工作评价小组根据各单位年度主体计划图，检查月度计划达成情况，对每项工作按完成情况进行评价，其结果纳入月度指标评价得分中兑现。重点工作完成情况由企

表 14-2-2-3　　　　KPI 指标评价方式汇总

<table>
<tr><th>指标名称</th><th>考评方式</th><th colspan="2">计算公式</th></tr>
<tr><td>营业收入、板块收入、合同签订额、回款额、财政补贴、经济增加值、带息负债率、流动资产周转率、月度生产计划达成率、研发节点计划完成率、物资进出查验次数、人员进出查验次数、事故处理及时率、全员劳动生产率、公文流转及时率、办公会纪要准时下发率、上报文件准确及时率、乘车用餐满意度、物资进出查验次数、人员进出查验次数、事故处理及时率</td><td>按低于目标值的比例同比例扣分</td><td colspan="2">（完成值/计划值）×权重</td></tr>
<tr><td>成本费用占营业收入比重、成本费用控制额、能源消耗控制额、工装消耗控制额、油辅料消耗控制额、试制费用、IT 耗材消耗及维修控制额、废品损失、“五费”、部门费用等</td><td>按高于目标值的比例同比例扣分</td><td colspan="2">（计划值/完成值）×权重</td></tr>
<tr><td rowspan="3">经营利润/利润总额</td><td>按完成率同比例得分</td><td>利润>0</td><td>（完成值/计划值）×权重</td></tr>
<tr><td>盈利某万元加 N 分，亏损某万元扣 N 分，以此类推</td><td>利润=0</td><td>权重+（完成值-计划值）/某万元×N 分</td></tr>
<tr><td>按完成率同比例得分</td><td>利润<0</td><td>［1-（完成值-计划值）/计划值］×权重</td></tr>
<tr><td>逾期应收账款</td><td>每某万元逾期 1 月扣 N 分</td><td colspan="2">权重-逾期金额/某万元×逾期月数×N 分</td></tr>
<tr><td>在制品资金占用、采购资金占用、产成品资金占用</td><td>每超某万元扣 N 分</td><td colspan="2">权重-（实际值-目标值）/某万元×N 分</td></tr>
<tr><td>……</td><td></td><td colspan="2"></td></tr>
</table>

业综合管理部门负责评价，权重分为基础分。每项工作按完成情况进行评价，按节点计划完成且完成质量高，得基础分；未按节点计划完成，按工作进度计取相应分值。各项工作得分的平均值为本月重点工作评价得分。

管理项目考评

管理项目考评指管理部门根据业务管理需要对业务执行的单位或个人是否达到管理要求，进行经济奖惩的行为。建设工业管理项目涉及内容为经营管理、生产管理、质量管理、工艺技术管理、设备能源管理、安全环保管理、保卫、保密等。各业务归口管理部门制定相关管理办法，明确管理要求、执行标准及奖惩金额等考评细则，按办法定期考评。

目标激励兑现

目标激励是指以完成经营目标为基础，建立及延伸建立的激励政策的实施及运用，主要表现在以下几个方面：

经营目标激励政策。公司确定合理可行的阶段目标，对不同经营单位的经营目标制定差异化、针对性强的激励政策，并落实在经营目标责任书中，严格执行并兑现。成本中心制定成本节约额激励政策、利润中心制定收入超目标激励政策及利润超目标激励政策、特品销售部门制定合同签订额及回款额超目标激励政策、其他特品生产管理及协助单位制定特品产值超目标激励政策。其他后勤辅助单位实行增收节支奖励政策。

科技与管理创新激励政策。2009 年军民分立后，为确保战略目标实现，充分调动全体员工参与科技创新和管理创新工作的积极性和创造性，促进全员以改善的意识、创新的方法，创造性地开展工作，促进公司科技和管理水平持续提高，公司实施科技与管理创新激励政策，有力地助推公司完成科研生产任务，为公司发展史上的重大转变、步入良性发展轨道提供了强有力的支撑和保障。

竞争激励政策。在公司创造一个公平的竞争环境，建立适应市场经济的用人机制，在内部晋升、聘用、竞争上岗上形成能上能下、能进能出、能降能升的灵活机制。

精神激励政策。公司形成榜样激励及精神激励政策，对有效促进公司年度经营目标完成和公司持续发展的集体或个人，开展专项奖励及评优表彰，树立榜样，激励广大职工更好地开展工作。

薪酬激励政策。针对不同工作性质和处于组织不同层次、不同岗位的人才，采取不同的评价标准和方式来评价人才的绩效和奖金的数额，注重合理、公平和频率。实现员工工资与企业效率效益同向浮动，形成多元化、差异化和市场化的薪酬分配体系。

（3）绩效考评。建设工业的绩效评价由绩效评价办公室组织进行，经营绩效评价办公室由经营计划部、人力资源部、财务部、精益生产部及质量管理部等专业管理人员组成，负责按照绩效实施方案，收集评价的基础资料、组织召开月度考评会；跟踪、监控绩效考评指标的执行情况；协调、解决绩效考评执行中的问题；绩效考评结果的通报与运用等工作。

①资料收集。绩效评价的资料主要分为经营指标资料、重点工作资料及管理项目考评资料。经营指标资料由经营目标责任书约定的指标提供单位按时提供，重点工作资料由各单位依据年度单位主体计划图，定期自检后提供；管理项目考评资料由各业务归口管理部门定期提供。各项资料的收集实质上是各资料提供单位定期进行企业各类基础数据收集及分析的过程，基础数据平台的逐步完善也是在绩效评价过程中逐步完善的。

根据绩效管理办法规定，各指标提供单位按月统计分管业务的指标完成情况，于每月 3 日前提供给绩效评价办公室；重点工作完成情况及管理项目考评资料于每月 5 日前提供给绩效评价办公室。

②组织考评。绩效评价办公室于每月 8 日前对经营指标完成情况及管理项目考评资料进行调查核实，每月 20 日前或次年一季度完成月度/半年/年度经营目标完成情况报告、绩效评价得分及管理项目考评兑现资料，经营目标完成情况报告包括公司月度及年度累计经营目标完成情况、各二级单位月度及年度累计经营目标完成情况、存在的问题及问题分析、下一步改进措施等内容；职能后勤部门的绩效评价得分为月度兑现、生产经营单位的绩效评价得

分为月度模拟评价、半年/年度兑现；管理项目考评兑现为经济考评，以按对单位的考评及对中层管理层的考评形式出现。于次年一季度完成年度经营目标激励兑现测算资料。激励兑现根据经营目标责任书中约定的各二级单位的激励政策及年度经营目标完成情况进行测算，测算以管理层兑现及单位兑现形式出现。

③过程沟通。绩效沟通是绩效管理的重要环节，贯穿整个绩效管理的全过程。一般绩效评价办公室组织考评工作初步完成后，就会组织召开内部沟通会议，就各二级单位绩效评价过程资料进行确认，同时就各二级单位经营过程中的问题、影响公司经营指标实现的问题，提示风险、进行预警。各二级单位通过对经营绩效分析会的深入剖析，高度重视，采取各种措施对本单位不足点予以改进或将累计指标合理控制，促进生产经营有序开展。绩效评价小组与各二级单位的沟通，能够消除被评价者出现的抵触情绪，使被评价者更加明确评价的标准，提升被评价者的工作效率。

④绩效评审。绩效评价办公室于每月 20 日前/次年一季度向公司办公会或公司领导汇报公司经营目标完成情况报告、绩效评价得分及管理项目考评兑现资料。经办公会讨论，确定月度/年度绩效评价结果。

⑤结果公布。公司办公会审定后，绩效评价办公室在公司内网上发布经营绩效评价结果，让每个单位都知道自己的绩效评价结果及排名结果。同时，绩效评价办公室会及时将形成各单位绩效评价结果的评价过程依据、扣分点、奖惩点反馈给各单位，用以警示。

（4）绩效兑现。绩效评价的结果不仅与薪酬挂钩，而且要综合运用到其他各个方面。首先，绩效评价结果是各单位绩效工资的核算依据；其次，各单位绩效评价结果是各单位年度经营激励兑现及年度评优的依据；再其次，各单位绩效评价结果是各单位管理层是否胜任的评价依据之一；最后，各单位评价结果是各单位员工岗位晋升的通道。绩效评价结果应用的广泛性，能充分发挥激励导向作用，促进企业战略目标的实现。

经营绩效评价办公室发布绩效评价结果后，由人力资源部门兑现单位薪酬、奖励和处罚总额；管理职能及后勤单位和生产经营单位按各自的管理办法兑现员工薪酬、奖励和处罚。其评价结果还应用到公司经营、党群、武保、保密等各方面年度先进的评选中。

①管理职能及后勤单位。管理职能及后勤单位执行宽带薪酬，实行月度考评月度兑现，管理层考评由人力资源部根据相关管理办法执行，单位考评根据员工工资分配办法执行，简单的公式为：单位月计提工资总额 = 岗位工资 + 绩效工资基数 × K + 津贴 + 增资 + 管理项目考评。其中，K 值为经营目标责任书的月度考评结果。

②生产经营单位。生产经营单位根据经营机制的不同设置不同的薪酬兑现方式，原则上半年/年度考评兑现。生产经营单位的 K 值直接与管理层绩效工资挂钩，与单位工资不挂钩。对于各分厂来说，实行计件工资；对于分公司、子公司及内部模拟经营单位来说，实行总额控制，基本工资加上效益工资的发放模式。效益工作与销售收入、经营利润等指标挂钩，根据指标完成的实际情况增减和计发效益工资。所有生产经营单位内部均实行全员绩效工资分配制度，真正体现绩效评价结果与全员挂钩。

（5）绩效改进。建设工业通过不断总结年度目标实现情况、管理提升重点项目工作实施情况，梳理过程中存在或者有风险的问题点，如绩效计划是否与市场接轨、评价方式是否得当、重点指标是否过程失控、各单位的绩效评价结果是否与经营结果一致等等问题，按PDCA循环原理，逐一进行解决，及时调整管控方式，促使各单位加强控制，以不断优化和完善绩效管理体系，解决企业生产经营和管理的主要问题，控制公司经营风险。

建设工业建立了经营绩效管理平台，定期在平台上通报公司关键业绩指标完成情况和重点工作进展情况，督促各单位对存在的经营和管理问题进行整改。同时，持续完善补充公司经营数据管理平台，通过定期走访各单位，深入沟通交流，收集绩效管理过程中存在的问题，及时反馈，不断解决。不断深入挖掘内部各单位的经营潜力，发挥全体职工的向心力、创造力和主观能动性，夯实基层单位的经营效果，使得公司管理水平持续提高。

通过持续改善，促使关键业绩指标和重点工作全面完成，保证建设工业阶段发展战略目标的实现（见图14－2－2－3）。

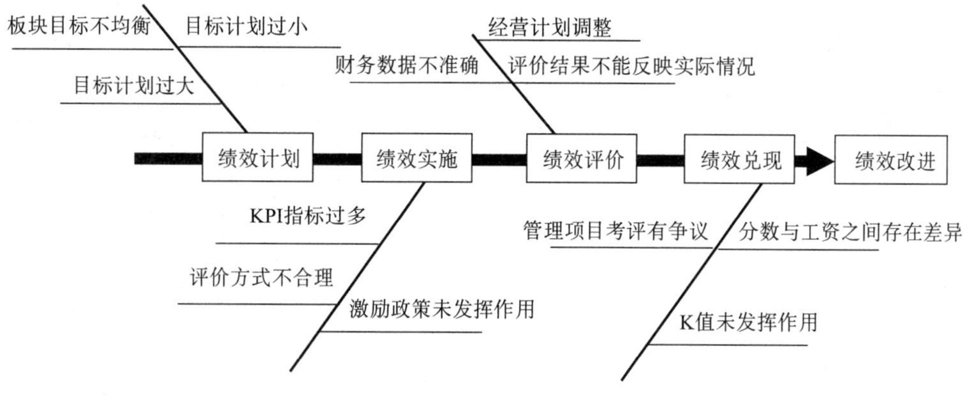

图14－2－2－3　建设工业绩效过程问题及改进

（6）绩效文化。建设工业通过建立基于激励与创新的“建设特色”经营绩效管理，明确了企业发展战略，确定了年度经营目标，在企业内部形成全面反映经营情况的数据环境，构建扁平化组织机构，建立一套有效的企业绩效考评体制和机制；同时树立目标管理的管理理念，使企业全体员工理解企业绩效管理的战略目标。

建设工业建立了以绩效为导向的企业文化，形成了企业追求优秀绩效的核心价值观，通过企业文化来约束员工行为，建立绩效导向、目标管理的组织氛围，同时通过企业文化化解绩效考核过程中的矛盾与冲突，带动员工树立与组织一致的目标，并在个人奋斗的过程中与企业目标保持步调一致，为员工营造一种积极的工作氛围、共享的价值观念和管理体制，从而产生合适的鼓励积极创造的工作环境，对企业的绩效产生强大的推动作用。

（五）在实施过程中遇到的主要问题和解决方法

在实施过程中，全面预算、标准成本与公司年度大纲计划安排息息相关，受市场等因素影响，可能实际中会发生与大纲计划不相符合的情况，建设工业采取月度按滚动预算、半年对年度大纲计划进行一次统一调整的方式，调整预算指标以及对应的成本指标，以确保绩效评价结果真实可靠。

四、取得成效

建设工业基于激励与创新的组织绩效管理体系从2009年开始研究，中间经历了军民分立、两厂合并等，但组织绩效管理体系的建设和研究因此中断。面对军民分立后的特品公司基础管理薄弱、基础数据缺失的现状，为了搭建一个能够有支撑的、可靠的绩效管理系统，通过全面预算管理、标准成本管理等管理会计工具的不断完善，建设工业积累了一整套标准成本和历史消耗的连续数据，预算准确率达到95%以上，为绩效管理体系的建立打下了坚实的基础。随后，建设工业逐步搭建质量管理数据系统、生产管理数据系统，到此基本具备了搭建一个有效绩效管理体系的根基。

2014年，随着建设工业绩效文化的形成，企业在绩效方案的设计中加入了激励政策，极大地激发了中层管理人员及员工创造更高绩效的积极性。2015年营业收入与2014年相比增长55%，2016年营业收入与2015比增长30%，并兑现超目标激励奖励。建设工业的可持续发展，证明了建设工业的绩效管理体系的可执行性及其重要性。

多年以来，建设工业建立了一套绩效计划体系、绩效实施体系、绩效评价体系、绩效改进体系，结合个性化激励政策，基本形成了一套可借鉴学习的经营绩效管理体系。该体系充分调动了内部各单位经营的积极性和主动性，经营活力逐步增强，逐步由靠单一产品、单一产业亏损经营的企业，发展为多产品、多产业并存的正常发展的集团化企业。

该体系的实施推进，使得建设工业经营能力持续增强，每年企业经营目标超进度完成，经济激励从无到有，从几十万元到几百万元，2016年，职工人均收入水平与2009年相比增长3.1倍。2011年公司业绩评价由2009年兵装集团的D类上升为A类，2012年以来公司业绩评价继续保持A类；公司先后荣获国务院国资委“中央企业思想政治工作先进单位”、兵装集团“211战略”第一步优秀奖先进单位、兵装集团“067工程先进单位”、重庆市“国企贡献奖”、“全国质量管理小组活动优秀企业”、“全国‘安康杯’竞赛优胜单位”、“全国厂务公开民主管理先进单位”、兵装集团“211战略”第一步优秀奖先进单位、兵装集团重大科技创新成果奖、兵装集团优秀“四好”领导班子、重庆市“国企贡献奖”等一系列荣誉。

五、经验总结

经过多年实施应用，建设工业通过全面预算管理、标准成本管理等管理会计工具的应用与不断完善，积累了一整套标准成本和历史消耗的连续数据，预算准确率达到95%以上，为公司绩效管理体系的建立与完善打下了坚实的基础。几年以来，通过建立与实施推进融合绩效计划体系、绩效实施体系、绩效考评与激励体系、绩效改进与提升体系而形成基于激励与创新的“建设特色”的组织绩效管理体系，促使公司绩效管理水平显著提升，经营能力持续增强，经营业绩持续向好，营业收入增长了467%，顺利实现扭亏为盈，成本费用占营业收入比重降低了74%，资产负债率降低了42%，经营板块从单一的特种产品发展到特种产品、民用枪、汽车零部件等三大板块，建设工业全面完成了“十二五”规划目标，真正实现了军民融合、军民结合，军民品同步发展。

（一）管理会计工具方法的基本应用条件

建设工业在实施基于激励与创新的“建设特色”的组织绩效管理体系中，主要使用了全面预算管理、标准成本管理、企业绩效管理三种管理会计工具。

全面预算管理是管理会计的基石，建设工业全面预算管理工作采用“零基预算、弹性预算、滚动预算”等相结合的方法，形成了全面、全员、全过程的预算管理体系，实现“财务与业务”相结合。

标准成本作为一种成本控制的方法，广泛应用于成本管理活动中。运用标准成本管理工具的企业环境相对稳定，具有较高的基础管理水平，并在一定时期内能够保持标准成本不变，成本因素不发生较大变化。

绩效管理是现代企业管理体系中不可或缺的环节，建设工业通过全面预算管理、标准成本管理等管理工具的运用，搭建完善企业经营基础数据平台，为建立健全企业绩效管理评价体系提供了真实、有效的数据支撑，确保绩效实施具有操作性、真实性、透明性；同时，公司各层级领导力、执行力等综合因素的影响，为公司全面实施基于激励与创新的“建设特色”组织绩效管理体系保驾护航，确保绩效结果全面落实，充分发挥了绩效管理“指挥棒”作用，助推企业效率效益和管理水平的“双提升”。

（二）管理会计工具方法成功应用的关键因素

提高思想意识，转变传统观念，开展全方位对标工作，全面导入优秀管理工具，公司高层的领导力、中层和员工的执行力，上下齐心，有计划有步骤，协同推进，是建设工业管理会计工具方法成功运用的关键。

（三）管理会计工具方法在应用中的优缺点

2015 年以来，通过全面预算管理、标准成本管理、企业绩效管理等管理会计工具方法的应用，建设工业预算管理实现了财务与业务的有效结合，标准成本管理初步达到了数据精准有效，为实施基于激励与创新的“建设特色”的组织绩效评价提供真实、有效的数据支撑，是绩效评价结果的客观、公正、真实性与及时性反映的主要基础。

建设工业是传统的特品制造企业，相对民品行业来说制造水平较低，为实现兵装集团“五高一长”精品质量的要求，公司还需要不断地进行四新技术的研究与应用，在产品设计、工艺技术、技术基础等方面不断创新，有可能会造成全面预算、标准成本等的应用范围、核算方式等发生变化，需要时间调整与试用，可能会造成短期绩效评价结果失真或不能完成反映当前客观实际情况。

（四）对发展和完善管理会计工具方法的建议

一方面，兵装集团定期或不定期邀请国家财政部、大学院校等领导和专家介绍国际国内最新管理会计工具方法；另一方面，兵装集团定期或不定期收集各企业对管理会计工具方法使用过程中的意见与建议，实现管理会计工具方法的 PDCA 循环。

（五）对推广应用管理会计工具与方法的建议

集团外，建议借助互联网，进行网络宣传；也可以出版书籍进行宣传。

集团内，建议全面借助信息化平台，在兵装集团以及各公司内部网络进行推广应用；同时，开展各层级的培训班，进行宣传培训，进行案例推广学习。

案例三 成都光明——基于管理标准、价值创造的绩效管理变革

成都光明光学元件有限公司（以下简称“光明元件”）是成都光明光电股份有限公司（以下简称“成都光明”）控股的中外合资企业，成立于2001年，是成都光明在光学加工行业的窗口企业，主要产品涵盖光学玻璃元器件、光电子玻璃元器件领域，年产各种规格光学成像透镜、低熔点预制件、滤光片等近亿件。按照成都光明的整体部署，光明元件实施“退城进郊”，2012年12月顺利完成整体搬迁。

随着光电终端市场结构调整，行业市场外部环境急剧变化，订单数量急剧下滑，企业面临的挑战加剧。为解决“内忧外患”的严重问题，提升公司管理水平和管理效益，光明元件于2013年组织探索新的经营模式，通过与外部优秀企业的沟通，结合管理会计工具的深化运用，开展绩效管理会计工具应用，进行了薪酬管理制度改革，实行生产制造课经营承包管理、生产计划管理方式改革，建立了业务管理改革保障体系。

通过管理变革，细化核算单位，光明元件将“责、权、利”落实到企业每个细胞组织，承包人、各级干部、员工都自发工作，真正实现红利共享；建立公司快捷准确的数据库，让财务管理贯穿企业管理的始终，使财务评价体系成为公司生产经营的“体温计”，确保各细胞组织健康成长；夯实和完善各项基础管理工作，让其为财务核算和实现经营目标服务；进行针对性管理控制，有效地将管理层次精细化，通过固化的报告规范，明确各管理层次的职责，也提升了员工参与企业生产经营的积极性，统筹协同企业各类资源，增强内生活力。

管理变革的探索实施和业务管理内部管理报告对各层次单元的绩效考核评价，扭转了工作局面，提升了经营效益，实现了价值创造，为企业发展积累了更多经验。2014年光明元件销售收入同比增长38%，利润增长6.5倍，经营业绩好转。管理层次精细化带来企业成本的有效管控，实现了企业利润最大化。建立管理标准和细化管理层次后，光明元件工作效率得到有效提升，人均创造价值提高。在实行管理变革的一年中，光明元件产品质量得到有效控制，损品率和客户投诉率明显下降，产品交货期得到保证，客户满意度持续提升。通过薪酬业务管理评价，光明元件工作氛围更加和谐，员工工作积极主动，管理人员深入一线既做好服务又能大胆管理。

一、背景描述

2013年起，光明元件在全国经济增速放缓、光电终端市场结构调整的大背景下，从宏

观层面面临内外运营环境的巨大变化，需要进行产品结构调整，从企业层面急需提升企业内生动力，需要提升管理效率。

（一）单位基本情况

光明元件属光学制造行业，主要经营范围包括生产、销售光学元器件和光电子元器件，主要业务板块为成像产品、预制透镜、预制平面、预制小球、滤光片，年产各种规格的光学镜片近亿件。2016 年，光明元件实现营业收入 20 659 万元，利润总额 1 532 万元。

2013 年起，成都光明所处的光学玻璃行业发生了巨大变化，传统光学相机镜片需求量不断衰退，行业市场外部环境急剧变化，企业面临的挑战加剧。

（二）管理状况分析和存在的主要问题

2012 年底，按照成都光明整体部署，光明元件实施“退城进郊”，完成新厂房建设后整体迁至新都工业东区。2013 年，企业并未实现以搬迁促变迁的转变，反而生产经营遇到前所未有的困难。从客观环境变化看，一是光学市场卡片机被大量替代，光学玻璃特别是低熔点玻璃需求量大幅下滑，光明元件订单量随之大减；二是搬迁至新厂后各项基础费用大幅上涨，仅能源费、员工工资福利费等每月增加 50 万元以上，光明元件原有的产品市场优势和成本优势荡然无存。从内部管理看，自 2007 年以来，光明元件向外资冷加工企业引入了一支执行力强的管理团队，实行日资、台资企业管理模式。随着外部环境变化，管理效率和效果已不能适应形势的发展。规模化、集体目标管理模式造成干部队伍责任不清，竞争意识淡薄。部分管理干部推崇简单、粗暴的管理方式，固步自封，不思进取，精神不振，面对严峻市场形势和自主意识强烈的新生员工队伍束手无策。一线员工团队劳动时间长，收入低，士气和积极性受到较大影响，流失率居高不下，劳动生产率持续下降。以上诸多因素叠加影响，导致合同达成率、综合生产力达成率、平均出货达成率均未达到预期目标。其中平均出货达成率仅为 67%，产品品质下降，无法按期交货，外部客户投诉猛增；生产经营陷入恶性循环，想多做订单却无法完成订单，想改变却顾虑重重。2013 年 1 ~ 8 月，光明元件出现严重亏损，利润同比下降 127.2%。

（三）选择绩效管理工具方法的主要原因

在分析问题存在原因的基础上，光明元件管理层清楚地认识到外部环境无法改变，面对严峻的市场竞争形势，要突破困境，唯一能改变的是企业自己。只有打破原有的条条框框，大胆创新，锐意变革，凝心聚力，充分调动全体员工的积极性和创造性，走管理创新之路，才能提升效率、增强竞争力、实现企业的再次腾飞。2013 年 6 月起，光明元件领导先后到我国沿海同行企业及内地优秀民营企业考察学习，研究日本京瓷、国内海尔和华为等企业成功管理经验，确立了“解放思想，释放活力，发展生产，共享成果”的管理变革总思路，即以自我变革、激发组织的内生动力为出发点，以创新运行、激励机制为着力点，以共享成果为落脚点，细化组织管理层次，缩小考核单元，让全体员工成为企业的主人、市场的主人，实现企业与员工共同发展价值链的衔接。

二、总体设计

（一）应用相关管理会计工具方法的目标

根据企业长期发展的战略目标，应用绩效管理工具，开展管理变革，以内部管理报告作为财务信息与非财务信息的综合载体，综合反映企业经营、管理及财务状况，通过企业内部沟通、决策、控制和评价，促进资源优化配置，积极探索和运用管理会计工具，大胆革新，建立以内部市场经营收益为主体的收入分配机制，实现员工自主管理、企业持续发展的新型企业经营模式。

（二）应用相关管理会计工具方法的总体思路

光明元件开展管理变革总体思路主要是把市场经济法则引入企业内部，将员工最大限度地按照业务特点、岗位性质、工序关联和协作关系划分为最小独立核算单位，在独立核算单位之间建立市场化交易关系，并将企业内部各种相关资源进行货币化量化，形成企业内部的虚拟市场，建立以内部市场经营收益为主体的收入分配机制。将企业作为宏观整体，细化独立核算单位为层次单元，最小单元为组织的单个细胞即独立个人，通过薪酬管理、生产管理、质量管理、物流管理、财务管理等业务管理方式的改革，形成对各层次单元绩效考核的内部管理报告，将企业与员工发展的价值紧密结合，提高企业经济效益和管理效率。

（三）绩效管理工具方法的内容

1. 薪酬管理改革。薪酬管理改革主要包括员工“双轨制”、领班计件制、组长年薪制及工资总额承包制度改革。

（1）员工“双轨制”工资制度的实质是以计时工资作为保底的计件工资制。该制度以员工个体作为管理单元，以一线管理、技术骨干为牵引，将员工创造的产品货币化，创新实行计件与计时并行，计时工资作为保底，随着每月员工计件工资实际情况在下月同向浮动。计时工资制度是光明元件已有的岗位绩效工资制。计件工资制是员工工作时间内生产的合格产品的数量和预先规定的计件单价计算所得的工资制。光明元件创新地将员工计件制工资和计时制工资同时运行，称为“双轨制”。在实施中，员工计件工资大于计时工资按计件工资获得收入，小于计件工资按计时工资获得收入。员工当月计件工资高于计时制工资一级以上的，下月计时制工资上涨一级；反之，若当月计件工资低于计时制工资一级以上的，下月计时制工资等级下降一级。如果无客观原因，员工连续 3 个月计件工资达不到计时工资水平，将实行转岗培训甚至被辞退。这项制度能促进员工在技术人员带领下快速提升操作技能，也能充分调动直接作业人员工作积极性，同时也解决了光明元件生产组织管理不到位或市场订单大幅波动对员工收入的不利影响，既能保持薪资体系的延续性，也涵盖职能部门管理人员薪资内容，确保了工资体系的整体性。

“双轨制”薪资制度体现了能者多得、效率优先的原则，较好调动了一线员工工作积极性，实现了从“要我干”到“我要干”的转变。以最早实施“双轨制”的部门为例，在实行的第一个季度里，高技能员工和勤奋员工收入普遍增长，最高在原工资基础上增长一倍，员工单日收入最高可超过 200 元。随着员工积极性调动和“双轨制”的不断完善，员工计件工资超过计时工资比例不断上升，计件工资收入记录屡创新高，最高达到月收入 7 800 余元。此外，员工工资收入增加，生产效率提升，员工总数下降，按完成 130 万件/月生产任务计，人员原需求 270 人，制度实施后只需 200 人即可完成任务。

（2）领班计件考核制度是员工工资“双轨制”的深化和补充，是以生产一线班为组织层次单元，以领班落实所辖区域计件管理制度的计件工资达成率为主要考核内容的领班工资及绩效管理制度。该制度重点对管理目标完成情况进行数据化考核，对完成目标给予奖励，并将工资等级与业绩同向变化，调动一线领班的工作积极性。

领班计件工资由基薪、绩效工资、津贴 3 部分组成，其中基薪根据原有薪资情况对应分为 4 个等级，而绩效工资基数 4 个等级设置均一样。每月以所管理班产量（产量达成率）、效率（所辖员工计件达成率）、品质（损品率）和队伍建设（人员流失率）4 项指标对领班当月绩效进行考核。当考核得分系数大于 1 时，领班工资 = 基薪 + 绩效工资基数 ×0.5 + 绩效工资基数 × 考核得分系数 + 津贴，即绩效先以基数的一半作为奖励再加上基数乘以考核得分系数；当考核得分系数小于 1 时，领班工资 = 基薪 + 绩效工资基数 × 考核得分系数 + 津贴。绩效没有奖励，只有基数乘以考核得分系数，以此激励领班对分管区域尽职尽责，带队伍，抓品质，上产量，通过任务达成程度明显拉开收入差距。

（3）组级年薪制是在课长助理以上人员年薪制基础上扩大到组级管理人员而来，是以组为管理单元对组级管理人员进行管理考核的薪酬管理制度。组级管理人员年薪由基薪、月度绩效工资和年度绩效工资 3 部分构成。年薪的基数根据各岗位承担的工作任务确定，分为生产一线、生产辅助和管理 3 类，其中基薪、月度绩效工资基数、年度绩效工资基数按照年薪基数的一定比例分解确定。基薪中包含计划在公司上班时间的全部加班工资，绩效考核以生产力、产量、损品、员工流失率、单位面积辅料消耗 5 项为主要内容，实行月度、年度考核，引导组级管理人员把关注点放在组织业绩完成上。将年薪基数的 30% 作为年度绩效基数进行考核，引导组级管理人员关注组织工作的连续性和持续发展，克服短期行为。

（4）工资总额承包管理制度是实施计件工资制或经营承包管理单位以外的职能部门和生产辅助部门实行工资包干的薪酬管理制度。各部、课、组等职能管理单元以完成职责要求工作为前提，以单元前 6 个月平均工资总额核定整体劳动所得，单元成员按业绩大小自主分配收入。工资承包原则上以组为单元管理，以组不便于管理的可以以课或部为单元管理。各职能单元需管理所辖人员提升效率，在工作内容不减少、质量不降低的情况下通过自主岗位、任务合并调节，减人增效，对工资承包单位实行任务承包，减人不减资，增人不增薪。

2. 经营承包管理改革。经营承包管理是以课、组为管理单元，组织负责人（承包人）为代表的管理团队实施、协调该生产单元的产品生产，对组织效益负责，并按照一定比例获得经营管理利润分成的管理制度。该制度在组、课级人员原有薪酬基础上建立起更具激励性、更灵活的收入分配方式，激发干部管理潜能，释放各级干部活力，挤压管理过程中存在的水分，降低制造成本，提升全员劳动生产率，确保公司各项生产经营指标的完成，同时让责任人共享经营成果。

经营承包管理制度对经营承包模式、承包单位成本分摊及收入确认、承包单位利润计算方式和返还比例、承包单位组织管理等进行明确规定。经营承包以计提公共管理费用后单位成品加工价格乘以产出良品数求和作为收入，减去组织内人工、动能、工装夹具及辅料、折旧与损金等成本得到承包利润。承包团队按经营承包利润5% ~20%的比例获得利润分配奖励，主承包人最高可获得分配利润的40%。光明元件的经营承包制度设计有部、课、组3种承包层级，2014年主要实行了课级承包方式，部分生产辅助班组实行组级承包。

经营承包管理围绕企业经营战略目标，以降本增效为导向，促进企业的可持续发展，主要包括6个实施要点：一是承包人实行公开竞聘，对公司承包的承包人由公司组织选聘，承包单元下属管理人员由承包人公开竞聘。对落聘干部，不保留原位置，一律降职自己找岗位。承包人以保质保量完成公司发包生产任务为前提，负责生产过程管理，按照制度落实承包单位的人力配置与培养、生产安排、员工绩效管理的权利与义务。二是赋予承包人所属区域人事任用、生产组织（生产计划、设备调配、人员组织）、辅料建议（根据产品加工特性和性价比提出辅料及工装夹具使用建议）、利润分配4项主要权利。三是经营承包管理以季度为考核周期，承包人按比例在课级、组级中分配盈利所得。四是季度内无客观原因亏损将更换承包人。五是各职能部门简化管理职能，将生产管理的制造内部管理、机台计划、员工生产计划等职能下放给承包单元，职能部门在人力、技术、产品纳期计划、品质、物流、数据分析上提供服务支持。六是对运行情况以日、周、月、季度报表分析和管理建议等形式提供承包单位运用。

生产经营承包以利润为中心，克服以包代管，创新地实现了管包结合。承包团队“以包细管”，落实了管理责任，管理部门“以管促包”，实现了从“要我管”到“我要管”的转变。承包制实施以来，各单位承包人工作责任心和主动性大大增强，充分发挥智慧，想方设法提升效率、千方百计降低成本，开源节流，不断追求盈利水平提升，不再计较工作时间长短，不再争更多设备和人员。公司制一课承包后，通过调整组织架构和竞聘上岗实施精兵简政，管理及辅助人员从76人下降到40人，不仅大大提升了管理效率，而且人工成本每月下降15万余元；通过加强目标管理，实施过程监控，强化执行力，产品一次良品率由80%左右提升到92%，损品率由11.3%降至6%以内，按期交货比例从92%提升到100%。全课掀起厉行节约、杜绝浪费之风，从辅材领用到发放，层层确认、检查，不必要的尽量少用或不用，并实施部分回收再利用。通过管理，课内单位面积辅材耗费量从0.228元/件下降到0.204元/件，按月均完成120万件镜片计，每月仅辅材这一项就可以为课内节约2.88万元，为课内及光明元件带来可观的经济收益。承包试运行第一个季度，光明元件从亏损到盈利63万元，发放奖励11.6万元。2014年，光明元件共实现利润总额约861万元，同比增长6.53倍，承包单位计提利润奖励约49万元，实现了企业与个人的双赢。

3. 管理方式改革。

（1）改变生产计划管理方式。改革前采用的是保姆式的计划性生产管理模式，生产管理部负责下达计划到机台、班组，直接管理具体生产事务。通过改革“采取服务+引导式生产管理”模式，生产管理部主导公司级规划，承包单位依照总规划进行工作分解，并充分协调资源进行管理，协调、监督、服务具体生产。

（2）以客户满意度为向导。在产品品质、交期、客诉方面管理加强，设定预期工作目标，与各单元绩效挂钩，客户满意度持续提升。

（3）做好一线运作保障和服务。一是有计划地前置备料生产，减少了生产资源浪费。二是加大工程监察强度，及时向生产线提出需整改问题点，维护了基础管理及体系的正常运作，确保品质稳定。三是 QC 和技能培训制度化，保证生产线的用人技能需求。四是推行目标达成管理，对不达标项目发出“纠正预防措施通知书”，必须严格分析、改善。

4. 建立业务管理改革保障体系。建立薪酬管理、经营承包管理和其他业务管理方式改革支撑体系，形成完整的数据链和业务管理内部报告，及时评价公司及承包单位的运行结果，保障对各层次管理单元绩效评价的公平公正。

业务管理内部管理报告以财务评价体系为中心，汇总人力资源管理、物流管理、生产管理、全面质量管理、生产力评价体系数据的六大保障体系，形成周、月、季度管理报告总结，综合评价各单元工作业绩。

该体系将企业多个业务管理中最核心的、最需要共享的数据（主数据），集中进行梳理整合，并且以服务的方式把统一的、完整的、准确的、具有权威性的主数据分发给全企业范围内需要使用这些数据的操作型应用和分析型应用，包括各个业务部门、业务流程和决策支持部门等，为企业全面管控风险起到支撑作用（见图 14－2－3－1）。

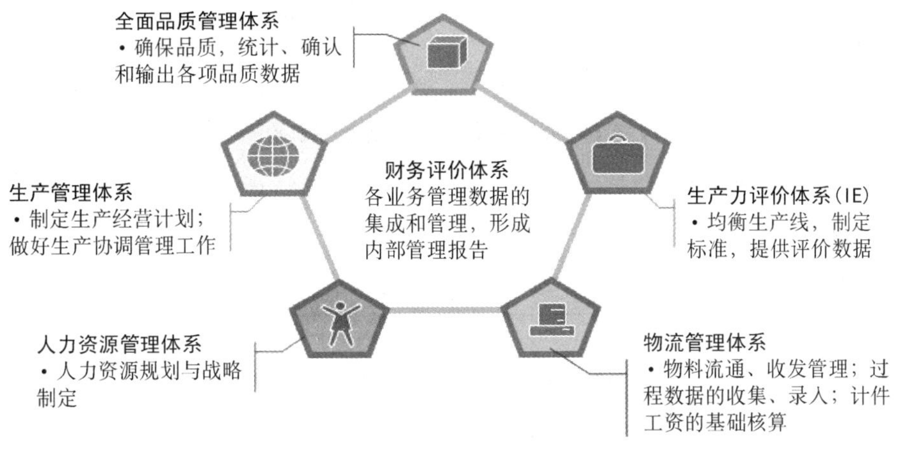

图 14－2－3－1 各业务管理内部管理报告支撑保障体系

（四）应用相关管理会计工具方法的创新

1. 薪酬管理改革创新。实现了员工“双轨制”、领班计件制、组长年薪制及工资总额承包制度改革；体现了能者多得、效率优先的原则，较好调动了一线员工工作积极性，实现了从“要我干”到“我要干”的转变，员工工资收入增加，生产效率得到有效提升。

2. 经营承包管理改革创新。实现了以课、组为管理单元，组织负责人（承包人）为代表的管理团队实施，激发了干部管理潜能，释放各级干部活力，挤压管理过程中存在的水分，降低制造成本，提升全员劳动生产率，确保公司各项生产经营指标的完成。

3. 管理方式改革创新。将原来“保姆式”的计划性模式改变为“服务＋引导”式生产管理模式；以客户满意度为导向，做好一线运作保障和服务。

4. 建立业务管理改革保障体系创新。建立了以财务评价体系为中心的数据链和业务管理内部报告，实现了主数据共享，为企业全面管控风险提供支撑。

三、应用过程

（一）组织机构及方式

光明元件组织机构及方式见图 14－2－3－2。

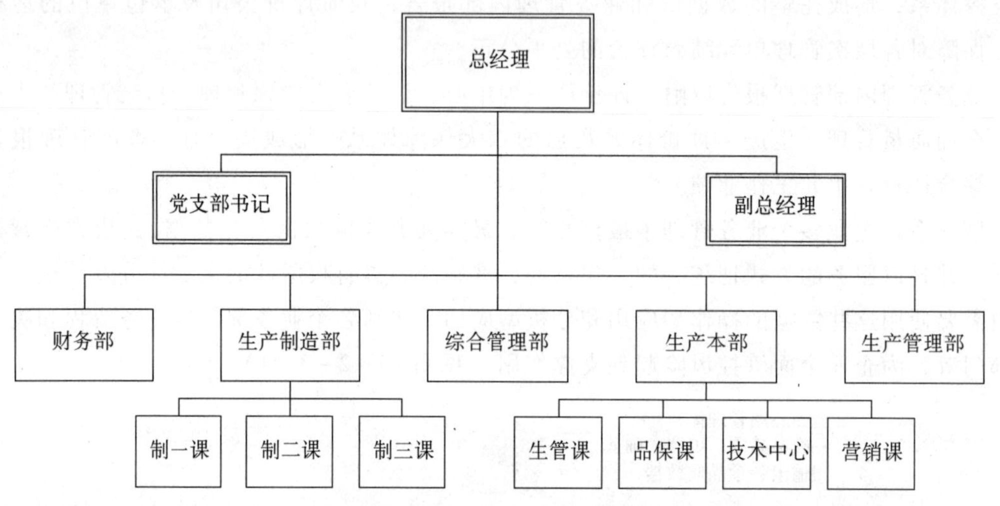

图 14－2－3－2　光明元件组织机构

（二）参与部门和人员

参与部门和人员情况见表 14－2－3－1。

表 14－2－3－1　参与部门及工作职责

责任部门	主要工作职责
财务部门（牵头部门）	各业务数据的集成和管理，形成周、月、季度管理报告总结
财务部（库房）	依据领用部门按工序分类录入 ORACLE 系统
财务部（IE）	均衡生产线，制定标准，提供评价数据
人力资源部	负责人力资源及战略，计算工资、社保
生管部（计划组）	制定生产经营计划，做好生产协调管理
生管部（物流组）	物料流通、收发管理，过程数据收集录入，计件工资基础核算
各制造课	以客户满意为导向，确保产品按期出货，做好降本增效及员工培养
动能保障课	保障各制造课设备正常运作和服务、做好节能降耗工作
品保课	确保成品出货品质，以及各制造课、各工序分项品质数据的输出
技术中心	负责新产品、新工艺开发

（三）相关资源、环境、信息化条件部署要求

内部管理报告需要各部门数据集合，信息量庞大。首先，应有扎实的基础管理，制定各

部门责任和权限，以管理机构和人员为支撑，才能确保数据信息规范。其次，要收集处理多维度数据，还需有相应的信息化软件作保障，才能确保大量数据的汇总和分析。

（四）具体应用模式和应用流程

内部管理报告数据来源于各个部门的数据集合，人力资源部每周提供人员动态情况与计件工资动态，物流部门每天提供生产制造动态情况，各课各工序机物消耗动态在ORACLE软件中导出，动能保障课每周提供能源动态情况，折旧费每周根据上月情况预计（月末ORACLE软件实际计算），财务部计算加工费并最终进行汇总分析，提供给领导层和各经营承包责任人。

（五）遇到的主要问题和解决方法

绩效管理改革实施过程中，偶尔会出现信息错误和部门间信息流通不及时的情况，如物流部门发现个别新产品无工时、个别员工产量错误、个别产品工序工时不准确等现象，相关责任单位将及时采取措施分析错误产生的原因，并在24小时内纠正错误，保障基础秩序流程的正常运行。

四、取得成效

光明元件通过一年多的管理变革的探索和业务管理内部管理报告对各层次单元的绩效考核评价，扭转了工作局面，提升了经营效益，实现了价值创造，为企业发展积累了更多经验。2014年光明元件销售收入同比增长38%，利润增长6.5倍，客户满意度达到99%。工作氛围更加和谐，员工工作态度由“要我干”转变为“我要干”，管理人员大胆管理、服务，实现了由“要我管”到“我要管”的转变。

（一）应用相关管理会计工具方法前后情况对比

1. 经营业绩好转。管理层次精细化带来企业成本的有效管控，实现了企业利润最大化（见图14－2－3－3）。

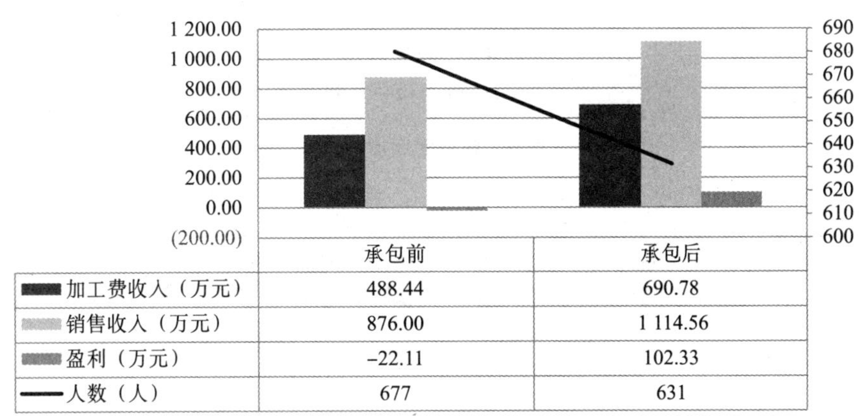

	承包前	承包后
加工费收入（万元）	488.44	690.78
销售收入（万元）	876.00	1 114.56
盈利（万元）	−22.11	102.33
人数（人）	677	631

图14－2－3－3　管理变革前的2013年与变革后的2014年光明元件月平均效益对比

2. 管理效率明显提升。建立管理标准和细化管理层次后，光明元件工作效率得到有效提升，人均创造价值提高。各部门实施减员增效，仅二线职能部门就精减人员20%；综合生产力从 29.3% 上升到 35.9%，提升了 22%；2013 年企业经营亏损，员工收入较低，2014 年员工收入月均增长 18.8%；员工流失率降低 31%（见图 14－2－3－4）。

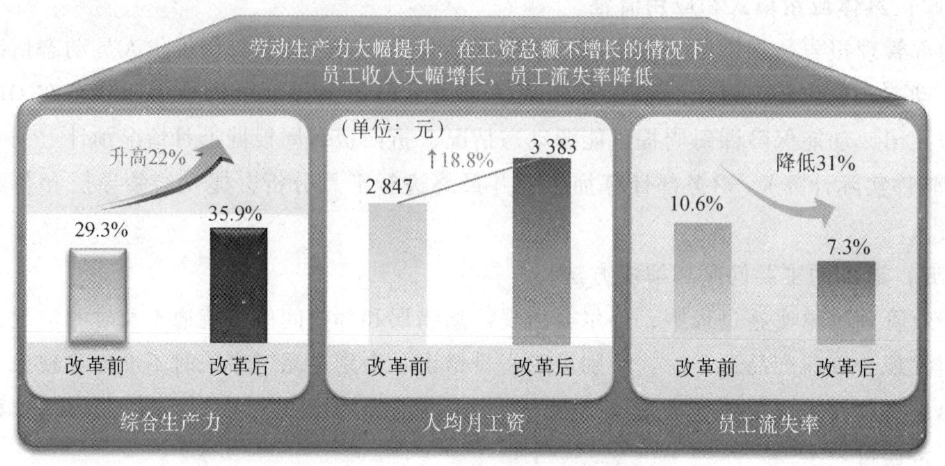

图 14－2－3－4 光明元件效率变化情况

3. 质量得到良好控制。在实行管理变革的一年中，光明元件产品质量得到有效控制。透镜及预制件损品率由 5.63% 下降到 3.53%，滤光片损品率从 13.06% 下降到 7.4%。一般客户投诉由 15 件下降到 7 件，重大客户投诉由 3 件下降为 0。产品交货期得到了保证，客户满意度持续提升（见图 14－2－3－5、图 14－2－3－6）。

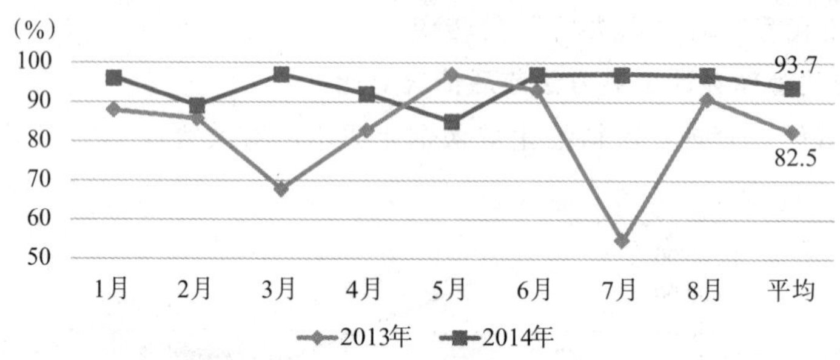

图 5 客户满意度对比

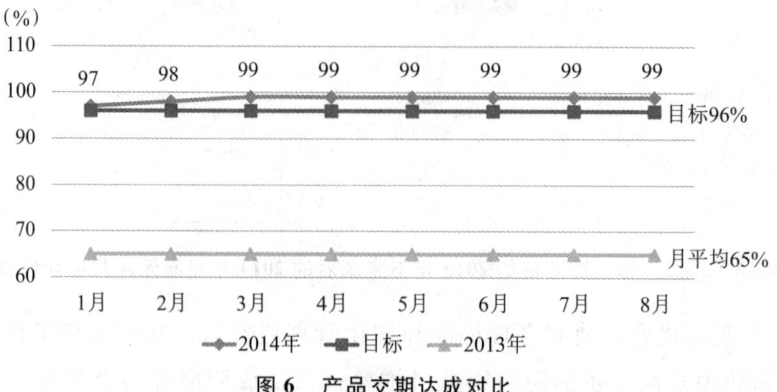

图 6 产品交期达成对比

4. 工作氛围发生较大改变。通过薪酬业务管理评价报告后，光明元件工作氛围更加和谐，员工工作积极主动，管理人员深入一线既做好服务，又能大胆管理。

（二）对解决单位管理问题情况的评价

1. 管理层次细化。将“责、权、利”落实到企业每个细胞组织，承包人、各级干部、员工都自发工作，真正实现红利共享。

2. 成本得到有效控制。各细胞组织活力迸发，为实现共享分红，主动寻找降本途径，节约辅料用量、精减富余人员等，以前的“要他降”转变为“我要降”。

3. 效率得到有效提升。各细胞组织加强了对员工技能的培训，一次良品率得到较好提升。

五、经验总结

光明光学的管理变革和业务管理内部管理报告的运用经过努力取得了一些成效，对此主要有4点基本经验。

一是推动变革取得成效在于简政放权。改变以前高度计划性的集权强势管理，实施各尽其职的自主管理。放权就是放责任，就是放信任。将目标任务分解到全体员工身上，员工各司其职，各负其责，工作热情竞相迸发。在企业与管理团队、员工之间建立充分的信任，互动协调推动工作全面深入开展。

二是管理变革推进良好得益于光明光学扎实的基础管理。在发展过程中，通过专业人才引进、外部交流学习和自身积淀，光明元件形成了相对完备的基础管理。业务管理内部报告评价推行离不开强有力的人力资源支撑、翔实深入的财务数据分析、合理有效的生产组织管理以及快捷准确的物流统计。

三是管理变革需依托适销对路的产品。光明元件以3年为周期进行发展战略规划，在成都光明的支持下，在发展的每个关键时期及时形成有较强竞争力的产品制造能力。当一个新产品转入量产的时候即启动下一战略产品探索、研发，具有市场竞争力的高附加值产品为光明元件推行管理变革奠定了物质基础。

四是业务管理内部管理报告的形成离不开企业各个业务环节的支撑，各业务管理的流程标准确立和对各层次单元及时准确的评价保障了内部管理报告运用的有效性，提高企业价值创造能力，为企业发展目标的实现创造条件。

光明元件实施管理变革创新和业务管理内部管理报告的有效运用，探索制订业务管理、薪酬、激励制度，是充分学习国内外企业经营经验的一次成功尝试，实践的一些新的管理思路和经营措施，更好体现了以人为本、效率优先、互利共赢的市场经济理念，企业将继续增强自主创新能力，进行全面业务管理改革探索，建立业务标准，通过管理业务标准化、智能化与绩效评价、技术研发、产业链延伸之间的深度融合运用，推动企业高效、全面发展。

表14-2-3-2～表14-2-3-10可以作为业务管理内部管理报告相关表样。

表14-2-3-2实时反映每周人员流失与增补情况、人工成本控制情况、分析员工流

失原因、分析是否有人员冗余、判断是否会影响后期产品交货进度等，层层控制人工成本。

表 14-2-3-2　　　　人员动态状况

部门	时间段	期初人数（人）	入职在岗人数（人）	流失人数（人）	期末人数（人）	流失率（%）	流失率环比	预计人工成本（元）	平均人工成本（月）	平均人工成本（天）
一课	8.24～8.28									
	8.29～9.4									
	9.5～9.11									
	9.12～9.23									
	本月合计									
	上月同期									
二课	8.24～8.28									
	8.29～9.4									
	9.5～9.11									
	9.12～9.23									
	本月合计									
	上月同期									
三课	8.24～8.28									
	8.29～9.4									
	9.5～9.11									
	9.12～9.23									
	本月合计									
	上月同期									
周汇总	8.24～8.28									
	8.29～9.4									
	9.5～9.11									
	9.12～9.23									

注：人工成本包含工资、津贴、保险、公积金、职工福利费、工会经费、教育经费。预计人工成本＝上月平均人工成本×当期期末人数。最终以月末财务核算数据作为实际考核依据。

表 14-2-3-3 实时反映各生产单元的生产动态，根据各分类产品的投入产出情况、废品损失金额以及损品率情况，分析、判断生产过程实时状况，查找原因，进行预防或实时纠偏。另外，光明元件对毛坯价值较高的贵重产品进行了特别管控，单独列出明细，让各制造单元特别关注。在承包利润激励下，承包人会主动控制损品率，降低成本。

表 14-2-3-3 生产制造动态情况

部门	时间段	产品类型	产量		损品数（件）	损品金额（元）	损品率（%）	毛坯投入数（件）	损品率环比
			数量（件）	面积（平方米）					
一课	8.24~8.28	低熔点入库数							
		成像上伞数							
	8.29~9.4	低熔点入库数							
		成像上伞数							
	9.5~9.11	低熔点入库数							
		成像上伞数							
	9.12~9.23	低熔点入库数							
		成像上伞数							
	本月总数	低熔点入库数							
		成像上伞数							
		合计							
		日均产出							
	上月同期	低熔点入库							
		成像上伞数							
		合计							
		日均产出							
二课	8.24~8.28	滤光片入库数							
	8.29~9.4								
	9.5~9.11								
	9.12~9.23								
	本月总数	合计							
		滤光片日均产出							
	上月同期	合计							
		滤光片日均产出							
三课	8.24~8.28	成像镜片							
		小球							
		双平面							
	8.29~9.4	成像镜片							
		小球							
		双平面							
	9.5~9.11	成像镜片							
		小球							
		双平面							

续表

部门	时间段	产品类型	产量		损品数（件）	损品金额（元）	损品率（%）	毛坯投入数（件）	损品率环比
			数量（件）	面积（平方米）					
三课	9.12～9.23	成像镜片							
		小球							
		双平面							
	本月总数	成像镜片							
		小球							
		双平面							
		合计							
		成像镜片日均产出							
		小球平面日均产出							
	上月同期	成像镜片							
		小球							
		双平面							
		合计							
		成像镜片日均产出							
		小球平面日均产出							
技术课（新品打样）	8.24～8.28	新品试做入库数							
	8.29～9.4								
	9.5～9.11								
	9.12～9.23								
	本月总数	合计							
		日均产出							
	上月同期	合计							
		日均产出							
公司周产量	8.24～8.28	总产量							
	8.29～9.4								
	9.5～9.11								
	9.12～9.23								
本月产量总数		合计							
		日均产出			—	—	—	—	—
上月同期产量		合计							—
		日均产出			—	—	—	—	—

表14－2－3－4反映高附加值产品生产损毁情况，对各生产单元进行对比考核，通过内部竞争降低高附加值产品损失率。

表 14－2－3－4 贵重产品损品情况

时间段	课别	贵重产品件号	良品数	损品数	损品率（%）
8.24～8.28	一课				
	一课				
	一课				
	一课				
	二课				
8.29～9.4					
9.5～9.11					
9.12～9.23					

表 14－2－3－5 按各制造工序实际领用信息，采用 ERP 系统直接录入各制造工序，月末将参与本工序加工的产品按加工工时比例进行分摊，这较传统的成本分摊方法更加科学、合理，使单位产品成本更趋真实。

表 14－2－3－5 工序机物料消耗动态情况

项目部门	时间段	工序	机物料消耗（元）	累计入库镜片面积（平方米）	单位面积消耗（元/平方米）	单位面积耗额环比	累计入库工时（小时）	单位工时消耗金额（元/小时）	单位工时耗额环比
一课	以周为时间段	铣磨							
		精磨							
		抛光 1							
		抛光 2							
		制一课清洗							
		制一课检验							
	本月合计	铣磨							
		精磨							
		抛光 1							
		抛光 2							
		制一课清洗							
		制一课检验							
		合计							
	上月同期	铣磨							
		精磨 1							
		抛光 1							
		抛光 2							
		制一课清洗							
		制一课检验							
		合计							

续表

项目部门	时间段	工序	机物料消耗（元）	累计入库镜片面积（平方米）	单位面积消耗（元/平方米）	单位面积耗额环比	累计入库工时（小时）	单位工时消耗金额（元/小时）	单位工时耗额环比
二课	以周为时间段	滤光片精磨							
		抛光							
		滤光片清洗							
		滤光片检验							
	本月合计	滤光片精磨							
		抛光							
		滤光片清洗							
		滤光片检验							
		合计							
	上月同期	滤光片精磨							
		抛光							
		滤光片清洗							
		滤光片检验							
		合计							
研发中心	以周为时间段								
	本月合计								
	上月同期								
生产管理部	以周为时间段								
	本月合计								
	上月同期								
成品盒清洗	以周为时间段								
	本月合计								
	上月同期								

续表

项目部门	时间段	工序	机物料消耗（元）	累计入库镜片面积（平方米）	单位面积消耗（元/平方米）	单位面积耗额环比	累计入库工时（小时）	单位工时消耗金额（元/小时）	单位工时耗额环比
机加	以周为时间段								
	本月合计								
	上月同期								
小球PG自制	以周为时间段								
	本月合计								
	上月同期								
治工具	以周为时间段								
	本月合计								
	上月同期								
周消耗量	以周为时间段								
月消耗量	本月								
上月消耗	上月同期								

表 14－2－3－6 为实际抄表数量与水、电、气实际单价计算而得，公共部分视实际情况按比例分摊到各制造课。

表 14－2－3－7 加工费收入计算方法和产品加工单价、计提费用均在“成本分摊及收入确认原则”中进行了详细说明。

加工费收入＝各完工合格数×各产品加工单价（产品售价－材料费）

表 14－2－3－6 能源动态情况

部门	时间段	水		电		气		费用合计（元）	耗量环比		
		用量（吨）	费用（元）	用量（度）	费用（元）	用量（方）	费用（元）		水	电	气
一课	8.24～8.28										
	8.29～9.4										
	9.5～9.11										
	9.12～9.23										
	本月合计										
	上月同期										
二课	8.24～8.28										
	8.29～9.4										
	9.5～9.11										
	9.12～9.23										
	本月合计										
	上月同期										
三课	8.24～8.28										
	8.29～9.4										
	9.5～9.11										
	9.12～9.23										
	本月合计										
	上月同期										

表 14－2－3－7 加工费收入情况 单位：元

课别		8.24～8.28	8.29～9.4	9.5～9.11	9.12～9.23	合计	上月同期	计提的公共费用	计提后加工费
一课	低熔点								
	成像前工序								
二课	滤光片								
三课	后工序								
	小球平面（精抛）								
合计									

表 14－2－3－8 中的信息让承包单元实时掌握生产、成本、盈利情况，及时调整工作中的不足、有效实施全过程管控，减少损失。

表 14－2－3－8　　承包单元预计盈亏情况（汇总信息）　　单位：元

部门	时间段	内部加工费收入	每天加工费收入	机物料耗用	人工成本	废品损失	能源成本	折旧	其他	预计周累计利润
一课	8.24～8.31									
	9.1～9.7									
	9.8～9.14									
	9.15～9.23									
	本月合计									
	上月同期									
二课	8.24～8.31									
	9.1～9.7									
	9.8～9.14									
	9.15～9.23									
	本月合计									
	上月同期									
三课	8.24～8.31									
	9.1～9.7									
	9.8～9.14									
	9.15～9.23									
	本月合计									
	上月同期									
合计	8.24～8.31									
	9.1～9.7									
	9.8～9.14									
	9.15～9.23									
	本月合计									
	上月同期									

表 14－2－3－9　　月度经营承包情况及利润分配表（分月计算，以季度累计值分配）

项目 / 部门	一课	二课	三课	合计	备注
产量（件）					
加工面积（平方米）					
对外加工费收入（元）					
公司计提收入（元）					
承包单位加工费收入（元）					
人工成本（元）					
机物料（元）					

续表

部门＼项目	一课	二课	三课	合计	备注
废品损失（元）					
能源成本（元）					
折旧（元）					
修理、模具费（元）					
返修费用（返修、改材冲减）（元）					
其他（办公、运输、租赁费）（元）					
成本小计（元）					
利润（元）					
公司公共费用（元）					
生产本部（元）					
税金及期间费用（元）					
公司成本费用合计（元）					
公司利润合计（元）					
季度返还利润（元）					

案例四　北方工具——资产经营绩效考评体系的构建与应用

黑龙江北方工具有限公司（以下简称“北方工具”）按照兵装集团“价值创造行动”的总体部署，紧密结合自身生产经营实际制定了“1235”的战略发展思路，开展管理会计推进工作，提高了公司总体能力与管理水平。在经济总量、运营质量、科技创新能力、核心竞争能力等方面取得了较大进步。运用预算管理、成本管理、基础管理、EVA 提升等工具，北方工具提升资产运营质量，强化信息化支撑作用，建立功能性信息发布平台，保障各项管理工作的及时性。

北方工具积极开展管理会计探索与实践，运用绩效管理工具，构建资产经营绩效考评体系，结合关键绩效指标法和目标管理法，建立起以战略牵引，业绩为主，注重过程，全面评价的考评体系。资产经营责任制与绩效考核的融合，形成战略目标、预算管理、重点工作、管理提升和基础管理五位一体的考评模式；建立多层次考核工作机制，总部、专业部门、经营单位 3 个层面进行重点考评管理；实行各有侧重的指标模式，子公司、事业部侧重经营指标的考核，特品分厂及辅助单位侧重基础管理的考核，职能部门侧重履职情况的考核；实施重点任务书项目化管理，采取重点任务书模式推进专项工作，按时间节点推进专项考核；细化管理，及时跟踪，建立要事和时间管理机制，通过细化管理，保证了各项任务的有序开展，并保证进度。通过构建资产经营绩效考评体系，“考核 反馈 改进 提升”的绩效管理思想有效融入公司管理实践，兵装集团“价值创造行动”部署的落实得到促进，北方工具的管理水平得以提升，各项工作良性发展。

一、背景描述

（一）基本情况

北方工具承担着国防产品科研与生产的重要使命。企业始建于1946年，经历3次搬迁，实现3次跨越。经过70年的发展，北方工业的资产总额达到294 285万元，已成长为集研发、生产、试验验证于一体的国内常规特种产品系列保留产品最全、保留能力最大的企业，已形成适应企业发展规模、结构合理、整体素质较高、具有创新能力的科技人才队伍，具有完备的科研开发体系和良好的生产制造能力，曾被国家授予“中国名牌产品”“全国用户满意产品”“最具竞争力的中国民族品牌”等荣誉称号。面对激烈的市场竞争，企业员工在持续健康快速发展的道路上创造出更大的业绩与辉煌，经营绩效得到显著改善，为国防经济建设做出巨大贡献，提供有力保障。

（二）管理现状分析和存在的问题

1. “两金”占用控制与先进企业相比存在差距，经营活动资金仍然紧张，两项指标占用高位运行，影响公司资金的使用效率。

2. 民品经济增长持续放缓，部分指标完成未达到预期目标，受国际、国内经济大环境因素影响，北方工业民品指标完成没有达到预期目标。各民品单位指标完成均出现大幅度下滑走势，经营形势不容乐观。

3. 部分制度没有明确岗位权责和考核手段，且缺少对单位考核的奖惩权限，所以在制度执行闭环上存在一定缺陷，使制度执行力度不够强。

4. 一般管理人员岗位绩效考核评价区分度不高，体现每个人的工作业绩不明显，区分程度有待提高。

（三）选择绩效管理工具方法的原因

为落实经营目标和资产经营责任，北方工具运用先进的绩效管理工具对资产经营管理进行大胆改革与创新，针对经济运行中存在的各种问题完善管理制度和流程，构建新型资产经营绩效考评体系，通过资产经营绩效考评体系和管理模式的建立与完善，把企业阶段性发展战略目标与可操作的业绩指标和重点工作任务更加紧密地结合起来，以提高经济运行质量和效益为核心，以管理提升、业绩考核和降本增效为手段，积极推进价值创造型财务管理体系建设，提升公司管理水平，推动公司由速度规模型向质量效益型转变，进一步加强核心能力建设；在分解公司年度经营目标和管理职责的基础上，实现与部门季度绩效考核工作的有效结合，通过对业绩指标和重点工作评价、考核，兑现各经营部门、科研开发部门、生产经营单位员工的薪酬和绩效奖励，激发了员工生产经营与管理的创造性和积极性；同时，对业绩指标和重点工作的完成情况的有效掌控也为调整和制定企业下一年度资产经营绩效考评体系提供了承前启后的依据，使得年度资产经营绩效考评管理更加顺畅。资产经营绩效考评体系推进产业产品结构调整，实现产业结构、产品结构调整和制造水平的转型升级，为公司长远发展提供支持和保障。

二、总体设计

（一）应用绩效考评体系的目标

北方工具建立有效的激励和约束机制，实施了业务流程梳理完善、绩效管理考核标准完善、薪酬制度改革、开发人力资源、实施信息化项目等，各项工作不断探索创新，逐步实现“组织结构扁平化、管理手段信息化、目标管理数字化、生产过程精益化”的管理目标。

1. 持续推进薪酬结构调整，充分发挥薪酬激励作用。结合公司经营规模及效益，修订完善薪酬制度，不断提高工资标准、优化工资结构，进一步建立以体现工作业绩为基础，体现人才价值为导向，有利于激发人才活力、维护人才权益的激励保障机制，并逐步完善与企业经济效益增长、劳动效率提高相适应的员工工资正常增长机制。到 2020 年，北方工具在岗职工平均工资力争达到 6.5 万元。

2. 提升两个能力。一是创新能力：研究新技术、拓展新领域，建设一支高素质的研发队伍，全面提高研发能力。二是质量保障能力：以产品质量综合提升、精品工程和质量攻关工作为主线，提高管理、设计、制造、试验和售后服务能力。实现特品质量损失率同比降低 20%。实现售后服务需求响应率 100%，特殊产品用户上报问题解决率不小于 90%，售后服务满意度大于 95%。

3. 突出业财融合、风险管控，积极化解风险，全面推进管理会计工具运用，围绕价值创造，促进公司经营管理的改善和提高。做好生产成本和经营成本控制。对价值形成过程进行控制，控制原材料采购成本。

4. 加强财务内控体系建设。结合内部控制缺陷，进一步梳理相关制度流程。建立、运用、完善财务内部控制制度，对财务管理中出现的问题实施有效的监督和控制。

5. 做好财务会计体系建设。加强财务基础管理，提高财务工作水平；推进司库管理信息系统建设，全面使用司库管理系统，数据准确率、及时率达到 100%；逐步实现财务人员由财务会计向管理会计转型。

（二）应用绩效考评体系的总体思路

为落实经营目标和资产经营责任，北方工具运用先进的绩效管理工具对资产经营管理工作进行大胆改革与创新。一是运用科学的指标体系，对各职能部门、子公司、生产分厂和事业部采取不同指标考评方式，对各经营指标进行考核，包括发展能力指标、资产管理效率指标、偿债能力指标、盈利能力指标等。二是增加一些定量分析和定性分析的辅助指标，同时选择这些指标的标准值作为衡量依据，确保资产经营绩效考评体系建设工作有效开展，并以年度工作任务目标分解为依据，重点工作、一般管理工作等分占不同比重，采用科学权重推动年度管理目标的落实。三是分解年度经营指标、重点工作和一般管理工作，形成季度目标，与季度部门绩效考核相结合，更好地体现过程的控制。四是重点任务书项目化管理。五是加强基础管理的考核，提高数据的准确率和及时性。六是推进管理工具信息化建设，提高工作效率。七是加强考核过程的督导作用，对指标的变化实施实时监控。

（三）应用绩效考评体系的内容

体系构建与实施做法主要体现在：第一，重塑机构，明确职责，建立多层次考核工作机制；第二，明确目标，层层分解，实行各有侧重的指标模式；第三，资产经营责任制与绩效考核的融合，形成战略目标、预算管理、重点工作、管理提升和基础管理五位一体的考评模式；第四，多层考核，动态管理，实施重点任务书项目化管理；第五，细化管理，及时跟踪，建立要事和时间管理机制；第六，应用拓展，奖罚分明。

（四）应用绩效考评体系的创新

1. 强化经济运行监控，加大经济运行干预力度。经济运行监控体系有效运行，通过月度、季度和半年运营分析会和不定期的专题分析会，根据经营效果，下达预警通知、重点工作整改通知。根据半年运营分析会提出的经营中存在的问题编制运营策略，进行重点推进，实施指标考核的动态监控，实现闭环管理。建立预警机制，按月开展经济活动分析，对经营指标完成情况进行通报，促进各单位提高经营管理水平。对经营活动异常情况及时反馈信息，对相关单位下达预警通知，由绩效考核办公室监督整改，年末没完成任务，下达督令状，处罚力度加倍。

2. 实施重点工作按节点推进，实行重点工作项目化管理，抓住需要解决公司上年度生产经营活动的重点问题，抓好对企业和生产经营单位有重大影响的管理提升项目工作和基础管理工作，优化流程管理，逐步达到企业管理制度化、规范化和程序化的基本要求，稳步提升公司各项管理水平。

3. 深化经营业绩评价，加大分类考核力度。充分发挥绩效考评对经营单位的导向作用，核心思想为战略牵引，业绩为主，注重过程，全面评价的考评体系。重点把战略目标、预算管理、年度重点工作、管理提升和基础管理工作与经营绩效考评体系有效结合，扩展了资产经营绩效考评体系的覆盖度，并落实到季度部门绩效考核中，对任务推进过程进行控制。

4. 强化奖罚的激励作用，在专业检查中未能履行职责的单位或部门将给予处罚。根据降本增效中职能部门的日常性业务节创的经济效益或完成某一项工作所体现的贡献，给予一定奖励。集体或个人取得的省部级以上和兵装集团荣誉的，给予一定额度的奖励，鼓励员工努力工作，为公司获得更多的荣誉。

5. 运用信息化手段进行管理信息平台建设，提高考评效率。建立起集特品生产、民品生产、技术、质量、运营指标及重点工作等各类信息的综合性信息发布平台，实现各项管理职能的单元化、数据化汇总，实现数据的即时搜索功能，将资产管理、采购管理、外围资产、子公司、事业部的经营管理等信息进行集成管理，提高公司经营管理的信息化水平。

三、应用过程

（一）组织机构及方式

1. 绩效考核管理委员会。

（1）人员组成。

组长：党委书记、总经理。

副组长：主管运营公司领导、主管人力公司领导。

成员：运营管理部部长、人力资源部部长、党政办公室主任、党群工作部部长。

（2）主要职责。一是根据公司发展战略，审批公司绩效考核管理制度；二是负责绩效考核管理体系的组织实施，审定年度和季度绩效考核结果；三是负责指导各单位做好员工考核工作和单位绩效考核的反馈、评估工作；四是负责处理绩效考核中出现的争议问题。

2. 绩效考核办公室。

（1）人员组成。

主任：主管运营公司领导。

副主任：主管人力公司领导。

成员：运营管理部部长、人力资源部部长、党政办公室主任、党群工作部部长、审计部部长、财务部部长。

（2）主要职责。第一，绩效考核办公室作为公司绩效管理委员会的执行机构，负责部门，特品生产（辅助）分厂，事业部，子公司年度、季度绩效考核工作。第二，绩效考核办公室主任、副主任负责组织绩效考核工作。第三，绩效考核办公室成员按照工作量、工作质量和工作创新 3 个方面对除本单位外的其他单位季度工作完成情况进行综合评价打分。第四，绩效考核办公室负责将考核结果向绩效管理委员会汇报；负责处理员工反馈和申诉意见；负责办理绩效管理委员会交办的工作。

（3）各单位成立考核工作领导小组，主要职责：一是负责制定单位绩效考核办法，组织本单位绩效考核工作；二是负责所属员工的考核评分和绩效面谈；三是负责考核结果反馈，帮助员工制定改进计划并辅导达成绩效；四是负责协调处理本单位员工考核中出现的问题；五是完成绩效考核办公室交办的工作。

（二）参与部门和人员

参与绩效管理的部门包括财务部、审计部、人力资源部、运营管理部、制造物流部、质量管理部、资产管理部、精益办、党政办公室、检验部、技术部、安全环保部和规划发展部。

（三）应用模式和应用流程

1. 体系构成。结合北方工具经营模式及特点，采用子公司、事业部、职能部门、基本生产单位及辅助单位 5 种分类进行考核，每类考核设置不同的考核比重。子公司、事业部侧重于经济指标的考核，基本生产单位及辅助单位侧重基础管理的考核，职能部门侧重履职情况的考核（见图 14－2－4－1）。

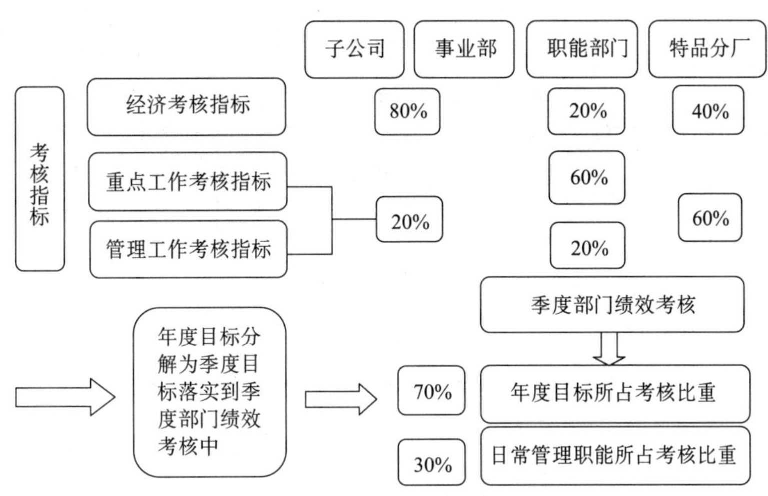

图 14－2－4－1　资产经营绩效考评体系构成

2. 重塑机构，明确职责。为确保资产经营绩效考评工作高效开展，北方工具依据企业发展战略目标对组织机构进行重新确立，进一步明确职责，构建多层次的资产经营考评机构，并对其职责进行重新划分。

（1）构建多层次的考评机构。北方工具为使资产经营绩效考评真正发挥有效作用，通过管理工具的运用与创新，对资产经营绩效考核评价的管理进行彻底改革创新，将考核评价与激励和约束机制结合起来，构建资产经营绩效考核评价组织机构，围绕管理提升、业绩考核、价值创造和降本增效，将资产经营绩效分为总部、专业部门、经营单位 3 个层面进行重点考评管理。设立考核评价委员会，全面推进资产经营绩效的考评工作，确定企业考核的思路和原则，审定考核方案和结果、争议的裁决；下设资产经营绩效考评办公室，组织考评工作，管理考核过程，拟定指标，并对考核结果计分，设计和兑现激励措施等，总部职能部门对所辖业务进行考核，各单位及部门成立考核小组，重点对所属员工进行考核。

（2）明确考核者相应职责。考核工作是一项综合性的管理工作，跨不同层级和许多部门。北方工具在资产经营责任绩效考评实施过程中首先明确了各层级和主体的考核范围和职责，建立统一的绩效考核制度和管理工具，制定并下发《绩效管理办法》纲领性文件，突出绩效管理考核目标的重要性，且具有创新性，目标量化，易操作，对总部职能部门、所属子公司、事业部及生产单位的考评分别设定不同的考评标准；出台《资产经营实施考核细则》，细则中指标设定科学规范，充分体现各层级相互协调、配合能力，重点强化预算的突出作用，采用新方式，创造性解决经营管理过程出现的难点和重点问题；制定《经营单位（部门）考核办法》《员工绩效考核制度》《专业部门考核标准》等相关制度，确保北方工具经营业绩考核体系上下贯通，确保“考核落实，责任传递”，确保实现目标的层层传递（见图 14－2－4－2）。

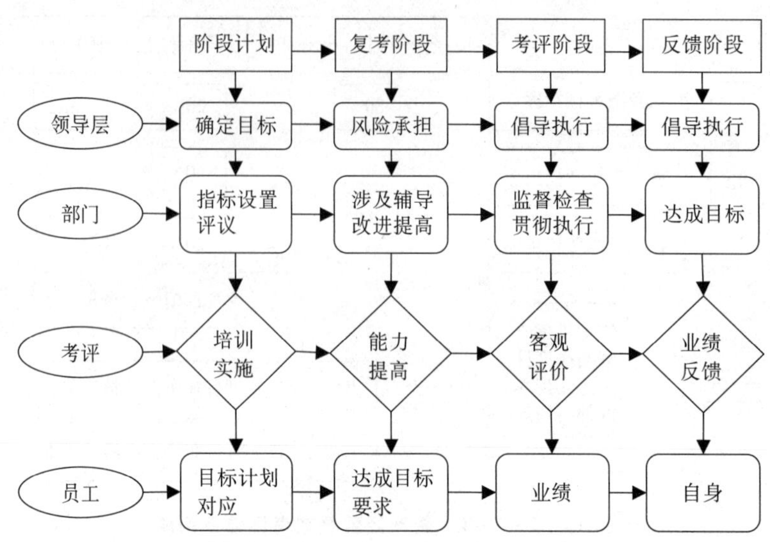

图 14-2-4-2 绩效考评实施层级

3. 明确目标，层层分解。基于发展和业务提升的需要，北方工具构建科学合理的指标体系，实行各有侧重的指标模式，定量评价与定性评价相结合。子公司、事业部以市场经营为主，经济指标权重占 80%，管理指标占 20%；特品分厂及辅助单位以控制成本费用、组织顺畅生产、保证交货期和强化基础管理等为主，经济指标权重 40%，重点工作占 60%；职能部门强调管理职能的履职，经济指标权重 20%，重点工作占 60%，管理指标占 20%。重点注重 EVA（经济增加值）和赢利能力的考核，子公司、事业部每季度要有 EVA、盈利情况的分析报告。

（1）经营目标的确定。北方工具对所属子公司、事业部、分厂、职能部门的目标予以确定。

子公司：根据公司发展战略及子公司预算设定考核目标。内部关联交易视为经济规模。

事业部：指标的设定依据 3 年平均利润水平、固定资产占用情况、加工能力，按一定增长速度计算。

分厂：依据近 3 年实际完成的最好水平与各项定额比较取值确定目标成本。本着公平、公正的原则，在完成各项指标的前提下，考核按照实际生产品种产量核定。分厂工资由保障工资和计提工资构成。计提工资根据实现的工时、各项经营指标的完成情况、绩效考核结果进行计算。

职能部门：以资产经营责任书的形式落实各项工作任务，并保证不突破预算费用。工资与生产单位及事业部联责联酬：基础工资 + 岗位（技能）绩效工资。月岗位（技能）绩效工资为：岗位基数工资 × 岗位（技能）系数 × 月联责联酬系数 × 个人季度综合考核系数。

（2）年度目标的分解落实。兵装集团年度经营责任书下达后，绩效评价委员会组织职能部门召开讨论会，进行各项指标分解，形成年度总体经营框架。绩效评价委员会与各单位反复沟通，对各项指标及工作达成一致意见，经总经理办公会确认，在年度管理工作会议上签发。通过月度、季度和半年运营分析会和不定期的专题分析会，根据经营效果，下达预警通知、重点工作整改通知。根据半年运营分析会提出的经营中存在的问题，编制运营策略进行重点推进，达到指标考核的动态监控。年末，绩效评价委员会按资产经营责任书指标考核计算经营单位及部门的得分，季度绩效考核得分按 20% 比例与年末得分平均，形成最终业绩得分，并提交党政联席会议审定。绩效评价委员会每年对考核结果进行反馈，提出改进建议，并及时进行奖励。

4. 相辅相成，有效结合。北方工具充分发挥绩效考评对经营单位的导向作用，促进企业战略转型。资产经营绩效考评作为企业管理体系的重要组成部分，北方工具始终把资产经营责任制与绩效考核作为企业管理系统的有机组成部分，并在实际工作中形成适合自身特点，以核心思想为战略牵引，业绩为主，注重过程，全面评价的考评体系。为了全面体现各单位的经营管理工作，重点把战略目标、预算管理、年度重点工作、管理提升和基础管理工作与经营绩效考评体系进行有效结合，扩展了资产经营绩效考评体系的覆盖度，并落实到季度部门绩效考核中，对任务推进过程进行控制，使各项经营指标和工作任务显性体现，确保年度各项目标的实现。

（1）战略目标与经营绩效考评体系的有效结合。北方工具注重将绩效考评纳入整个战略管理过程，将公司的战略目标合理转化为可操作的阶段性具体考核目标，使绩效考评与战略管理有效融合；围绕公司战略目标选择对企业战略经营有重大影响的关键因素，组成不同层面的考评指标体系，运用目标管理法对公司战略层层分解，逐层考评，将战略彻底贯彻于各个部门及具体岗位。

（2）预算管理与经营绩效考评体系的有效结合。北方工具的预算体系由业务预算、投资预算、薪酬预算和财务预算组成。为了更好地控制各项费用的发生，创新预算管理模式，按照各部门的职责对各项预算指标进行分工并落实责任人，各部门对归口管理的年度预算指标按照月度进行分解，各单位认真控制，办公费超过预算额度当月不予报销，占用次月预算额度，各单位的经费限额原则上不增长。对于年终超出限额项目预算 10% 的，该项考核不得分；对于年终超出限额项目预算 20% 的，不予兑现其单位领导年绩效工资。业务招待费严格按照 5‰计提，实际未超过的单位按实际发生额下浮 10% 执行；加强车辆管理，各单位车辆费用单独下达并进行考核。财务部监督考核预算的全过程；重点考核管控薪酬预算，实行工资和奖励与劳动成果、经济效益挂钩的分配制度，按不同管理模式采取不同分配形式。实行增效增薪，低效降薪的激励方式，各经营单位在确保完成收入和利润的情况下进行工资的合理增长。财务部和人力资源部按季度进行监控，对违反“两低于”原则多发放的工资，将在下季度工资总额中调整到应控制的标准范围内。子公司、事业部的工资总额与单位领导绩效年薪挂钩，超支按比例扣减绩效年薪。各生产经营单位通过市场开拓增加收入和内部挖潜节约成本两方面实现的工资总额增长，奖励金额计入员工工资。

（3）年度重点工作与经营绩效考评体系有效结合。部门重点工作作为考核内容的重要组成部分，对巩固和提升部门工作质量起到重要作用。根据部门职责，结合公司重点业务分析，绩效考核办公室对年度战略分解目标和生产经营活动中存在的问题组织论证，最终确定各部门的重点工作。

依据部门职责的不同，北方工具强调从部门承担责任的角度对公司目标进行分解。子公司、事业部、特品生产单位是承担公司生产任务的部门，绩效指标体系以财务经营指标为主，管理指标为辅。管理部门则侧重于管理职责的履职情况，不同部门根据具体的职能确定其具体的绩效指标和考核标准，体现部门的差异。

年度重点工作目标分解为季度目标，落实到季度部门绩效考核中，并按照时间节点推进，保证年度目标的完成。

（4）管理提升与经营绩效考评体系有效结合。北方工具在大力发展经济规模和提升经营质量的同时，也注重各项管理工作的提升，梳理制度流程，强化基础管理，提高风险管控能力和基础管理水平；通过全面开展管理提升活动，提升公司管理水平，以“强化专业管理，提高整体管理，实施平台运作，协同产业发展，构建核心能力，提升价值创造，完善体制机制，实现创新创效”为指导思想，实现管理机制向专业化转变，管理方式向精细化转变，管理手段向信息化转变；把管理提升作为管理考核指标，纳入资产经营责任书，按季度考核，有效推动了管理提升活动的开展。北方工具运用信息化手段进行管理信息平台的建设，提高考评的效率（见图 14－2－4－3）。

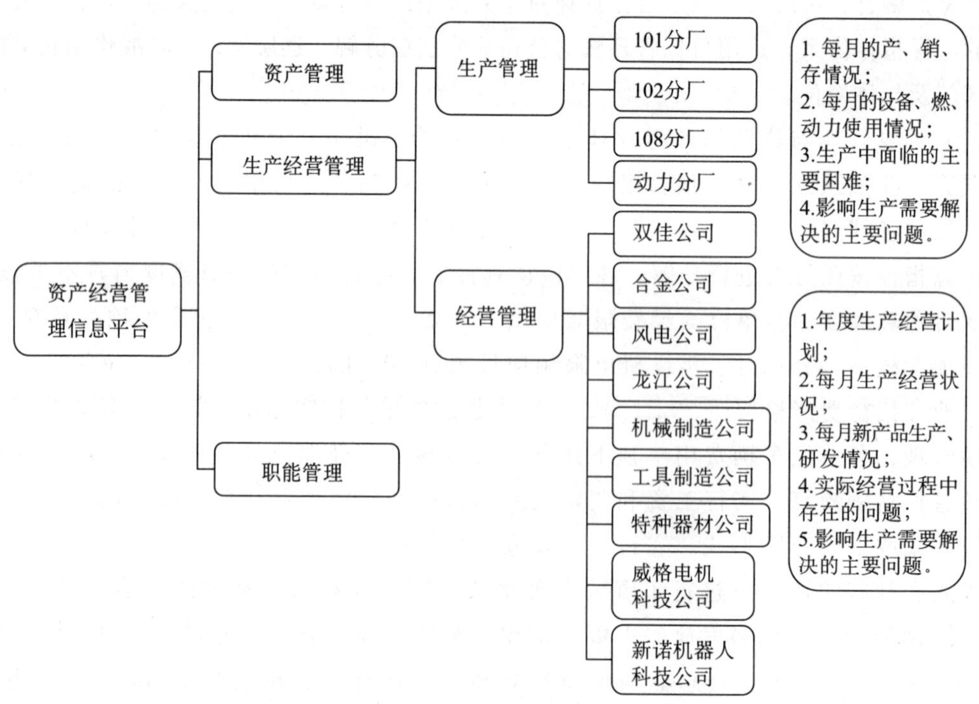

图 14－2－4－3　生产经营管理功能结构

（5）基础管理与经营绩效考评体系有效结合。基础管理是建立正常生产秩序、提高生产效率和产品质量的重要手段，推行经济责任制，贯彻按劳分配原则的依据。北方工具每月、季对资产经营责任考评进行分析，保证促进经济效益提高。北方工具为使基础管理得到全面升级，采用与绩效考评挂钩的方式，将其细化到班组建设、设备维护、打卡考勤、定额管理、计量仪表等，作为管理考核指标对生产经营单位严格考核。

班组管理考核：制定班级运行考核细则，从基础管理、文化建设、安全管理、质量管理、生产和标准化作业管理、设备管理、成本管理、合理化建议管理及持续改进、培训管理9个方面进行考核。考核部门按考核细则打分，精益办汇总形成班组考核分数，根据分数进行班组星级审定，见表14－2－4－1、表14－2－4－2、表14－2－4－3、图14－2－4－4、图14－2－4－5和图14－2－4－6。

表14－2－4－1 班组运行考核细则

考核项目	考核内容	分数	考核办法
团队建设	班组设置了“两长”“三大员”	10	每缺少一项扣1分
民主管理	建立、健全班组民主管理会制度，有会议记录，每季至少召开一次班组民主管理会	10	无制度扣10分，无记录扣10分，未定期召开扣10分
班组管理看板	内容填写及时性	20	填写不及时每项每次扣2分
会议管理	早会1次/天	30	少开一次扣0.5分
合理化建议	人均月有效合理化建议数量不少于0.5条	10	每低于0.1条扣2分
5S管理	符合5S现场管理要求	10	每发现1次不符合项扣1分，出现严重不符合项扣2～10分
班组问题处理	按班组问题处理管理办法和流程处理班组内各项问题	10	班组问题处理不及时每次扣2分

表14－2－4－2 月份班组打分情况表

项目班组	安全（占17%）	质量（占17%）	交付（占22%）	成本（占6%）	士气（占25%）	环境（占13%）	总分100分

表14－2－4－3 设备运行维护考核标准

项目	管理要求及扣分标准	分值
制度与表单	各类设备管理制度、操作规程、点检标准齐全有效；设备点检表、日常故障维修记录表、润滑“五定”表、巡检表、定检表是否齐全完整，填写及时、真实、规范。未按规定编制、填写扣0.2分；	

续表

项目	管理要求及扣分标准	分值
设备现场管理与使用、维护保养	设备设施擦拭整洁；无油垢、无黄袍、无锈蚀、无铁屑、粉尘等杂物。设备附件不用时应上架定置摆放，整洁不落地、无灰尘；每天下班前、节日放假前对设备进行擦拭，每发现一处或一台扣0.1分； 设备润滑系统油路畅通，油杯、油线齐全完整；润滑油脂符合使用要求； 每发现一处：缺少油杯扣0.1分，油杯无盖扣0.1分，油杯内无油线或有杂质扣0.1分，油脂不符扣0.1分； 设备修理现场整洁；零部件、设备附件整洁不落地。设备修理时能按要求张贴或悬挂明显标识；对控制柜、压力（包含各类流体）阀门等处悬挂警示标识，每发现一处不符合项扣0.15分； 现场闲置设备、封存设备应有明显标识且应定期擦拭、涂有防锈油，制作简易、美观、目视化清晰的遮盖物进行遮盖，每发现一台未按规定进行管理扣0.1分； 设备编号牌整洁规范；设备、设施状态标识、专责人标识清晰、齐全、规范；设备、设施其他目视化标识（控制柜、管路气液流向、旋转方向、防松动等标识）齐全，每发现一处不符合项扣0.1分； 安全阀、计量仪表及动力设施完好；在有效期内使用；压力仪器仪表警戒线规范，每发现一处不符合项扣0.1分； 设备安全防护装置，安全附件、电气装置、连锁控制装置、制动装置应齐全可靠，每发现一处不符合项扣0.1分； 设备操作人员持证上岗，熟知“三好、四会、四项纪律、五项要求”无违规操作现象，每发现一人违规操作扣0.1分； 设备发生机损事故，扣0.3分； 不得私接、乱接用能设施（如电热器、电水壶等）；按要求安装能源计量仪表，未经允许不能私自拆装或损坏能源计量仪表，发现一处扣0.1分； 设备无跑、冒、滴、漏现象；无长明灯、长流水、空运转情况，每发现一处扣0.1分；	
设备修理与评价指标	每季按时上报并完成设备中、小修计划，完整、规范地填写各类维修记录。未完成修理计划，每台扣0.2分；未及时上报完工单等各类修理记录、修理计划及修理材料汇总表扣0.4分； 按时上报管理报表及设备评价指标，并进行简要分析，未及时上报或未进行分析扣0.3分； 每月按时上报一次故障维修记录及备件统计报表，并进行简要分析，未按时上报扣0.2分； 设备精度定期受检合格率100%；检查中出现漏检扣0.1分；	
资产档案管理	机电备件、机械配件应以旧换新，不执行者扣0.2分； 人为损坏设备、设施、工房建筑等公共财物扣0.2分； 确保设备台账完好，做到账物相符，及时办理设备验收转固、缴库、调拨、报废、封存手续，未按规定执行，扣0.2分； 及时上报设备档案存档资料及修改内容，按要求及时上报临时材料，未按规定及时上报扣0.2分；	

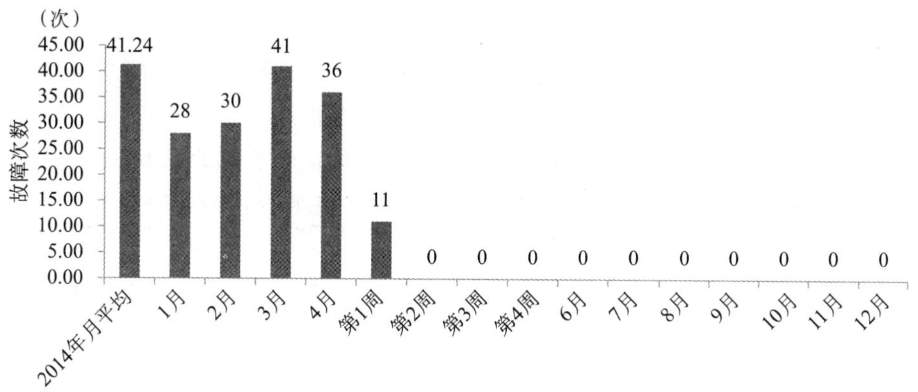

图 14－2－4－4 设备维护周报

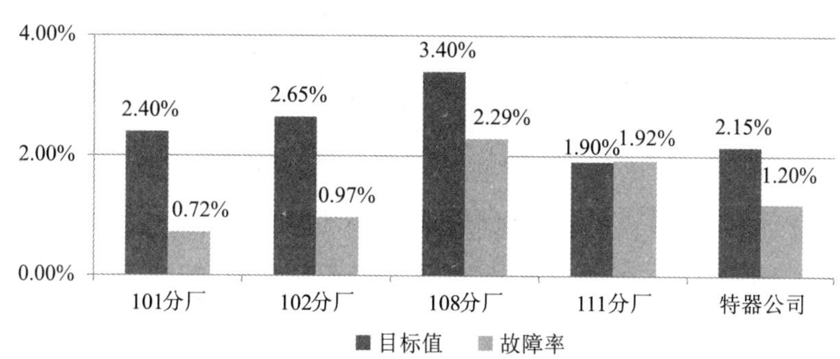

图 14－2－4－5 设备维护周报

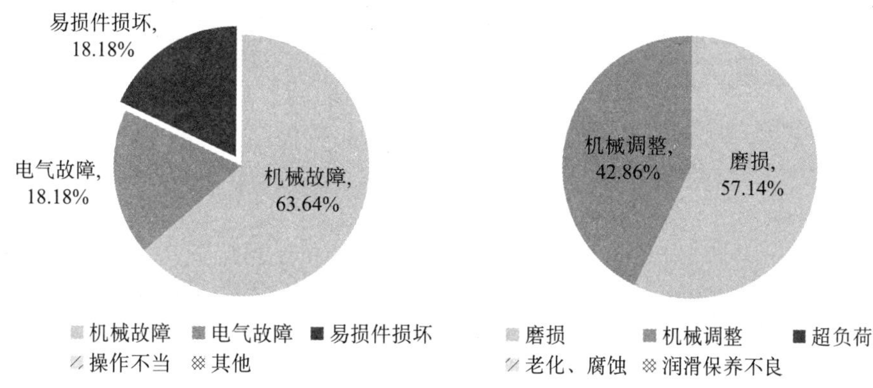

图 14－2－4－6 设备维护周报

设备维护考核：设备是否正常运转是保障生产顺畅的关键。北方工具在基础管理中重点从制度与表单、设备现场管理与使用、维护保养、设备修理与评价指标、资产及档案管理等方面进行考核，每周对设备运行情况进行通报，对发生的故障进行分析，对维护情况进行评价，季度按照考核标准进行考核打分。

（6）创新任务模式，专项重点推进。采取重点任务书模式进行专项工作推进。重点任务书内容取自产品结构的调整、特品生产能力的提升、外贸市场的开拓、特品研发的竞标立项、民品市场的增量、经营效益的提高等对企业影响因素较大方面。重点任务书的推进采取项目化管理的方式，按时间节点专项推进专项考核。编制重点工作任务书，确定执行单位和责任人，特别是对规划、资产、质量、运营等部门重点工作考核进行细化分解，明确分阶段的工作目标，使目标分解到个人，保证重点工作任务顺畅推进。以文件的形式下发重点工作推进表，阶段性回顾每一项工作任务的推进情况，按照规定的节点汇总工作情况。每季度进行一次检查，对照进度要求进行督导。结合经营管理信息平台进行信息发布，减少沟通层次，高层领导直接能够看到各项重点工作的推进情况。

5. 多层考核，动态管理。考核采取季度考核与年度考核相结合，结果考核与过程评价相统一，考核结果与奖惩相挂钩的方式进行。各职能部门承担起各自的考核管理职责，形成考核网络，完成季度、年度的考核工作。

（1）专业职能部门考核。

①资产经营责任制中的各项重点工作及指标通过分解落实在季度绩效考核中。季度初5日前启动部门绩效考核，同时报送下季度计划，做好考核的准备工作。

②重点工作为主要考核内容占70%，日常性工作占30%。

③落实在绩效考核中的各项重点工作，没有按规定的时间节点完成，按所占比例的50%减分，年度未完成，按资产经营责任书所占权重比例扣减。

④成本利润、各项费用由财务部门考核；管理考核指标由各主管部门考核；科研和投资类项目由规划部门牵头组织考核。考核结果报运营管理部汇总，形成评估报告（见表14－2－4－4）。

表14－2－4－4　财务部考核表样

序号	考核工作内容	考核标准	扣分原因
1	收入、利润、经济增加值	与季度滚动预算相比，未完成每项扣0.5分	
2	应收账款、存货占流动资产比例	与上年同期相比，降低10%加2分，增加10%扣2分	
3	管理费用上交	未及时上交扣0.5分	
4	在产品资金占用	超预算扣0.2～1分	
5	民品综合边利率	低于30%扣0.5分	
6	职能部门实际费用发生额	超预算扣0.5分	
7	每月资金预算上报	未及时上报扣0.5分	
8	每月资金预算执行	超预算10%，扣0.5分	
9	日常财务数据、资料报送	不及时、不准确，扣0.2～1分	

⑤绩效考核办公室完成评分后，由运营管理部门负责汇总并向各相关单位反馈。

⑥绩效考核办公室在扣分项处提出改进意见，由运营管理部门监督改进计划进度，对连续没有按进度完成任务的单位，此项分值全部扣减。

⑦季度考核工作实行强制排名制度，对于表现突出的部门和生产经营单位给予一定额度

的工资奖励。

（2）考核委员会全面考核。

①绩效考核办公室对资产经营责任制运行情况进行日常监控，督促各项工作完成进度，把资产经营责任纳入绩效考核，使考核结果更加全面地体现北方工具整体运营状况。

②重点的工作任务要求各经营单位按照时间节点进度完成，真正体现绩效考核工作的效率性。一是按照资产经营责任书的要求进度合理安排工作时间，在季度绩效考核表中清晰表述，使各项任务顺利进行。二是季度考核汇总与年终考核结果加权平均为最终考核结果，作为经营者年度奖惩的依据。三是实施动态监控。

③执行季度考评通报制度，每季度通报考评情况。

6. 细化管理，及时跟踪。

（1）加大管理力度，实施周计划、周总结。建立要事管理、时间管理的有效机制，运用周计划周总结的方式，把本周内从事的重点工作进行简单概括，并根据重要紧急程度分别列示，通过细化管理保证各项任务的有序开展和进度推进。

（2）细化流程管理，实施重点工作按节点推进。以阶段性发展战略目标实现措施为基础，以逐步提升公司经济效益和管理水平为目的，抓住需要解决公司上年度生产经营活动的重点问题，确定公司职能管理部门、科研开发部门和生产经营单位各项管理提升的重点工作，要求重点抓好对企业和生产经营单位有重大影响的管理提升项目工作和基础管理工作，优化流程管理，逐步达到企业管理制度化、规范化和程序化的基本要求，稳步提升公司各项管理水平。

（3）强化监督管理。实施预警通知、重点任务整改通知、督令状等监管方式，实现闭环管理。建立预警机制，按月开展经济活动分析，对经营指标完成情况进行排名，促进各单位提高经营管理水平。对经营活动异常情况及时反馈信息，对相关单位下达预警通知，由绩效考核办公室监督其整改；建立重点任务书的推进机制，由于主观原因未按节点完成任务的，下达重点任务整改通知，限期完成。年末没完成任务，下达督令状，处罚力度加倍。

7. 应用拓展，奖罚分明。

（1）考核结果应用范围拓展。考核结果主要应用于加薪、奖金分配、员工培训、人事调整和激励。为了更好调动各单位的积极性，实施累进方式进行激励，在任职期间连续 2 年获得优秀则在下一年度薪酬基数上浮 20%。在任职期间连续 4 年获得称职则在下一年度薪酬基数上浮 10%，基本称职不做调整。在任职期间连续 2 年不称职，则在下一年度降级，并进行诫勉谈话。

（2）严格执行奖励处罚规定。

①实施经营业绩同激励约束机制相结合的考核和奖惩制度，科学合理、可追溯的责任制，实施激励与约束并重的管理体制。

②对于虚报、瞒报经营状况的经营者，尤其是管理增值活动、节能降耗等，薪酬已兑现的追回多发的薪酬，并予以行政处罚。

③实行年薪制的经营者，基薪按月发放，下年初兑现绩效薪酬的 80%，其余 20% 延期

支付，审计结束后，按规定兑现。

④根据降本增效中职能部门的日常性业务节创的经济效益或完成某一项工作所体现的贡献，依据发生的时间段，纳入季度绩效考核制度予以奖励，年终不再单独进行奖励。根据工作的重要程度、节约额度和难易程度经相关部门和领导审定批准后，评定获奖等级。

⑤集体或个人取得省部级以上和兵装集团的荣誉的，给予一定额度的奖励，鼓励员工努力工作，为公司赢得更多荣誉。获得荣誉范围主要包括：受到上级单位表彰的获奖者；参加上级或行业系统组织的各类技能比赛，取得优异成绩的获奖者；以公司名义正式发表的各类论文、著作；技术创新和管理创新成果。获得荣誉的认定依据相关上级部门的评选结果以及相关证书等；同一荣誉的获得不进行重复奖励，评选单位已发放奖金，低于奖励标准，公司予以补足差额；奖励在季度绩效工资中发放。

⑥经营者违反法律与公司规章制度，导致重大决策失误、重大安全与质量事故、严重环境事故、违纪案件，给公司带来不良影响的，扣发其绩效薪酬，情节严重的给予行政处分。

⑦将经营者最终考核结果划分为优秀、称职、基本称职、不称职4档，经营性亏损不兑现绩效薪酬：95（含）分以上为优秀，90（含）~95分为称职，80（含）~90分为基本称职，80分以下为不称职。按考核后的分值计算绩效薪酬。

8. 应用流程。绩效考核的应用流程见图14－2－4－7。

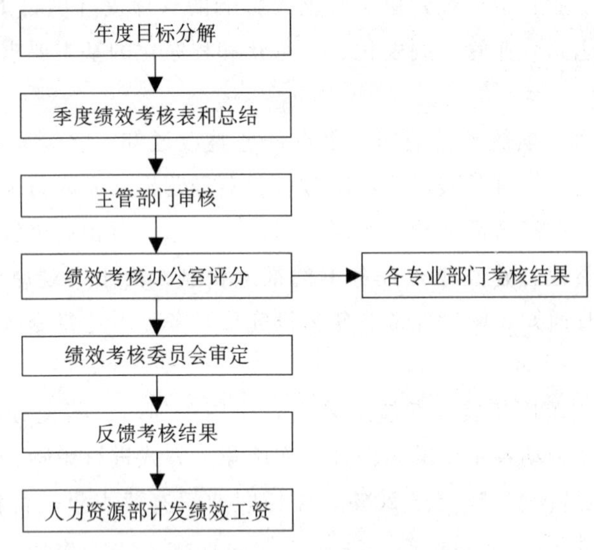

图14－2－4－7 应用流程

四、体系构建取得成效

（一）体系应用前后情况对比

绩效考核体系建立后，经营质量持续增长，综合绩效明显改善，公司的成本费用、管理漏洞、重大风险得到有效控制，财务指标不断改善，公司价值创造能力、核心能力、资本运作能力、市场竞争能力、业务开拓能力得到明显提升，实现公司管理提升的实效化（见图

14－2－4－8～图 14－2－4－11）。

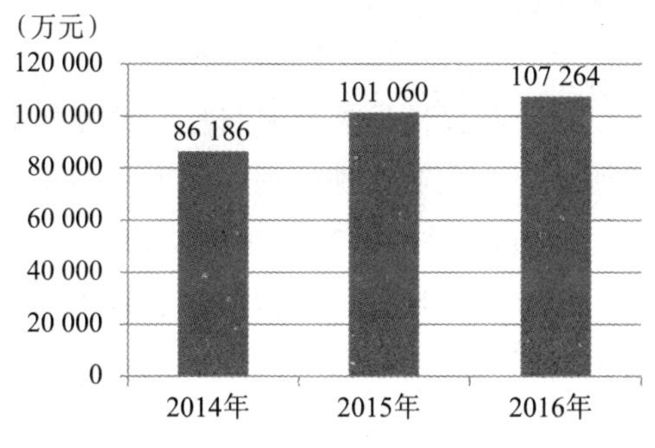

图 14－2－4－8 营业收入

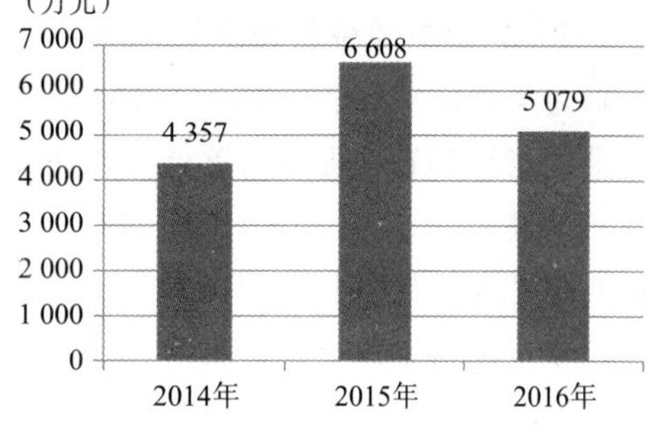

图 14－2－4－9 利润总额

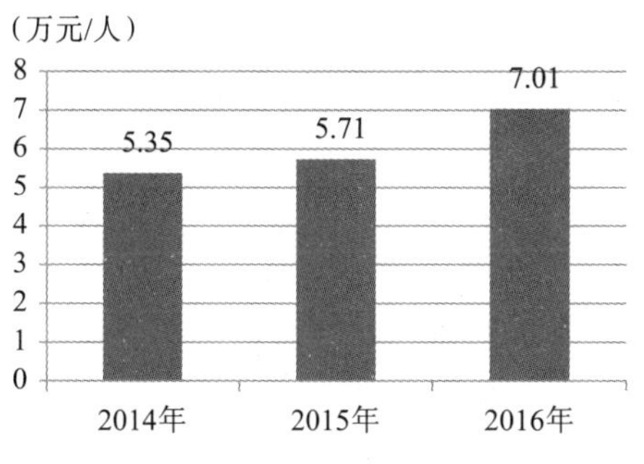

图 14－2－4－10 劳动生产率

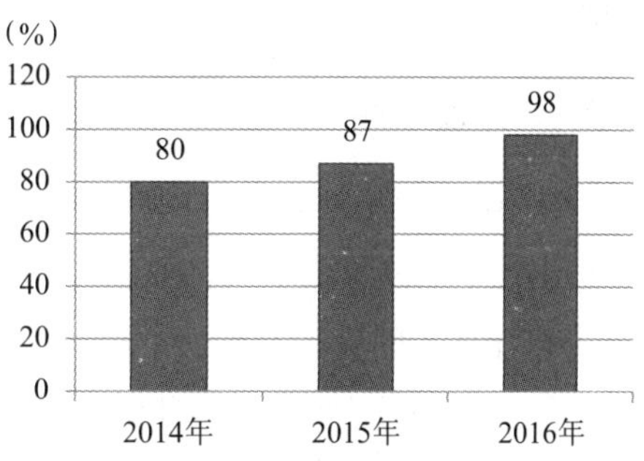

图 14－2－4－11 工作效率

考评体系的运用使企业成本费用、管理漏洞、重大风险得到有效控制，财务指标不断改善，价值创造能力、核心能力、资本运作能力、市场竞争能力、业务开拓能力得到明显提升，实现公司管理提升的实效化。营业收入由 2014 年的 86 186 万元增长到 2016 年的 107 264万元，实现 24.46% 的增长；利润总额由 2014 年的 4 357 万元增长到 2016 年的 5 079 万元，实现 16.57% 的增长；劳动生产率由 2014 年的 5.35 万元增长到 2016 年的 7.01 万元，实现 31.03% 的增长。通过资产经营绩效考评体系的完善，北方工具各项经营指标得到很大提高，综合绩效明显改善，经营效果显著。

（二）解决问题的评价

1. 绩效考评机制明显完善，健全完善规范化、长效化的公司管理创新机制，形成全员参与上下一体的管理体系，进一步提升公司内部资源配置的系统性和责任性，促进管理的有效转化，管理机制对员工激励的促进作用明显增强。

2. 公司现代化管理水平明显提升，有效应用先进科学的管理理念、技术和方法，改进完善 OA 系统、ERP 系统、PDM 系统、财务结算系统、生产制造系统、质量管理系统、模拟试验数据系统等信息化管理工具的有效应用进一步提升了公司的管理效率，畅通了沟通渠道，降低了管理成本，现代化管理技术有效提升公司的服务质量和综合运营管理水平。

3. 以提高经济运行质量和效益为核心，以管理提升、业绩考核和降本增效为手段，积极推进价值创造型财务管理体系建设，提升公司管理水平，推动公司由速度规模型向质量效益型转变。进一步加强核心能力建设，深入推进产业产品结构调整，实现产业结构、产品结构调整和制造水平的转型升级，为公司长远发展提供支持和保障。

（三）对提升单位管理决策有用性的评价

通过年度资产经营绩效考评体系的建立与完善，企业阶段性发展战略目标与可操作的关键业绩指标和管理提升的重点工作任务更加紧密地结合，企业管理体现了制度化和流程化管理的要求；在完善的以责任书形式分解落实公司年度经营目标和管理责任的基础上，通过对关键业绩指标和管理提升项目重点工作评价、考核，兑现了各经营部门、科研开发部门、生产经营单位员工的薪酬和绩效奖励，激发了员工的生产经营与管理的创造性和积极性；同时，对关键业绩指标和管理提升项目重点工作的完成情况的有效掌控也为调整和制定企业下一年度资产经营绩效考评体系提供了依据，使得年度资产经营绩效考评体系管理更加顺畅。

五、经验总结

（一）应用基本条件

实施绩效考评的基本条件有：

1. 具有完善的资产经营责任制体系和绩效考核体系，具备相互融合的应用环境。
2. 有健全的各专业的考核队伍，每月或季度进行专业化考核。
3. 基础管理的考核要能够保证数据采集的准确性。
4. 管理工作的考核目标具备可判定性。

（二）应用的关键因素

绩效考评应用的关键因素有：

1. 绩效目标的科学合理性。
2. 高层领导和中层领导对考核工作的支持程度。
3. 考核人员的业务素养和沟通能力。

（三）应用的优缺点

1. 优点。一是能够保证公司战略、年度目标和季度工作计划与员工工作目标一致，体现工作过程，便于跟踪督促工作进程，使各项工作得到较好落实。二是各项经济指标得到明显改善，强化了费用的控制，经济效益成果显著。三是工作效率的提高较为明显。四是管理水平稳步提升。基础管理在考核过程中得到夯实，基础数据的准确性大幅提高；职能管理逐步向精细化推进，综合指标趋于科学合理。

2. 缺点。奖励是一把“双刃剑”，容易使员工产生负面情绪，因此要做好疏导和解释工作，控制负面情绪扩散。

（四）实施的建议

1. 战略导向。将战略目标分解为年度目标，年度目标分解落实到季度工作计划，从而保证公司战略、年度目标和季度工作计划与员工工作目标的一致性，促进公司战略目标和年度目标的实现。

2. 强化预算。预算一经确定就具有约束效力，各项业务活动应严格按预算办事，增强全面预算执行力。

3. 鼓励创新。注重提高各单位和员工的能力和绩效，鼓励各单位和员工在工作中积极进取，不断增强凝聚力。

4. 公平公正。严格遵守考核标准、考核程序和考核责任，确保考核工作的全面、客观、公平、公正。

5. 简单易行。考核本着简单、易行、便于理解和操作的原则进行。

15 关键绩效指标法

第一章　管理会计工具——关键绩效指标法

为更好地应用财政部《管理会计应用指引第 601 号——关键绩效指标法》（以下简称“应用指引”），兵器装备集团结合最新的探索和实践，开发了关键绩效指标法工具，主要内容包括总则、应用环境、应用程序和工具方法评价等。关键绩效指标法工具以应用指引为指导和依据。在应用该工具时，要求企业必须有明确的战略目标，在制订具体指标时需综合考虑企业的内外部环境、战略目标和年度工作思路等，结合企业价值创造路径，科学地设置和选择关键绩效指标。该工具的应用有利于企业基于战略规划，通过建立关键绩效指标体系实施绩效管理，将战略落地。

第一节　总　　则

一、定义

关键绩效指标法，指基于企业战略规划，通过建立关键绩效指标体系，将价值创造活动与战略规划目标有效联系，并据此进行绩效管理的方法。

关键绩效指标，是对企业绩效产生关键影响力的指标，是通过对企业战略规划、关键成果领域进行绩效特征分析，识别和提炼出的最能有效驱动企业价值创造的指标。它是衡量流程绩效的一种目标式量化管理指标，既体现对组织各层次的动态工作任务要求，是考核依据，也是企业绩效管理的基础[①]。

关键成果领域分析法，是基于对企业价值创造模式的分析，确定企业的关键成果领域，并在此基础上进一步识别关键成功要素，确定关键绩效指标的方法。

组织功能分解法，是基于组织功能定位，按照各下级单位（部门）对企业总目标所承担的职责，逐级分解和确定关键绩效指标的方法。

具体方法是列出该部门或班组的主要职责，对工作要求或目标进行简洁描述，列出所有可供选择的 KPI，对其进行分析确定。KPI 筛选表详见表 15－1－1－1。

表 15－1－1－1 KPI 筛选表

机构名称	职责	工作要求/目标	KPI 的选择		
			可选指标	是否选择	原因

工作流程分解法，是按照工作流程各环节对企业价值的贡献程度识别出关键业务流程，将企业总目标层层分解至关键业务流程相关下级单位（部门）或岗位（员工），确定关键绩效指标的方法。

二、功能目标

第一，KPI 是对公司战略目标的分解。作为衡量组织工作绩效的指标，关键绩效指标所体现的衡量内容最终取决于公司的战略目标，是对公司战略目标的进一步细化和发展。此外，关键绩效指标随公司战略目标的发展演变而调整。

第二，KPI 是对组织可控绩效的衡量。关键绩效指标应尽量反映组织的直接可控效果，剔除他人或环境造成的不可控影响。例如，劳动生产率是衡量一个企业人力资源投入产出方面的重要指标，但不宜直接衡量企业内部人力部门的业务绩效，因为其中的“工业增加值”人力部门无法控制。

第三，KPI 是对重点经营活动的衡量，而不是对所有操作过程的反映。KPI 是对公司整体战略目标、经营目标影响较大的工作进行衡量，不是对一般性、日常性工作的衡量。

第四，KPI 有助于内部上下级之间的沟通协调。KPI 的制定本身就是一个上下沟通的过程，它由上下级共同参与完成，是双方对工作绩效目标达成的一致意见的体现。

三、适用范围及注意事项

（一）适用范围

KPI 有利于被考核主体分析差距、改进工作。KPI 关注的是被考核主体的主要绩效，是在综合考虑了战略规划、历史水平、标杆差距后制定的需要努力才有可能实现的目标。实际执行的差异所在、差距大小、产生原因需要认真分析并提出改进措施，以利于绩效目标的实

① 财政部：《管理会计应用指引第 601 号——关键绩效指标法》。

现。KPI同时反映不同级别考核主体的绩效责任，是对被考核主体进行绩效评价的主要依据。因此，KPI应当分级，一般分为公司级、部门级、班组级、个人级。

关键绩效指标法的应用对象可以是企业、下级单位（部门）和员工。

关键绩效指标法普遍适用于不同性质、不同行业、不同规模的企业。

（二）注意事项

企业应当认识到关键绩效指标法实施的成本较高，特别是在对指标体系设计未能完全掌握时，反而会不利于企业核心竞争力和价值创造模式的形成，因此应当审慎推进。特别要注意，在部门层级的指标体系尚未运用成熟时，不应当向下一层级（班组级甚至个人级）推进。

企业也应该认识到KPI考核只是绩效管理的内容之一，而绩效管理也只是企业管理的方法之一。因此，不应以KPI考核替代绩效管理、以绩效管理替代企业管理。过度的KPI考核会带来两个问题：遏制创新和产生部门鸿沟。原因很明显，当绩效考核成为管理的唯一手段时，没有人会关注指标以外的事情；当部门间的沟通协调被横向分解的KPI取代以后，没有人会花精力进行部门沟通。同时，企业应当合理划分战略部门、财务部门（负责指标体系管理）、人力部门的职责分工。作为绩效管理的基础，应当实施战略管理、流程管理，同时要提前规划并适时实施各业务系统的信息化，并在适当的时机运用绩效管理的信息化系统。

关键绩效指标是一种量化管理模式，对于不具备量化条件的流程与业务，必须运用“重点行动计划法”进行补充管理。

第二节 应用环境

一、组织机构

企业应当合理划分有关部门职责，形成既有分工，又互相联系的内部组织架构。绩效管理可以分为绩效指标与目标确定、绩效分析与评价、绩效结果考核运用3个大的环节。上述流程涉及战略管理部门、指标体系管理部门（财务部）、人力资源管理部门。

战略、指标体系管理、人力资源3个部门相关的关系和职责是：战略部门负责制定公司战略（含中长期规划等，即负责一年以上的周期）涉及的战略与规划；指标体系管理部门根据公司战略分解确定适用于年度的KPI，制定年度KPI指标体系，进行绩效分析与评价；人力部门将年度KPI指标体系和绩效评价结果用于绩效、薪酬管理。

企业绩效管理一般可分为4个层级：绩效管理委员会、绩效管理办公室、项目管理责任中心、预算责任中心。

绩效管理委员会由公司决策层全体成员组成，由分管绩效体系工作的公司领导（总会计师）召集，负责公司绩效指标体系和目标的确定、批准绩效评价结果、协调绩效管理中的重大问题。

绩效管理办公室一般挂靠财务部门，向分管公司领导和绩效管理委员会报告。主要职责是：制定 KPI 管理体系；根据公司战略分解确定年度 KPI 指标体系；根据公司预算安排制定 KPI 目标；牵头组织被考核主体就 KPI 目标完成情况进行差异分析、提出改进措施；对被考核单位进行绩效评价。

项目管理责任中心是牵头管理某个预算项目的部门，是绩效的被考核主体之一，如人力资源部门负责管理公司培训费用，但培训费用是各业务单位与部门实际发生，因此人力部门是公司培训费用的项目管理责任中心。其职责是提出该项目绩效指标与目标，监控项目执行过程，按要求进行项目绩效分析与评价。

预算责任中心是对某项绩效指标承担责任的内部组织，是绩效的被考核主体，如实际发生培训费的公司各业务单位、各部门，根据管理的颗粒度，可以分为企业内部各业务单位（部门）、班组级内部组织、个人。其中，各业务单位（部门）由公司组织考核，班组级组织由其所在单位（部门）组织考核，个人由其所在班组和部门组织考核，在实行矩阵式项目制管理的企业，还包括项目组。

二、管理制度

企业应建立包含绩效管理的企业管理体系，使绩效管理成为支撑企业运营管理的核心管理制度。企业应综合考虑宏观环境、行业特点和企业的实际情况，通过绩效管理模式的识别确定关键绩效指标，构建体现业务驱动财务的绩效指标体系。

三、应用基础

企业管理层应当认识到关键绩效指标对提升管理水平、达成公司战略的重要性，并对不当运用所产生的后果有清晰的认识，能够以科学合理的方法制定指标体系。

企业应用关键绩效指标法进行绩效管理时，应综合考虑绩效评价期间宏观经济政策、外部市场环境、内部管理需要等因素，构建指标体系。

企业应有明确的战略规划。战略规划是确定关键绩效指标体系的基础，关键绩效指标反映战略规划目标，对战略规划实施效果进行衡量和监控。实施关键绩效指标法必须先开展战略管理工作。

在首次制定和重新梳理 KPI 时，都需要关注指标设置与公司年度工作思路的一致性，因此必须先厘清公司年度工作思路。企业应基于公司战略和年度工作思路清晰识别“业务驱动财务”的核心竞争力及价值创造模式，按照价值创造路径识别出关键驱动因素，科学地选择和设置关键绩效指标。

企业应当在上一级 KPI 应用成熟后，再考虑向下延伸。不主张在初次运用 KPI 时直接到班组甚至个人。

四、信息化

企业在运用关键绩效指标法建立指标体系、开展绩效管理的初期，可以采用手工方式，以电子表格方式管理相关信息。

在相关业务系统的信息化实施到一定水平时，应当考虑实施“绩效管理信息化系统”来集成相关业务与财务信息，以提高管理效率、降低管理成本。

我们认为KPI应更多地考虑业务指标而非财务指标，因此应当在业务信息能够被结构化、相关业务信息系统技术成熟和成本可接受以后，顺势应用绩效管理信息化系统，不应为信息化而信息化。

第三节 应用程序

一、总体程序

关键绩效指标法应用的一般总体程序包括制定以关键绩效指标为核心的绩效计划、制定激励计划、执行绩效计划与激励计划、实施绩效评价与激励、编制绩效评价与激励管理报告。

绩效计划是企业开展绩效评价工作的行动方案，包括构建指标体系、分配指标权重、确定绩效目标值、选择计分方法和评价周期、签订绩效合同等一系列管理活动。制定绩效计划通常从企业级开始，层层分解到下级单位（部门），最终落实到具体岗位和员工。

绩效评价计分方法和周期的选择，绩效合同的签订，激励计划的制定，绩效计划与激励计划的执行、实施及编制报告参照《管理会计应用指引第600号——绩效管理》。

关键绩效指标法应用程序的各节点一般由不同部门负责，部门职责分工见表15－1－3－1。

表15－1－3－1 部门职责分工表

步骤	负责部门及程序		
	业务部门	绩效体系牵头部门（财务部门）	人力部门
1		制订绩效计划	
2			制订激励计划
3	执行绩效计划		
4		实施绩效评价	
5			执行激励计划
6		编制绩效评价管理报告	
7			编制激励计划管理报告

二、构建关键绩效指标体系的程序

初次构建关键绩效指标体系的一般流程如下：

（一）制定企业级关键绩效指标

企业应根据战略规划，结合价值创造模式，综合考虑内外部环境等因素，设定企业级关键绩效指标。具体步骤如下：

1. 搜集指标，建立指标库。财务部门负责，其他部门配合。一般来讲，作为年度绩效管理的指标，可以来源于公司战略指标、Q1（福特全球质量管理体系，汽车行业适用）指标、兵装集团考核指标、历史（所采用的）指标等。

2. 按平衡计分卡的 4 个维度分类。财务部门负责，按照平衡计分卡工具对指标进行维度分类。财务类一般包括利润、成本费用、经营现金流量及存货和应收账款周转率等。客户类一般包括主要产品销量、市场开发项目、客户满意度等。内部运营流程类可进一步细分为研发类、制造（含采购、物流）类、质量类、安全环保类、成本管理类等。学习成长类一般包括人力资源类、投资管理类、IT 管理类、党建文化类等。

3. 确定每一分类的公司级 KPI。财务部门负责确定每一分类的公司级 KPI，涉及各专业管理的，基本采纳专业管理部门的意见。采用“关键成功因素法”自上而下确定公司级 KPI。

4. 分管领导审核。分管财务的公司领导组织财务及相关部门进行审核，重点关注指标设置是否与公司年度重点工作相匹配、上下级指标之间的驱动关系（关键成功因素法）是否明确、指标数量是否精简。

5. 公司决策层批准。当指标体系管理由预算管理部门牵头负责时，一般由公司预算委员会（绩效管理委员会）批准。

（二）制定下级单位（部门或班组）级关键绩效指标

根据企业级关键绩效指标，结合下级单位（部门或班组）关键业务流程和职责，按照上下结合、分级编制、逐级分解的程序，在沟通反馈的基础上，设定下级单位（部门或班组）级关键绩效指标。下级单位及关键绩效指标的制定在财务部门负责绩效指标体系人员的协助与指导下完成。

1. 获取制定公司级 KPI 时建立的指标库。该指标库中未被采纳为公司级的 KPI 指标通常可能适用于部门甚至班组，因此是制定这两个层级 KPI 的重要来源。

2. 采用“组织功能分解法”确定可选 KPI。这是部门或班组级 KPI 的另一个来源，其目的仍然是建立备选的指标库。

3. 按平衡计分卡的 4 个维度对 KPI 分类。在内部组织层面采用平衡计分卡工具对指标进行维度分类时，常见的问题是如何理解平衡计分卡的 4 个维度。从本义上讲：财务维度是组织的奋斗目标；设置客户维度是为了达成财务目标，了解需要关注的客户要求；内部运营流程维度的设置旨在了解企业内部需要建立或优化哪些运营流程以满足客户需求；学习与成长维度一般包括组织机构设置、人员能力水平、信息化系统支持、企业文化等支撑内部运营流程的内容。

在实务中，有的组织可能没有最终的财务目标，或财务管理不是其主要的目标，此时“财务”这个维度应当被理解为“内部组织的能够被量化的最终目的”。比如质量管理系统的“财务”维度，可以设置 PPM 等质量水平指标。

企业内部组织的“客户”包括“内部客户”与“外部客户”。如财务管理系统的内部客户是公司管理层、各部门负责人等，其外部客户是上级公司、主管税务机关等。客户需求应当被清晰识别，但不一定形成备选 KPI，特别是基于精简 KPI 数量考虑时，被识别出来的客户需求仅起到进一步识别内部关键运营管理流程的作用。

4. 确定每一分类的 KPI。采用“关键成功因素法”对按照“平衡计分卡”方式分类的指标体系进行二次梳理，自上而下、上下结合确定 KPI，包括采纳或放弃前两个步骤中的 KPI、新增 KPI 等。

5. 分管公司领导审核。分管业务的公司领导组织该业务部门在财务部门的协助下进行审核，重点关注指标设置与公司级指标之间的驱动关系（关键成功因素法）是否明确、是否反映了本部门的主要职责和业务范围、指标数量是否精简。

6. 公司决策层批准。对于部门级的 KPI，一般应提交至公司预算委员会（绩效管理委员会）批准。班组、个人级别的 KPI 则无须公司集体决策，一般由分管该部门的公司领导批准。

（三）制定岗位（员工）级关键绩效指标

根据下级单位（部门）级关键绩效指标，结合员工岗位职责和关键工作价值贡献，设定岗位（员工）级关键绩效指标。

1. 修订指标体系的步骤。修订指标体系的步骤一般包括：采用组织功能分解法确定（备选）KPI 范围，将有变化的指标代入以平衡计分卡维度分类的指标体系，以关键成功因素法梳理并确定指标，经过审批程序批准指标体系。

2. 关键绩效指标分类。企业的关键绩效指标从不同的视角有不同分类。一是分为结果类和动因类两类指标。结果类指标是反映企业业绩的价值指标，主要包括投资资本回报率、净资产收益率、经济增加值、息税前利润、自由现金流等综合指标。动因类指标是反映企业价值关键驱动因素的指标，主要包括资本性支出、单位生产成本、产量、销量、客户满意度、员工满意度等。二是分为业务类和财务类两类指标。业务类指标包括质量类、生产（工作）效率类等；财务类指标指能以货币计量的传统财务指标，包括现金流、收入、利润、成本费用等。

3. 关键绩效指标的设置原则。关键绩效指标的设置和选择一般有以下原则：

第一，含义明确原则。指标应当定义明确，数据来源可靠、可验证。

第二，战略相关原则。指标应与战略规划高度相关，成为支撑及衡量战略实现程度的重要依据。

第三，职责相关原则。KPI 应当是该组织职责范围内可以影响和控制的。

第四，可量化原则。只有能够被量化的流程或职能才能被设置为指标。

第五，重要性原则。指标不宜过多，抓住工作的重点，一般每个重要职能对应一项指标，每一个组织一般不超过 5 项指标，规模特别大的组织的指标数量也不宜超过 10 个。

第六，动态调整原则。KPI 需要随着企业经营管理重点的变化而调整，一般每年重新审视一次。

三、关键绩效指标的权重分配

关键绩效指标的权重分配应以企业战略规划和力图打造的核心竞争力为导向，反映被评价对象对企业价值贡献或支持的程度，以及各指标之间的重要性水平。

单项关键绩效指标权重一般设定在 5% ~30%，对特别重要的指标可适当提高权重。对特别关键、影响企业整体价值的指标可设立“一票否决”制度，即如果某项关键绩效指标未完成，无论其他指标是否完成，均视为未完成绩效目标。

KPI 用于绩效考核时，在各层级之间的权重一般可以按如下比例设置，员工各类考核指标分值结构见表 15 -1 -3 -2。

表 15 -1 -3 -2　员工各类考核指标分值结构　　单位:%

被考核主体	指标级别及权重			
	公司级	部门级	班组级	员工级
中层干部	30	70	—	—
班组长	10	30	60	—
员工个人	5	10	20	65

各层级指标在考核中权重设置的原则一般是逐级递减，与个人所在组织直接相关，与上一级组织间接相关。逐级递减，是按照个人绩效与组织绩效的相关度考虑的；相关，是出于有利于内部沟通协调的考虑，个人应当关注组织的绩效，并为组织绩效的达成尽个人绩效的努力、加强横向沟通协调。

在表 15 -1 -3 -2 中，当被考核主体为班组长时，公司级关键绩效指标的完成情况占其个人绩效的 10%，其所在部门绩效指标的完成情况占个人绩效的 30%，本人所管理的班组的绩效完成情况占个人绩效的 60%。

四、设定关键绩效指标的目标值

关键绩效指标的目标值应具有挑战性和可实现性，可设定基本目标值、挑战目标值等类似目标层级，激发被评价对象的潜能，并得到被评价对象的普遍认同。

基本目标值的设定应遵循目标难度适中原则，目标完成与否应有一定难度，并且是经过相当努力后可预期可以实现的。目标难易度一般分为：理想目标、基本可实现目标、一定能实现目标。不能选择理想目标，因其要求过高，完成可能性不大，会挫伤被考核主体的积极性，也不能选择一定能实现目标，因要求过低，无法调动积极性，往往无助于公司战略和年度目标的实现。应当选择难度适中、经过努力基本能够实现的目标。

确定关键绩效指标目标值，还应当采用“三基于”原则：

第一，基于标杆、缩小差距。依据国家有关部门或权威机构发布的行业标准或参考竞争对手标准确定，逐步缩小与该标准的差距。

第二，基于历史、超越自我。参照企业内部既往已实现的水平确定，要力争超越历史最好水平。

第三，基于战略、实现目标。根据企业战略规划目标确定，努力实现战略规划目标。

五、关键绩效指标的目标调整

关键绩效指标的目标值确定后，应规定因内外部环境发生重大变化、自然灾害等不可抗力因素对绩效完成结果产生重大影响时，对目标值进行调整的办法和程序。调整的一般程序包括由被评价对象测算确定影响程度并向预算办公室提出调整申请，预算办公室核实、提出调整建议，预算委员会批准。

为保持目标体系的严肃性，调整不宜过于频繁，一般每季度或半年调整一次。在调整前，绩效考核应当按照原目标考核；目标调整后，不应对之前已经兑现的考核做出调整。

调整原因一般是被评价对象自身无法控制的外部原因导致，包括自然灾害等不可抗力、外部环境的重大变化、业务重组等导致的内部条件发生重大变化的情形。

在批准调整时，一般还应当要求被评价主体针对外部环境的变化修订其重点工作措施，以尽量对冲不利影响、减少损失。

第四节 工具方法评价

一、优点

关键绩效指标法将企业战略规划目标转化为被评价对象的日常关键绩效指标和行动目标，确保各层级围绕实现战略规划的关键活动开展工作，有利于战略规划目标的实现。

关键绩效指标法根据识别的价值创造模式，把握关键价值驱动因素，通过优化关键业务流程更有效地实现企业价值增值目标。

关键绩效指标法的评价指标数量相对较少，易于理解和使用，实施成本相对较低，有利于推广实施。

二、缺点

关键绩效指标法在应用过程中存在指标设计风险。关键绩效指标的选取需要透彻理解企业价值创造模式和战略规划，有效识别核心业务流程和关键价值驱动因素，指标体系设计不当将导致错误的价值导向或管理缺失。

三、运用中存在的问题及解决建议

实践中常存在以下几方面问题：一是 KPI 覆盖范围过广，没有突出重点；二是部门（内部机构）之间横向互相考核的 KPI 过多；三是不能支撑公司核心竞争力的形成和战略目标的实现；四是实践中组织往往只明确了 KPI 指标值，缺乏明确的计算规则界定，导致最后的评价走样或者有失公允。

针对问题一，企业的（人财物等）资源总是有限的，配置资源时应突出重点而非平均分配，因此应当只关注少数符合公司战略、年度经营目标的重要的 KPI 指标。另外，这一策略下的指标体系应当适时调整，不应一成不变。

针对问题二，除了少数职责界限明显、关键的支撑指标外，一般不在部门间横向分解指标，鼓励组织内部加强沟通与协调。

针对问题三，KPI 的制定要基于公司战略、紧扣每一年度的经营主体和目标，审慎衡量“关键成功因素”是否真正体现了“驱动”关系。

针对问题四，企业在制订指标时，必须明确各项指标的具体计算公式，应用的假设条件，被考核单位和数据统计单位都必须在指标值的计算方式上达成一致意见，确保指标考核值确实能够督促工作落地，有效支持战略落地。

第二章 管理会计案例——关键绩效指标法

案例一 嘉陵特装——关键绩效指标在企业的应用

重庆嘉陵特种装备有限公司（以下简称“嘉陵特装”）是兵装集团所属国有独资企业，主导产品属于特种装备行业。近年来，国家深化国防科技工业体制改革，引导优势民营企业进入特种产品科研生产和维修领域，竞争加剧。为了促进战略规划与经营计划有效衔接，激发和调动员工积极性，实现个人、部门与公司目标协同一致，实现可持续发展，嘉陵特装选择应用关键绩效指标法实施管理。

嘉陵特装成立绩效考评机构，分为3级，由办公会行使二级部门绩效考评的决策权；计划部门作为绩效考评的综合管理部门，负责建立绩效考评体系，组织实施二级部门绩效考评；相关职能管理部门作为专业考评部门，负责开展考评指标核算，向综合考评部门提供考评数据。公司绩效考评体系包括4个维度，即关键绩效指标、部门事业计划、部门满意度和否决扣分事项。按照公司战略目标及年度经营目标，根据部门职责，对各部门关键绩效指标、事业计划及部门满意度分别赋予不同的权重进行计分。在考核节点，按照各项指标确定的考核周期计算部门绩效得分，纳入员工每月的工资绩效考核。

关键绩效指标由综合考评部门设计，以公司战略目标、年度全面预算为基准，根据部门职责，分析指标达成的关键驱动因素，制定各部门应承担的关键绩效指标，二级部门再将本部门指标分解到科室、员工。员工每月个人绩效工资与考核结果挂钩，公司整体目标和员工、部门的目标紧密联系起来，充分激励员工积极性，各项重点工作顺利完成，公司的规模和效益得到显著提升。

关键绩效指标法成功应用的关键因素，一是要以公司战略目标为基础；二是指标制定要科学合理；三是指标考核周期的确定要基于该指标的基础性及重要性；四是要有制度支撑。关键绩效指标法在应用中的优点，一是目标导向，可推动公司战略分解、实现；二是有利于推动组织利益与个人利益趋同。缺点是存在关注短期效应、忽视组织成长的情况。

一、背景描述

（一）公司基本情况

嘉陵特装始创于1875年清政府江南制造总局。公司主导产品有特种产品、汽车零配件、光电仪器及元器件等，总资产18亿元。“十三五”期间，公司研究制定了“再造领先”发展战略，致力于推进“创新体系、装备能力、体制机制、管理方式、企业文化”五大再造工程，培育优秀企业文化，打造质量更优、效率更高的军民结合型特种装备企业。

（二）管理状况和存在的主要问题

1. 战略规划与经营计划脱节，战略落地、执行情况不理想。公司制定5年规划、3年滚动计划等中长期战略，包括发展目标、产业规划、投资规划、财务规划等。在执行层面，公司经营计划、科研计划、投资计划未能完全实现与战略规划的无缝衔接。

2. 绩效管理制度健全，但业绩评价难以达到有效的激励与约束。公司虽然建立了完善的绩效管理制度，但存在目标简单转嫁、分解不到位，部门分工过细、权责不对等，指标设置不科学、重过程轻结果，考核力度不到位的情况。

（三）选择关键绩效指标的主要原因

1. 通过关键绩效指标推动战略目标的纵向分解，促进企业关注中长期目标，实现战略规划与经营计划有效衔接。

2. 通过关键绩效指标层层分解，建立全员绩效管理制度，打破国有企业“大锅饭”现象，实现“个个岗位有目标、人人头上有指标”，充分激发和调动员工积极性，实现个人、部门与公司目标协同一致。

3. 通过关键绩效指标评价体系的建立、运用，实现有效的组织激励与约束，确保公司目标实现。

二、总体设计

（一）应用关键绩效指标法的目标

嘉陵特装应用关键绩效指标法的目标是：发挥绩效考核和激励的杠杆作用，实现公司战略规划、经营目标纵向分解和横向落实，更好推动公司战略落地和经营目标达成。

（二）应用关键绩效指标法的总体思路

1. 以战略为牵引，以全面预算为基础。通过科学、系统的战略分解和贯穿企业全价值链的全面预算，应用关键绩效指标法，使公司战略目标、经营目标与部门和员工绩效紧密挂钩，促进公司目标达成。

2. 既考核结果，也关注过程。公司绩效评价体系以关键绩效指标为核心，着重评价业务部门工作成果，同时也通过事业计划，关注支撑绩效达成的重点工作进程。

3. 定量评价与定性评价相结合，既有财务、客户维度的定量指标评价，又有学习与成长维度的定性评价。同时，为增强部门之间协作配合，辅以部门满意度评价方式，以提升内部流程用户满意度。

4. 强调绩效考评的真实性、可靠性和严肃性。通过检查、数据稽核等方式，尽量保证考核数据真实、可靠。

5. 业绩考评与薪酬管理相关联，将考核结果作为绩效工资发放、部门及个人评先的主要依据。

（三）关键绩效指标法的内容

嘉陵特装应用关键绩效指标法的内容包括指标设置、目标设定、考评周期、计分方式及评价部门等内容。

1. 指标设置。公司建立 KPI 指标库，应用平衡计分卡工具从客户、财务、内部流程、学习成长 4 个维度建立维护 KPI 指标。在实际应用时，结合公司战略导向和部门职责定位选取相应指标，突出 KPI 指标的关键性，控制部门 KPI 指标个数在 8 个以内，尽量做到结果指标和过程指标、效果指标和效率指标相结合。指标设置示例见表 15-2-1-1。

表 15-2-1-1　指标设置示例

指标维度	评价导向	指标示例	考核部门
客户维度	关注价格、交付、质量和售后服务； 关注市场份额、新客户开发； 关注用户体验和品牌口碑	产品"一交"合格率 ××市场占有率 顾客满意度	销售部门 质量部门
财务维度	关注股东回报； 关注经营效益和质量； 关注资产质量	营业利润率 流动资产周转率 资产周转率	计划部门 财务部门
内部流程维度	关注企业运营效率； 关注业务行动和计划达成； 关注合规经营和风险控制	劳动生产率 生产计划达成率 重大风险出险率	生产部门 采购部门
学习与成长维度	关注组织变革、人力资本、企业文化和管理水平等软实力	定型评价或对标评价	人力部门 党群部门

2. 目标设定。公司 KPI 指标设置后，须进行考核目标设定。目标设定遵循 SMART 原则（specific 具体的、measurable 可衡量的、attainable 可达到的、relevant 相关性、timebound 有明确期限），尽量做到可衡量、可实现、相关联。目标设定主要有预算目标、改善目标、控制目标和进度目标等类别，其中：财务维度指标的目标设定主要来源于预算分解，如各版块收入、利润目标，费用控制目标等；内部流程维度指标的目标设定主要体现管理改善要求，如生产计划达成率、劳动生产率等体现运营效率的指标，在设定目标时要求不断提升、提高效率；客户维度、学习与成长维度指标的目标设定较多采用控制目标、进度目标方式，体现管理控制要求和项目进度要求，如安全生产类指标一般轻伤事故（含职业病）频率、重大危险源（危险点）受控率等要求控制在一定范围内；管理提升项目等考核目标为按计划达到一定里程碑节点。

3. 考评周期与计分方式。为了与职工薪酬计发周期一致，多数指标以月为考评周期，部分指标按季度评价，个别指标实行年度考评。在计分方式上，采取增长性计分（越高越好）、控制性计分（需控制在一定范围内）、进度性计分（完成计划进度）等多种方式，注重奖惩对等。公司对全部关键业绩指标，均落实了指标提取部门和考评对象部门，尽量避免受考核部门自己提取指标，做到内部有效制衡，提高指标的可靠性。考评周期及计分方式示例见表 15－2－1－2。

表 15－2－1－2　考评周期及计分方式示例

指标项	评价周期	计分方式	指标提取部门	备注
主营业务收入	月	考评得分＝实际值/目标值×权重分值	财务部门	增长性计分方式
生产资金占用	季	完成目标，考评得分＝权重分值 未完成目标，考评得分＝（2－实际值/目标值）×权重分值	财务部门	控制性计分方式
固定资产投资项目网络计划达成率	季	完成重要计划节点，考评得分＝权重分值；未按计划完成考核节点，国拨项目每项扣 4 分，自筹项目每项扣 2 分	投资管理部门	进度性计分方式
生产计划完成率	月	当月生产计划未作调整，完成目标，考评得分＝权重分值×1.2；未完成目标，考评得分＝实际值/目标值×权重分值； 当月生产计划调整，考评得分＝权重分值×0.5×〔（实际值/调整后目标值）＋（调整后目标值/调整前目标值）〕	生产管理部门	体现奖惩对等

（四）应用关键绩效指标法的创新

1. 应用平衡计分卡工具，创新指标设置。公司以往在设置关键绩效指标时多以财务指标为主，存在滞后和注重短期效应等弊端。近年来，公司创新管理方法，引入平衡计分卡工具，对大多数部门从客户、财务、内部流程、学习与成长 4 个维度进行指标设置，既关注有形资产，注重组织绩效，也关注无形资产，注重组织成长。

2. 在指标计分方式上，应用灵活多样的计分方法，从负激励为主到实现奖惩对等。公司以往指标计分多为“未完成扣分”形式，缺乏正向激励，经过逐步改善，已引入“保底目标”“奋斗目标”“控制目标”等多种形式，赋予相应的正向激励机制，实现有奖有惩，调动被考评对象的工作积极性，一定程度上避免“不干事就不出事”的情况。

三、应用过程

（一）组织机构及方式

嘉陵特装设立三级绩效考评机构，由办公会行使二级部门绩效考评的决策权，明确公司二级部门绩效考评的总体要求，审批绩效考评办法，对绩效考评结果进行最终裁定；计划部门作为绩效考评的综合管理部门，即综合考评部门，负责组织建立绩效考评体系及制定绩效指标，组织实施二级部门绩效考评；财务、人力、质量、生产、安全环保等职能管理部门为专业考评部门，负责配合综合考评部门制定关键绩效指标、设定考核目标，开展考评指标实绩核算与统计，并向综合考评部门按时提供考评数据，确保考评数据的真实性和及时性。各考评部门均指定专人负责绩效考评工作，绩效考评组织机构情况见图 15－2－1－1。

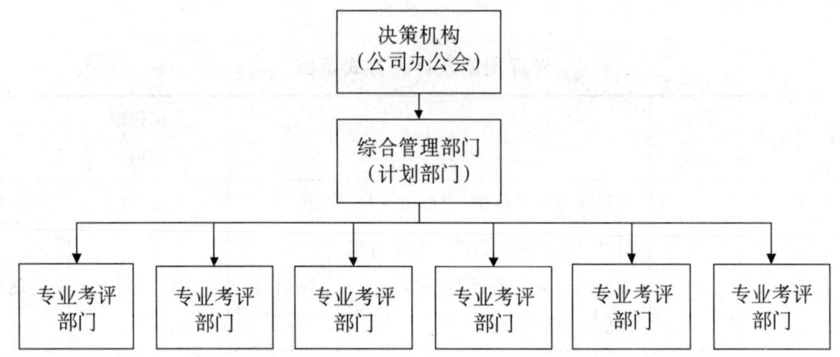

图 15－2－1－1 绩效考评组织机构图

（二）具体应用模式和应用流程

1. 建立绩效考评体系。

（1）确定公司绩效考评体系。嘉陵特装绩效考评体系由 4 部分组成，即关键绩效指标、部门事业计划、部门满意度和否决扣分项。具体权重根据各部门职责定位以及与公司经营目标的相关度（如该部门属于销售体系、生产体系或职能体系和后勤体系）分类确定。对于与生产经营密切相关的销售、生产和核心职能体系部门，关键绩效指标权重占比较大，部门满意度占比较小；对于与生产经营相关性较低的后勤、党群体系部门，关键绩效指标权重占比较小，事业计划和部门满意度占比较大；纪检监察部门由于工作性质属于监督检查，与经营业绩无直接联系，且需保证内部监督的独立性，事业计划占比最大，关键绩效指标占比最小（见表 15－2－1－3）。

表 15－2－1－3 公司绩效考核体系 单位：%

指标权重 被考评部门	关键绩效指标	事业计划评价	部门满意度	否决扣分事项	合计
计划、市场、财务、人力、生产管理、制造、采购等部门	50	40	10	不计权重，在考评总得分的基础上进行扣分处理	100
研发、工艺、质量、安全、设备管理等部门	40	50	10		100
办公室、党群、保卫等部门	20	40	40		100
纪检监察部门	20	50	30		100

（2）以战略为牵引，结合部门职责，分类设置关键绩效指标。嘉陵特装以战略目标、年度预算为基准，从客户、财务、内部流程、学习成长 4 个维度设置关键绩效指标。一是以

“再造领先”发展战略为牵引，分析实现战略目标的主要举措，对五大再造工程中的创新体系、装备能力、体制机制再造设置了指标，如科技投入占营业收入比，年度专利申请受理数量、项目竞标成功率、科研计划完成率、固定资产投资实施计划完成率、工艺质量攻关项目完成率、深化改革任务完成率、管理会计信息化建设程度等指标，引领战略目标达成。二是以年度经营目标、年度预算为基准，分析达成目标的关键驱动因素，设置指标，如主营收入、利润总额、经济增加值、生产计划完成率、产品质量控制（废品损失、“一交”合格率）、目标成本达成率、生产资金占用、成品资金占用、原材料资金占用、带息负债率、人工成本利润率等指标，助推年度生产经营目标的完成。

公司再根据设置的关键绩效指标，结合部门职责，通过纵向、横向分解，制定部门绩效指标。如计划部门，部门职责为公司战略规划和产品规划、运营管理、投资管理、经营计划和综合统计、改革改制、信息化规划及管理等，设计的关键绩效指标就包括公司收入、经济增加值、固定投资完成率、推进并按计划完成深化改革任务等指标。如市场部门，部门职责为市场营销，设计的关键绩效指标就包括主营收入、销售订单取得、销售价格提升、应收账款回收率、成品资金占用、顾客投诉处理及时率等指标。人力资源部门根据职责设置了人工成本利润率、核心人才流失率等指标。党群部门根据职责设置了党建领先相关指标。相关部门指标见表 15－2－1－4。

表 15－2－1－4　　　　部门关键绩效指标

序号	计划部门	市场部门	研发技术部门
1	营业收入（集团）	主营业务收入	科技投入占营业收入比重
2	主营业务收入（本部）	项目收入	科研计划完成率
3	经济增加值（集团）	××年销售订单	项目竞标成功率
4	工业增加值	销售价格提升	年度专利申请受理数量
5	固定资产投资资金支付计划达成率	应收账款回收	工艺质量攻关项目完成率
6	本部固定资产投资项目网络计划达成率	产成品资金占用	废品损失率
7	推进并按计划完成深化改革任务	顾客投诉处理及时情况	

（3）结合公司战略目标和年度经营目标，设定关键绩效指标目标及考核指标。

①确定指标目标值：目标值主要是考核年度内各项指标需要达到的标准，结合公司战略举措在年度内的目标、年度经营目标、年度重点工作计划确定。与战略举措有关的指标按分解到年度的目标制定；与经营目标有关的指标根据公司年度预算及改进措施目标制定；与重点工作计划相关的指标根据重点工作本年度需达到的节点标准及目标制定。

②确定指标权重分值：指标权重的分配以公司战略目标和年度经营目标为导向，反映各指标之间的重要性水平，由综合考评部门根据各部门的关键绩效指标，按照其在公司及部门内部的重要程度综合平衡确定。单项关键绩效指标权重设定在 5%～30% 范围内。

③确定指标考核周期：指标考核周期分为月度、季度、年度，根据指标的性质以及对战略目标、经营目标的影响程度确定。与经营目标有关的指标考核周期根据该指标对目标完成

的重要度、关注度、影响度确定；与重点工作相关的指标考核周期主要是该项工作的时间节点计划（见表15－2－1－5）。

表15－2－1－5　　相关绩效指标考核周期

指标项		周期	权重分值	年度目标值	备注
1	主营业务收入（万元）	月			
2	项目收入（万元）	年			
3	××年销售订单（万元）	年			
4	销售价格提升	月			
5	应收账款回收（%）	季			
6	产成品资金占用（万元）	月			
7	顾客投诉处理及时率（%）	月			

④确定指标计分方式：指标计分采取100分计分制，分值上限为20%，不设下限。综合考评部门根据公司绩效考核总体思路，按照每个指标的重要性给予不同的奖惩刻度，分别确定得分计算方法，有效引导。主要有3种计分方式：一是以实际完成目标的比重乘权重计算得分；二是以实际值与目标值的差异按相应刻度计算得分；三是按完成目标和未完成目标两种情况分别制定相应的计算方法计算得分。计分方式在经营管理目标责任书中列示（见表15－2－1－6）。

表15－2－1－6　　相关绩效指标计分方式

指标项		周期	权重分值	年度目标值	计分方式
1	主营业务收入（万元）	月			考评得分＝实际值/目标值×权重分值
2	××年销售订单（万元）	年			完成年度生产大纲订单差缺部分，考评得分＝权重分值；年度生产大纲订单差缺＜订单＜年度目标，考评得分＝权重分值×1.05；完成年度目标，考评得分＝权重分值×1.1
3	销售价格提升	月			完成目标，考评得分＝权重分值；未完成目标，出现一个订单低于销售限价，视订单金额大小扣2～8分
4	应收账款回收率（%）	季			完成目标，考评得分＝权重分值；未完成，考评得分＝（2－实际值/目标值）×权重分值
5	产成品资金占用（万元）	月			完成目标，考评得分＝权重分值；未完成，考评得分＝（2－实际值/目标值）×权重分值
6	顾客投诉处理及时率（%）	月			完成目标，考评得分＝权重分值未完成，视情况每次扣1～3分

⑤沟通及下达指标：指标项目、目标值、权重分值、考核周期及计分方式确定后，综合考评部门与各部门反复沟通，对有争议的事项进行磋商，达成一致后，由分管公司领导与各部门一把手签订年度经营管理目标责任书。目标责任书内容包括签订双方的权利和义务、考评内容（包括关键绩效指标、目标值及权重、评价计分方法）、有效期限、签订日期、目标责任分解规定、考核奖惩规定。

⑥分解指标：各部门经营管理目标责任书签订后，需要对承担的目标进行分解。一是在部门内部进行指标纵向分解，分解到具体的科室、人员及责任领导，形成人人身上有指标，人人对公司经营目标及需要承担的重点工作有具体认识，调动工作积极性。二是由综合考评部门组织专业考评部门、受考评部门对关键绩效指标目标进行进度分解。分解目标的方式包括年度一次性分解、月度滚动分解和平均分解等，确定后由综合考评部门按分解计划进行实绩考核（见表 15－2－1－7）。

表 15－2－1－7　　关键绩效指标分解计划表

责任单位	KPI	单位	考评周期	年度目标值	责任领导	目标分解方式	分阶段目标					备注
							1	2	3	……	12	

⑦确定指标实绩并计算得分：考核目标下达同时确定指标实绩的提供部门，尽量做到与受考核部门分置，以达到有效制衡，避免“自导自演”。例如，考核生产部门产量指标、质量指标数据分别由计划管理部门、质量检验部门提供；考核生产部门成本指标数据、考核市场部门应收账款回收率指标数据由财务部门提供等。实绩提供部门根据各项指标考核周期在规定的时间内将相应的指标实绩填报报送，综合考评部门每月根据确定的各项指标的计分方式计算汇总各部门经营绩效指标得分。例如，财务部门按考核周期提供相关经营指标完成实绩（见表 15－2－1－8）。

表 15－2－1－8　　实绩提供表（财务部门提供）

指标项		周期	权重分值	年度目标值	分阶段目标值	实际完成情况	累计	备注
营业收入（万元）	集团	季						
	本部	月						
主营业务收入（本部）（万元）		月						
利润总额（万元）	集团	季						
	本部	月						

续表

指标项		周期	权重分值	年度目标值	分阶段目标值	实际完成情况	累计	备注
经营性利润（万元）	集团	季						
	本部	月						
经济增加值（万元）	集团	季						
	本部	季						
成本费用占营业收入比重（集团）（%）		季						
经营现金净流量（万元）		年						
带息负债率（集团）（%）		年						
流动资产周转率（本部）（%）		年						
销售价格提升		月						
应收账款回收（%）		季						
产成品资金占用（万元）		月						
质量成本控制（%）		季						
废品损失率（%）		季						
废品损失率（料废）（%）		季						
目标成本达成率（%）		季						
生产资金占用（万元）		季						
采购成本降低额（万元）		年						
原材料资金占用（万元）		季						
精益改善降低成本（万元）		季						

（4）制定部门事业计划评价体系。部门事业计划是为支撑公司战略目标和经营目标达成，对关键绩效指标和公司年度重点工作分解落实而提出的具体工作措施，一是公司下达的支撑战略和经营目标的重点工作任务，战略方面包括五大再造工程中的管理方式及企业文化的工作举措；二是各部门提升管理水平和工作效率的管理改善性工作。

①编制部门事业计划：部门事业计划由各二级部门编制，是按照公司年度经营工作目标和重点工作任务，结合本部门工作思路，拟定本部门年度重点工作任务及推进计划，并对公司级事业计划进行分解、完善。部门事业计划编制完成后经本部门分管公司领导审批确认，提交综合考评部门（见表 15 -2 -1 -9）。

表 15 -2 -1 -9　　部门事业计划

序号	事业计划项目	具体方案和措施	2017 年目标	2017 年推进计划				责任领导	责任人
				第一季度	第二季度	第三季度	第四季度		

②评价部门事业计划：部门事业计划评价首先由被评价单位自评，再由公司分管领导对受考评部门从工作推进进度和质量维度进行综合评价。评价按等级分为特别优秀、优秀、良好、合格、改进 5 个档次，每个档次对应相应的分值，最高 102 分，最低 80 分（见表 15 -2 -1 -10）。

表 15 -2 -1 -10　　部门事业计划评价表

<table>
<tr><td rowspan="2">分管领导评价</td><td>综合评分</td><td colspan="5">特别优秀（102 分）优秀（100 分）良好（95 分）合格（90 分）改进（80 分）</td><td>对下月工作计划意见：</td></tr>
<tr><td>改善要求</td><td colspan="5"></td><td>分管领导签字确认：</td></tr>
<tr><td rowspan="2">序号</td><td rowspan="2">项目名称</td><td colspan="3">自我总结与评价</td><td rowspan="2">职能部门评价（OK/NO）</td><td rowspan="2">分管领导评价（OK/NO）</td><td rowspan="2">下月工作计划</td></tr>
<tr><td>本月计划</td><td>本月实绩</td><td>自评(OK/NO)</td></tr>
<tr><td></td><td></td><td></td><td></td><td></td><td></td><td></td><td></td></tr>
<tr><td></td><td></td><td></td><td></td><td></td><td></td><td></td><td></td></tr>
<tr><td></td><td></td><td></td><td></td><td></td><td></td><td></td><td></td></tr>
</table>

（5）设立业务相关单位的满意度评价。部门满意度评价是综合考评部门根据与受考评部门工作联系的密切度确定评价部门，评价部门每月对其从工作质量、工作作风、工作效率、协作意识和职责履行 5 个维度进行综合性评价。评价采用百分制，分为非常满意、比较满意、一般、不太满意、非常不满意 5 个档次，每个档次对应相应的分值。总体得分最高 105 分，最低 50 分（见表 15 -2 -1 -11）。部门满意度评价计分是以相关部门对被考评部门平均评价得分为基础，与上年度平均满意度水平对比，满意度提升，考评加分，满意度下降，考评减分。

表 15 -2 -1 -11　　部门满意度评价表

<table>
<tr><td rowspan="2">评价项目</td><td colspan="5">评分</td><td rowspan="2">备注</td></tr>
<tr><td>非常满意（21 分）</td><td>比较满意（19 分）</td><td>一般（17 分）</td><td>不太满意（15 分）</td><td>非常不满意（10 分）</td></tr>
<tr><td colspan="7">一、结构化评价项目</td></tr>
<tr><td>1. 业务水平及工作质量</td><td></td><td></td><td></td><td></td><td></td><td></td></tr>
<tr><td>2. 团队形象及工作作风</td><td></td><td></td><td></td><td></td><td></td><td></td></tr>
<tr><td>3. 工作效率</td><td></td><td></td><td></td><td></td><td></td><td></td></tr>
<tr><td>4. 客户服务及协作意识</td><td></td><td></td><td></td><td></td><td></td><td></td></tr>
<tr><td>5. 职责履行</td><td></td><td></td><td></td><td></td><td></td><td></td></tr>
<tr><td rowspan="3">二、部门满意度综合评分</td><td>综合得分</td><td colspan="5"></td></tr>
<tr><td rowspan="2">等　级</td><td>非常满意 105 ~ 95 分</td><td>比较满意 94 ~ 85 分</td><td>一般 84 ~ 75 分</td><td>不太满意 74 ~ 65 分</td><td>非常不满意 64 ~ 50 分</td></tr>
<tr><td>（　）</td><td>（　）</td><td>（　）</td><td>（　）</td><td>（　）</td></tr>
<tr><td>三、工作改善建议</td><td colspan="6"></td></tr>
</table>

（6）确定否决扣分事项。否决扣分事项是公司不允许发生事项，若发生了按照事件的严重性直接进行一票否决及扣分。公司对否决项、扣分项采取罗列方式，将各事件分别对应列出，并制定评分标准。否决扣分采取月度考核方式，只要发生上述事件，对照标准进行考核。

2. 绩效考核结果的稽核、反馈及应用。在考核节点，公司综合考评部门对收集到的各部门关键绩效指标数据、事业计划进行检查核实，并根据核实结果计算各部分得分。最后将各部分得分（关键绩效指标、事业计划、满意度）进行加权平均，减去扣分否决事项分值，得出该部门综合得分。该得分结果由综合考评部门及时反馈给各部门，沟通无异后，报送公司领导审批；若双方异议不能有效解决，综合考评部门将相关情况提请公司分管领导或公司办公会进行最终裁定。审批通过后的考核结果提交薪酬管理部门，由薪酬管理部门进行员工绩效工资的核算。

综合考评部门定期与被考评部门进行绩效沟通，对综合得分排名靠后的单位提出绩效改进建议，协助其实现绩效改善，并于每年年末对二级部门绩效考评体系进行总结、分析，不断对关键绩效指标进行完善和优化。

（三）在实施过程中遇到的主要问题和解决方法

在指标考评过程中，存在非考评对象原因导致指标未完成情况。公司在指标考评时，存在指标未完成，但不是本部门原因所致的情况，如生产部门生产计划未达成，可能是设备、供应、质量等多方面原因造成，就需要考评对象书面对未完成原因进行陈述说明，由综合考评部门调查核实后提出处理意见。为了提高关键绩效指标评价的科学性，公司在指标设计时，采用考评对象和影响部门同时设置关联考核指标方式进行考核，尽可能考虑对影响评价的各种因素进行考核评价。

四、取得成效

（一）应用关键绩效指标法前后情况对比

应用关键绩效指标，将公司的整体目标和员工、部门的目标紧密联系起来，保证了公司战略目标和公司经营目标的实现，各项重点工作的完成。经营业绩与员工个人工资绩效挂钩，员工参与感强烈，主动性强；公司呈现积极向上的持续发展态势，员工获得感增强。

1. 公司经济规模和经济效益显著提升。公司收入得到大幅提升，2017 年嘉陵特装本部收入比 2010 年增加 267%；经营利润连续两年实现盈利。

2. 员工分享公司经营成果。公司本部职工人均工资增加 109%，员工从公司的发展中获益，公司、员工一体性体现更加明显。

3. 各项工作顺利完成。公司科研、质量、工艺改进、改革改制、党建等各项重点工作顺利推进，按规定节点顺利完成。

（二）对解决公司管理问题情况的评价

1. 解决战略规划执行、落地问题，实现战略目标与滚动计划、年度预算的有效衔接。

实行关键绩效指标法以来，嘉陵特装“十二五”规划圆满达成，获得兵装集团“211战略”第一步突出贡献奖，“十三五”规划也实现稳定开局。

2. 解决全员绩效管理问题，实现了公司绩效、组织绩效与个人绩效的有效关联，通过绩效考评调动员工工作积极性、主动性。

五、经验总结

（一）关键绩效指标法的基本应用条件

1. 企业要有明确的内部组织分工，责权清晰。

2. 企业要制定明确的中长期发展战略或年度经营目标，推行全面预算管理。

3. 企业要建立科学的绩效评价、应用制度，实现绩效与薪酬同相挂钩。

（二）关键绩效指标法成功应用的关键因素

1. 关键绩效指标法要以公司战略目标为基础。关键绩效指标如果与公司战略目标脱离，则它所衡量的努力方向也将与公司战略目标的实现产生分歧。关键绩效指标必须随着公司战略目标的发展演变而修正调整。

2. 指标制定要科学合理。要尽量反映员工工作的直接可控效果，要定性和定量相结合，并且定量指标应尽量多；计分方式要清晰，要有明确的得分及扣分标准，要能可靠的进行计算考核，不能根据完成程度随意打分。

3. 指标考核周期的确定要基于该指标的基础性及重要性。关键绩效指标可以阶段性地对部门及员工个人工作业绩进行评价，可及时引导正确的目标方向，因此对相关指标考核周期的确定非常重要。对于关系全局、基础性的指标考核周期要短，要以月为周期；对于考核标准不易划分，且不影响全局的指标可按年度进行考核；对于相关定性指标应按照时间节点考核。

4. 要有制度支撑。制度是一切行为的规范、准绳，必须先制订制度，通过制度对关键绩效指标应用从考核组织机构及其职责、指标及目标的制定、考核的过程、与绩效挂钩的原则、计分方式进行规定，保证关键绩效指标的可执行性及执行的有效性。

（三）关键绩效指标法在应用中的优缺点

关键绩效指标法在应用中的优点主要体现在一是目标导向，可推动公司战略的分解、实现，二是有利于推动组织利益与个人利益趋同；缺点是关注短期效应、忽视无形资产和组织成长等，且随着组织内部分工趋细，并非所有类型的部门都适合关键绩效指标考评。

（四）发展和完善关键绩效指标法的建议

1. 建立公司战略引领下的科学指标体系，把握关键价值驱动因素，突出关键业务绩效评价，且能量化、考核。

2. 注重指标的分解、落实，分析影响指标的关键驱动因素，将驱动因素落实到具体科室和责任人员，使考评对象能对指标达成负责，有效调动人员积极性。

案例二 青山公司——切实运用关键绩效指标，提高管理针对性、有效性，保障战略落地

中国长安重庆青山变速器分公司（以下简称“青山公司”）的KPI指标体系结构拓宽了管理幅度，从公司级、部门级两个层级拓宽至公司级、部门级、班组级、个人级4个层级；缩减了指标数量，指标从1 000多个缩减到200余个；突出了重点指标，将各级KPI分成考核类、考评类、考察类，公司总部重点关注公司级、部门级考核类指标的完成情况；各级指标进行了分类分级运用，周期性绩效根据考核类指标完成情况运用，年终评价和年终奖按一定比例根据考核类考评类指标完成情况运用，分析根据考察指标完成情况进行分析。该体系结构拓宽了运用范围，从只考核中层领导干部拓宽至考核班组长、一般员工，使各个阶层的员工收入均围绕指标完成情况，更有利于公司总体目标和战略的完成。

青山公司运用的关键绩效指标体系突出了对企业战略目标的实现起到直接控制作用的关键性领域、岗位职责、过程、因素方法等的考核，抓住了重点、关键；通过对目标层层分解的方法使得各级目标（包括团队目标和个人目标）不会偏离组织战略目标，保证各项工作均围绕公司战略目标开展，且可以很好地衡量团队绩效以及团队中个体的贡献，起到较为客观的价值评价和行为导向的作用。

青山公司的关键绩效指标体系不仅是激励约束企业员工行为的一种机制，还具有很好的战略导向和牵引作用。企业战略目标的层层分解将员工的个人行为与部门的目标结合，使KPI体系有效诠释与传播企业总体发展战略，成为实施企业战略规划的重要工具。KPI强调了对员工的激励，最大限度激发员工斗志，调动全员积极性、主动性和创造性，有助于企业自身组织结构集成化，大大提高企业的效率。

一、背景描述

（一）单位基本情况

青山公司是中国最大的专业变速器生产企业和世界最大的微型汽车变速器生产企业之一，主要从事各类汽车变速器的研发、生产和销售，经过多年的发展建设，逐步形成了重庆、成都、柳州、郑州四大生产基地，是中国产销规模最大、产品谱系最全的乘用车变速器专业企业。青山公司始建于1965年1月，经过发展，已拥有土地70余万平方米，各类设备2 000余台（套），资产20余亿元，员工2 000余人。

经过几十年的发展，企业管理运作规范，技术力量雄厚，检测手段齐全，自主研发能力较强，拥有多项国家专利。青山公司坚持自主开发、国际合作，全面打造出满足3.0L以下乘用车的MT、AMT、DCT、新能源四大产品平台，形成20个系列、近300个产品的产品谱系，产品覆盖轿车、SUV、MPV、轻卡、微客等车型。

（二）状况分析和存在的主要问题

青山公司根据兵装集团要求结合自身实际，通过对平衡计分卡的分解结合年度预算目标，将公司战略目标与年度经营目标逐层分解，形成了公司级、部门级、班组级、个人级4层KPI指标体系，涵盖了公司所有关键重要工作及一般日常性事务，并将所有指标计入各层级对应责任人的考核范围，按照所有指标的完成率对责任人进行绩效考核，并规定超额完成指标20%及以上的超额奖励和完成差额在20%及以上的超额惩罚，双向提升各单位指标完成的积极性，保障公司工作落地。

以前的KPI管理方式覆盖了公司各层级、维度指标，较为全面地监控公司各项管理工作，管理监督全面性评价较好，但是因未根据指标的性质、重要性设置不同的权重，且实际关系公司战略、年度目标达成的关键重要工作的KPI占各层级考核指标的权重较低，故影响公司战略及年度目标达成的关键工作事项指标淹没在众多指标内，可能导致只关心个人指标达成情况而不关心关键重要工作是否落地的情况，存在各单位及个人KPI考核结果好，公司整体目标达成差的情况，致使公司的战略目标、年度目标不能有效落地，失去考核监督意义。

（三）选择关键绩效指标的主要原因

企业战略目标的落地需要企业将有限的资源分配在关键、核心的业务上，通过关键重要任务的完成来促进战略落地。针对关键业务设置绩效考核指标，通过指标监督、监控促进工作落地是公认的一种有效促进企业战略落地的方法。这种方法不但能通过具体化、客观化、量化考核目标而降低考核、监控的难度，提升管理的针对性和有效性，还能够通过对战略目标、年度目标的分解形成关键业绩指标，规避企业只关注短期行为而忽略一些关键、实质性的影响企业长期发展的问题。同时，因为关键绩效指标是通过对企业管理业务逐层分析得来的，各项指标之间的关联性及与战略目标的一致使得各环节人员都能明确自身在企业发展过程中应该履行的职责，从而很好地整合了企业不同管理层的力量，规避了不同层级之间因各自目的不同导致管理脱节、企业资源浪费等问题。

通过上述分析可知，关键绩效指标管理能够更有效地提升企业的管理效率，促进企业战略目标、年度目标落地。在市场竞争环境日益激烈的汽车行业，青山公司如果想在行业中保持自身位置及企业的持续发展，把企业有限的人力、物力资源运用到关键业务及核心领域是非常必要的。

二、总体设计

（一）应用关键绩效指标工具的目标

青山公司应用关键绩效指标工具的目标是：通过关键绩效指标的运用，将企业战略目标与企业监控考核目标关联，使得企业的KPI管理体系能够有效促进战略在企业落地，通过区分企业日常经营性工作与影响企业目标达成的关键业务，让企业管理重点更加明确，让公司各层级员工明白自身在企业发展过程中应该履行的职责及应达成的目标，使企业将主要资源分配在关键重要、核心业务上，提升企业管理的针对性、有效性，使得企业在激烈的竞争中通过资源的有效利用持续保持竞争力。

（二）应用关键绩效指标工具的总体思路

关键绩效指标通过对公司战略目标、年度工作目标的分析与研讨，根据企业经营管理工作对目标达成的重要性进行区分，形成与企业目标关联的、分层级的、分类别的 KPI 指标管理体系，通过对指标体系设置符合企业所在行业的市场要求及企业现状的目标值，并设置相应的责任人，建立较为科学的监督、评价、考核体系，保障各环节责任均围绕关键绩效指标开展工作，促进公司战略落地。

（三）应用关键绩效指标工具的具体内容

1. 体系总体框架。

（1）KPI 指标体系按级别主要分为：公司级、部门级、班组级、个人级。

（2）KPI 指标按重要程度主要分为：考核、考评、考察。重要程度不同决定了 KPI 指标运用在绩效考核上的方式不同。其中，考核指标为与对应责任当期绩效直接挂钩的 KPI；考评指标为综合评价责任工作效果的参考指标；考察指标为各环节人员需常态化开展或者优化提升的工作指标，是对公司基础管理落实的督促、保障。

（3）设立否决性指标，如重大质量事故、安全事故、环保事件等。

2. 绩效指标制定原则。

（1）可以量化。KPI 一定是一个可量化的指标，要有定量数据，如数量、质量、时间等，从而可以客观衡量。不可量化但可以描述的是重点行动计划。

（2）是可达成或可实现的。一是任务量适度、合理，并且在上下级之间协商一致同意的前提下，在员工可控制的范围内下达的 KPI 目标；二是 KPI 指标必须“要经过一定努力”才可实现，而不能仅仅是以前目标的重复。

（3）关键职责的相关性。一是 KPI 的设置必须与公司战略目标及年度经营目标相关，是企业战略落地的延伸；二是上级目标必须在下级目标之前制定，下级目标是对上级目标的分解与细化；三是员工的 KPI 目标需与所在团队尤其是与个人的主要工作职责相联系，保证各项目标能够通过各岗位工作的开展得以实现。

（4）重要性原则。KPI 是影响目标达成的“少数关键”指标，一般各组织均不超过 5 个为宜。

（5）动态调整。KPI 需要随着企业经营管理重点的变化而调整，一般每半年重新审视一次。

3. 编制具体步骤。关键绩效指标管理需自上而下开展，先设置公司级指标，各部门在公司级指标的基础上审视部门支撑企业战略及目标落地工作，并形成相应管理指标，根据此思路逐层、分类设置关键绩效指标，并对各层级、各类别的指标进行执行落地、监控、评价、考核等管理。主要步骤为：

（1）公司讨论设定年度公司级指标。

（2）下发编制 KPI 指标内容的通知。

（3）编制并评审部门级指标。

（4）下发部门级指标。

（5）确定部门级详细指标值。

（6）确定班组级、个人级 KPI 指标内容。

（7）签订年度目标责任书。

（8）指标的执行与监控管理。

（9）指标执行情况的评价与运用。

（10）管理过程中发现问题的解决与完善。

三、应用过程

（一）组织机构及实施方式

实施完成 KPI 目标应建立相应的关键绩效指标管理委员会，用于评价确认哪些指标纳入公司关键绩效指标进行管理，并设立相应的专责部门负责牵头开展、监督执行、考核落实关键绩效指标管理工作。主要牵头及监督执行工作挂靠财务会计部，执行落地工作由各业务部门负责，考核落地由人力资源部负责，各部门具体职责如下：

1. 财务会计部主要职责：公司绩效指标和部门绩效指标的编制、调整并上报审批；公司绩效指标和部门绩效指标考核；公司级、部门级绩效指标考核结果运用的稽核；对指标进行分析并帮助提供公司决策。

2. 人力资源部主要职责：拟定公司绩效管理相关办法并上报审批；报批和备案各部门绩效管理细则，并对各部门绩效考核工作的实施情况进行考核；绩效指标考核结果运用；对公司绩效管理效果定期分析、评估，并提出改进意见和建议。

3. 其他部门主要职责：按照公司绩效管理指导意见的要求拟定和修订本部门各单位绩效考核管理细则，并报人力资源部报批和备案；制定本部门各单位绩效指标及员工绩效指标；对本部门员工实施考核；对本部门员工进行绩效沟通；按照逐级受理原则处理本部门各单位绩效考核申诉；上报本部门员工绩效指标考核结果。

（二）参与部门和人员

1. 公司级领导：应高度重视 KPI 指标的设置，及时给予指导意见，防止指标设置方向偏离战略目标。

2. 中层领导干部：对指标的设置起关键作用，应关注部门级指标是否承接了战略、是否反映了公司当前经营状况，是否满足了客户要求等；同时需审核班组级指标设立的合理性、科学性。

3. 班组长：主要承接部门级指标的落地和设立班组其他核心指标，对班组级指标的设置起关键作用，同时需审核个人级指标设立的合理性、科学性。

4. 个人：主要承接班组级指标的落地和设立个人其他核心指标，对个人级指标的设置起关键作用。

（三）应用关键绩效指标方法的条件

开展关键绩效指标管理需企业的基础管理较为规范，企业员工能够接受并认同指标达成与个人绩效挂钩的管理方法，同时企业应具有一定信息化管理水平，使得企业的各方面管理数据能够迅速、有效获取，保证企业不会因为指标的考核而面临大量人力、物力的付出。

企业还应具有较为有力的执行力，保证企业的战略、年度目标通过分解形成关键绩效指标在各环节能够得到坚决有效的执行、贯彻。

(四) 具体应用模式和应用流程

结合青山公司关键绩效指标的管理情况，按照业务开展的时间顺序，企业战略目标具体运用实施的流程如下：

1. 设定公司级指标。

(1) 搜集指标，建立指标库。财务部门负责，其他部门配合。一般来讲，作为年度绩效管理的指标，可以来源于公司战略指标、Q1（福特全球质量管理体系，汽车行业适用）指标、上级公司考核指标、历史（所采用的）指标等。

(2) 按平衡计分卡的4个维度分类。财务部门负责，按照平衡计分卡工具对指标进行维度分类。财务类指标一般包括利润、成本费用、经营现金流量及存货和应收账款周转率等；客户类指标一般包括主要产品销量、市场开发项目、客户满意度等；内部运营流程类指标可进一步细分为研发类、制造（含采购、物流）类、质量类、安全环保类、成本管理类等；学习成长类指标一般包括人力资源类、投资管理类、IT管理类、党建文化类等。

(3) 确定每一分类的公司级KPI。财务部门负责，涉及各专业管理的，基本采纳专业管理部门的意见。采用"关键成功因素法"自上而下确定公司级KPI。

(4) 分管领导审核。分管财务的公司领导组织财务及相关部门进行审核，重点关注指标设置是否与公司年度重点工作匹配、上下级指标之间的驱动关系（关键成功因素法）是否明确、指标数量是否精简。

(5) 公司决策层批准。当指标由预算管理部门牵头负责时，一般由公司预算委员会批准。青山公司2018年设立"销量"一个指标为公司级考核指标，和全员绩效挂钩。各牵头单位上报基于业务部门职能的公司级考察指标，公司考察指标主要衡量青山公司经营状况，用于运营分析。

2. 下发编制KPI指标内容的通知。财务会计部将考核类和考察类的部门级KPI指标进行收集汇总并下发至各部门。

3. 确定部门级KPI指标内容。各指标责任单位结合本单位职能职责，对公司战略目标、公司级指标、年度工作指标、客户要求、平衡计分卡、以前考核指标内容进行综合分析，保证企业战略及年度目标与本部门相关的部分能够通过关键指标得以监控，并根据重要性及目的不同设置不同类别指标（见表15-2-2-1）。

(1) 部门级考核指标是单位承接公司工作最核心的指标，这类指标有3~5项。指标的设立一定要突出重点，它是影响公司生产经营的指标。如生产车间的该类指标应主要是质量、成本、效益方面的指标。该部分指标应尽量精简，但不能避重就轻，在自身的重点指标中剔除该类，回避绩效考核。

(2) 部门级考评指标重要程度次于考核指标，但也是该部门的重点指标。这类指标有5~8项。考评指标用于中层领导干部年底职位能升能降、收入能高能低的评价工作和年终奖的发放。

(3) 部门级考察指标主要用于各牵头单位管理会计部报告分析，不限制指标数量。

表 15－2－2－1　　××部门指标体系表

指标级别及类型		薪酬绩效指标（考核）				综合绩效指标（考评）				其他指标（考察）			
		指标名称	定义	指标值	数据责任单位	指标名称	定义	指标值	数据责任单位	指标名称	定义	指标值	数据责任单位
部门级	KPI	线边库以外总成数量				OTD 达成率				设备故障停机时间			
		量产产品不及时交付数				总成物流零公里				设备维护保养完成率			
		超额运费发生金额				—	—	—	—	外购电力回收率			
		—	—	—	—	—	—	—	—	无计划停供次数			

4. 审核部门级指标内容及合理性。指标责任单位制定指标后上报财务会计部。财务会计部总体把关所有指标制定情况，如发现指标和公司总部要求存在偏差，及时和指标责任单位沟通，及时调整指标内容。待总部确定后，将调整后的指标内容确定下发至各指标责任单位和数据责任单位。

5. 确定部门级详细指标值。财务会计部将部门级 KPI 指标项目下发至数据责任单位，数据责任单位制定部门级 KPI 具体计划，具体如表 15－2－2－2 所示。

数据责任单位基于公司战略、上级要求、客户要求、去年同期指标完成情况等确定当年各指标具体目标值。确定指标过程中需和指标责任单位充分沟通，确保既能达到公司总体要求，又能使指标责任单位有效完成指标。

表 15－2－2－2　　××年关键绩效指标体系

序号	指标名称	定义或公式	目标值	指标计划												类型	责任单位		责任领导		周期	备注
				1 月	2 月	3 月	4 月	5 月	6 月	7 月	8 月	9 月	10 月	11 月	12 月		数据责任单位	指标责任单位	数据责任领导	指标责任领导		
1	销量（台）															考核	财务	各单位			季	
2	TGW 达成率（%）															考察	品质	品质			半年	
3	R/1 000 达成率（%）															考察	品质	品质			季	
4	零公里（PPM）															考察	品质	品质			季	

6. 确定班组级、个人级 KPI 指标内容。

（1）班组级指标编制。公司确认部门级指标后，各班组根据部门绩效指标制定和调整班组级；编制原则是部门级考核类指标必须分解到班组级考核类中，部门级考评类指标必须分解到班组级考核或者考察中，部门级考察类指标根据班组承接部门的业务情况可以分解到任何一个类别（见表 15 - 2 - 2 - 3）。

表 15 - 2 - 2 - 3　　××班组指标体系表

责任班组	薪酬绩效指标（考核）				综合绩效指标（考评）				其他指标（考察）				备注
	指标名称	定义	指标值	责任人	指标名称	定义	指标值	责任人	指标名称	定义	指标值	责任人	
物流保障室	外购能源费用回收率				PPSA 物流模版审核符合率	无			设备故障停机时间				
	总成物流零公里				零部件包装评审通过率				设备维护保养完成率				
	无计划停供次数				总成包装主机厂按照节点要求通过评审率				外购电力回收率				
生产计划室	OTD 执行周期				日排程执行率				切换降本工作				
	变速器总成运费				日计划调整次数				滚动预算执行差异率				
	量产产品库存数				总成 JPH 执行率				会计、统计信息报送质量及时率、准确率				
	量产产品不及时交付数				采购资金占用额				日排程执行率				
	超额运费发生金额				生产资金占用				生产线停线时间				

①班组级考核指标是该班组承接部门工作最核心的指标，这类指标有 3 ~ 5 项。考核指标和该班组所有员工当期绩效挂钩。

②班组级考评指标重要程度次于考核指标，但也是班组的重点指标。这类指标有 5 ~ 8 项。考评指标用于班组长年底职位能升能降、收入能高能低的评价工作和年终奖的发放。

③班组级考察指标主要用于本班组工作分析，不限制指标数量。

（2）个人级指标编制。个人指标由所在班组根据班组级指标制定和调整。编制原则同部门级、班组级原则。

①个人级考核指标是班组承接部门工作最核心的指标，这类指标有 3 ~ 5 项。考核指标和该班组所有员工当期绩效挂钩。

②个人级考评指标重要程度次于考核指标，但也是班组的重点指标。这类指标有 5 ~ 8 项。考评指标用于员工学习成长，能进能出、收入能高能低的评价工作和年终奖的发放。

③个人级考察指标主要用于工作分析，不限制指标数量。

7. 签订经营目标责任书。财务会计部将 KPI 内容编制到各部门经营目标责任书中，在年底工作会上，分管领导和各部门签订经营目标责任书。

8. 各单位执行落地关键绩效指标。各二级单位严格按签订的经营目标责任书内容开展工作，确保责任指标完成。

9. 指标的执行与监控管理。财务会计部分别指定专门人员监督各二级部门的关键绩效指标落地情况，数据责任单位每月定期统计负责的对应指标，并上报财务会计部。财务会计部在月度会上对指标的达成情况进行预警分析，督促各单位工作落地。各部门的班组级、个人级指标由部门安排人员自行跟踪、监督、管理。

10. 关键绩效指标考核运用管理。

（1）设立绩效虚拟账户。人力资源部为公司各部门设立绩效虚拟账户，用于存放各部门应发绩效工资的结余部分及公司对各部门发放的奖励。各部门应在绩效管理细则中明确单项奖励及年度业绩奖分配细则，对绩效虚拟账户余额进行分配。

绩效虚拟账户中的资金其来源：一是员工绩效扣款；二是公司对部门或单位的各种奖励；三是公司批准的各部门除员工工资之外的其他工资预算。

绩效虚拟账户金额可用于部门内部奖励及员工年度业绩奖分配，当期内部奖励支出不得高于绩效工资结余。单位绩效虚拟账户金额原则上在本年度内统筹使用，即年终绩效奖发放之后，单位虚拟账户余额不得超过本单位预算工资总额的1%，超出部分清零。

（2）考核指标运用。每个季度末，财务会计部统计考核类和考评类指标得分情况交人力资源部，人力资源部根据薪酬管理办法决定各单位下季度每月薪酬绩效。

公司级、部门级考核扣款不计入部门绩效虚拟账户，单位、个人绩效指标考核扣款计入部门绩效虚拟账户。

①公司级指标绩效挂钩方式。员工应发绩效工资随公司绩效指标的完成情况浮动，浮动范围在 ±5% 之内（见表 15－2－2－4）。

表 15－2－2－4　　公司级指标考核标准

当季度产品实际累计销量 ÷ 年度预算累计销量	110% 及以上	90% ~110%	90% 及以下
员工应发绩效工资增减比例	增长 5%	不增减	减少 5%

计算公式：员工应发绩效工资 = 员工绩效工资标准 ×（1 ± 增减比例）。

②部门级、班组级、个人级指标绩效挂钩方式。评判中层领导干部的工作质量，主要看该部门工作得分情况。评判班组长工作质量，主要是看该班组工作得分情况。评判一般员工工作质量看个人工作得分。评判工作质量不是以领导的主观印象或者加班时间等因素为标准，而是以工作输出结果为导向。

部门、单位、个人绩效指标考核基数为员工应发绩效工资，分值权重见表 15－2－2－5。

表 15-2-2-5 员工各类考核指标分值结构表

指标权重 / 人员类别	部门绩效指标	单位绩效指标	个人绩效指标	单项考核指标
中层领导干部	100%	—	—	—
班组长	15%	85%	—	不限
一般员工	5%	30%	65%	不限

计算公式：员工实发绩效工资 = 应发绩效工资 × （1 - ∑指标分值权重 × 指标考核扣分 ÷ 100） + 绩效虚拟账户单项奖励。

（3）考评指标运用。年底，财务会计部根据每季统计的考核类和考评类指标得分情况核算年终绩效测评结果，主要用于中层领导干部年终奖发放和末位淘汰，室主任的升降，员工提拔、薪酬升降和末位淘汰。核算分配权重为：年终绩效测评 = 考核 ×50% + 考评 ×30% +360°考核 ×20%。

360°考核包含工作能力指标、工作态度指标、其他加减分项目。

工作能力指标是指员工领导力、创新力、执行力、学习力等各项指标。

工作态度指标是指团队协作、工作沟通、出勤率、加班时间等各项指标。

其他加减分项是指员工各类通报及奖惩等项目。

①年终奖。在年终奖方面，需要考虑的项目有年度业绩奖总额预算、部门应发年度业绩奖总额、部门实发年度业绩奖总额和员工年度业绩奖核算 4 个方面。

年度业绩奖总额预算：

年度业绩奖总额预算 = ∑员工年度业绩奖基数 × k

员工年度业绩奖基数 = 员工岗位工资标准 + 员工绩效工资标准

发放系数 k 每年年初由公司预算管理委员会根据当年产品销量预算制定并经党委会研究确定。

部门应发年度业绩奖总额。每年年底人力资源部根据公司产品累计销量完成情况对各部门年度业绩奖总额进行核算（见表 15-2-2-6）。

表 15-2-2-6 年度业绩奖总额核算表

全年产品累计销量	大于等于年初预算销量 ×120%	大于年初预算销量 ×90% 且小于年初预算销量 ×120%	大于年初预算销量 ×70% 且小于年初预算销量 ×90%	小于等于年初预算销量 ×70%
部门应发年度业绩奖总额	∑员工年度业绩奖基数 ×1.2k	∑员工年度业绩奖基数 ×k	∑员工年度业绩奖基数 ×0.8k	不计发

部门实发年度业绩奖总额。人力资源部根据薪酬管理办法和年终绩效测评得分决定各单位当年每个员工的年终奖金额，具体公式如下：

部门实发年度业绩奖总额 = 部门应发年度业绩奖总额 × 年终绩效测评得分 ÷ 100

员工年度业绩奖核算。员工应发年度业绩奖 = 部门实发年度业绩奖总额 × 员工年度业绩奖基数 ÷ ∑员工年度业绩奖基数。

员工实发年度业绩奖 = 员工应发年度业绩奖 × 年终绩效测评得分 ÷100

部门可对虚拟账户余额及员工应发、实发年度业绩奖差额部分进行再次分配。

②晋升综合考评。年底，人力资源部对员工年度晋升综合考评进行排名。各部门员工年度晋升考评档次分布比例由人力资源部根据各部门年终绩效测评结果排名核算，同时参考各部门价值贡献、公司战略需求等因素进行调整。员工年度晋升综合考评分为 5 个档次，考评档次及初始分布比例见表 15 - 2 - 2 - 7。

表 15 - 2 - 2 - 7　　员工年度晋升综合考评档次及初始分布比例

考评档次	A（优）	B（良）	C（合格）	D（差）	E（不合格）
初始分布比例	5%	20%	70%	5%	不限

员工连续 3 次考评档次为 D 或连续两次考评档次为 E 的，视为不胜任岗位，按照不胜任岗位处理。晋升的员工在 A 类员工中挑选。

③绩效辅导。绩效辅导需关注绩效目标沟通、绩效过程辅导、绩效结果反馈和绩效改进 4 个方面。

绩效目标沟通。在制定绩效指标时，应建立绩效目标沟通机制。在指标制定过程中应与员工进行充分沟通，使员工了解并接受本人绩效指标内容。绩效目标沟通后，员工在绩效指标确认表上签字确认。

绩效过程辅导。员工在达成绩效目标过程中，部门应对员工指标完成情况定期审视，并针对存在风险的指标进行辅导，以提高员工绩效水平。

绩效结果反馈。绩效考核完成后，考核者应将考核结果反馈至员工本人，并由本人签字确认。如员工对考核结果有异议，可以与考核者进行沟通，沟通不成功可按管理权限在 1 个月内向部门逐级提出申诉。

绩效改进。应根据员工绩效情况拟订改进计划（如业务能力培训等），明确员工改进方向，并在下期绩效管理中对改进内容重点关注、重点辅导。

（五）关键绩效指标管理流程

关键绩效指标流程见图 15 - 2 - 2 - 1。

（六）实施过程中遇到的主要问题和解决方法

关键绩效指标管理实施中的主要问题有：在指标体系搭建的过程中，二级单位和员工不能充分理解编制要求和重点，致使指标设置的合理性得不到保证；各部门员工不能充分认识指标考核落地的重要性，导致各项关键工作未能有效开展；组织未能严格执行关键绩效指标管理流程，导致工作流于表面，考核未严格执行，各单位逐渐懈怠，管理放松，公司管理目标无法达成。

应主要从以下几方面加强关键绩效指标的管控：一是加强领导参与，公司领导必须参与到管理中，保障各层级对管理工具运用的重视，使得工作不流于形式；二是加强培训及沟

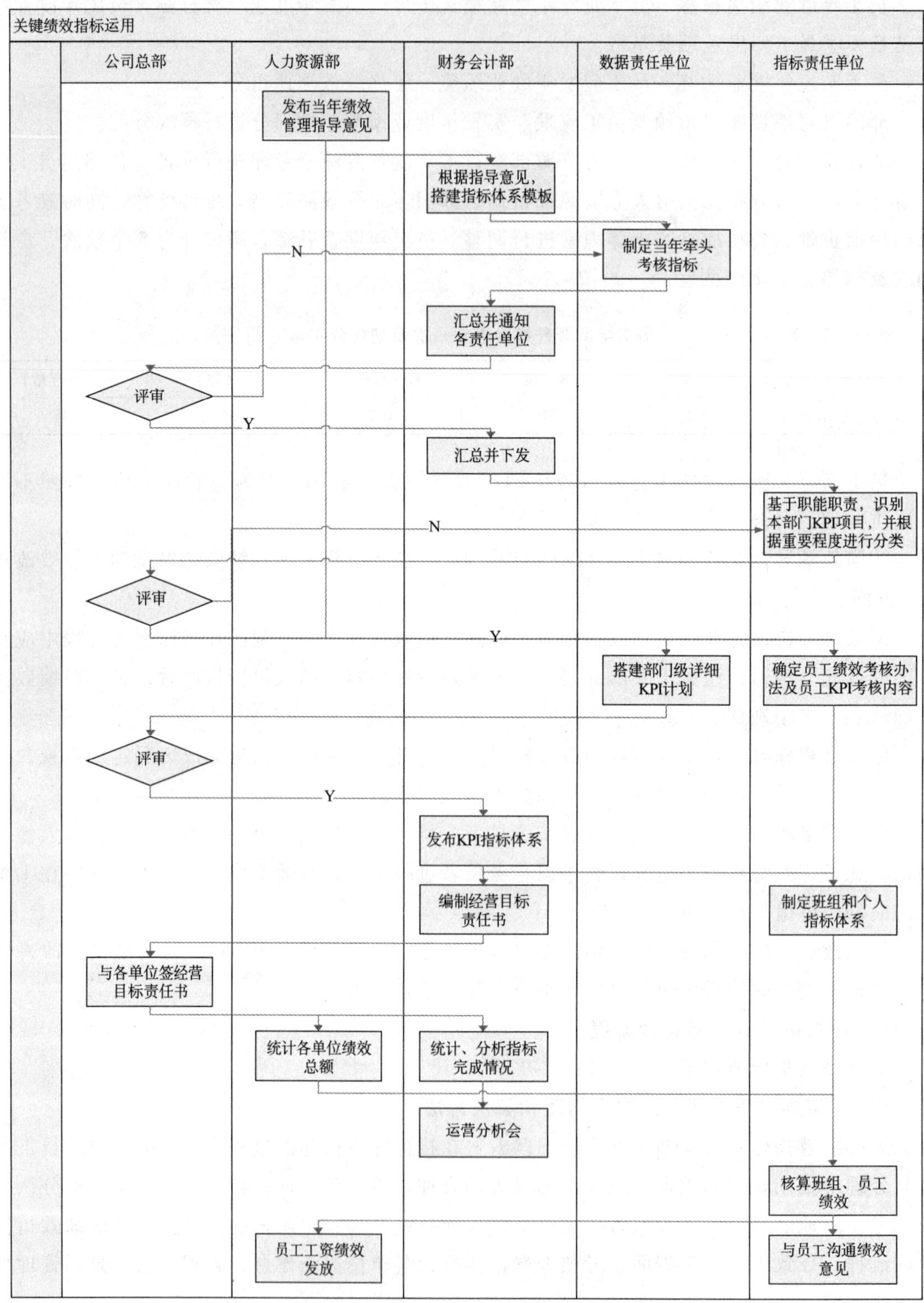

图 15-2-2-1 关键绩效指标流程

通，使得各单位、各层级人员能够从内心理解认识工具的重要性，从而主动开展各项工作；三是加强考核的执行，必须从绩效兑现环节严格最后一道关口，督促各层级人员认真开展工作，保障目标达成。

四、取得的成效

（一）应用关键绩效指标方法前后情况对比

1. 管理幅度扩宽。前期青山公司指标体系只有公司级和部门级，运用关键绩效指标后增加了班组级和个人级。

2. 指标数量缩减。前期青山公司运用的 KPI 指标体系中公司级指标约有 120 个，部门级指标约有 1 200 个。运用关键绩效指标后的 KPI 指标体系，公司级指标只有 1 个，部门级指标只有 200 余个。

3. 对各类指标的重要程度进行了分类，对重点指标进行了重点关注。前期青山公司对所有指标均按一样的重要程度进行考核，现在按考核、考评、考察进行分类，重点关注考核类指标完成情况。

4. 分类运用不同类别指标。以前 KPI 指标体系中虽然有公司级和部门级两个类别，但在考核运用上方法是一样的，没有突出不同层级的重要性。运用关键绩效指标后，不同指标类别运用方式不同。

5. 指标运用范围拓宽。前期青山公司的 KPI 指标体系仅限于中层领导干部绩效考核，员工的收入与 KPI 指标完成情况完全没有联系。现在 KPI 指标体系进行了全员绩效挂钩，指标完成情况和每个员工收入息息相关。

（二）解决管理问题情况的评价

关键绩效指标关注了公司的战略目标，对结果性指标和过程性指标进行了区分，抓住了重点、关键，它通过对目标层层分解的方法使得各级目标（包括团队目标和个人目标）不会偏离组织战略目标，保证各项工作均围绕公司战略目标开展，且可以很好地衡量团队绩效以及团队中个体的贡献，起到较为客观的价值评价和行为导向作用。

（三）对决策有用性的评价

指标的精简使公司高层能迅速有效地分析出企业运行的薄弱环节，有利于快速、有效决策。

五、经验总结

（一）应用条件

企业应有明确的企业战略，关键绩效指标是对企业战略进一步分解时形成的对战略目标实施效果进行衡量和监控的指标。实施关键绩效指标法必须先开展战略管理工作。

企业管理层应当认识到关键绩效指标对提升管理水平、达成公司战略的重要性，并对不当运用所产生的后果有清晰的认识，能够以科学合理的方法制定指标体系。

要先编制“预算大纲”来明确公司年度工作思路。在首次制定和重新梳理指标时，需要关注指标设置与公司年度工作思路的一致性，因此必须先厘清公司年度工作思路。

各级管理者有目标分解的能力，各部门联动机制比较好。要想真正实现绩效管理的目的，获得较好的绩效结果，需要上级的支持、各部门的配合和考核者与被考核者充分有效的沟通。

（二）关键因素

关键绩效指标的制定一定要突出重点，找准衡量指标，杜绝大而全现象。

（三）优缺点

1. 优点。

（1）关键绩效指标使企业绩效评价与战略目标密切相关，有利于战略目标的实现；KPI 是企业战略目标的层层分解，通过 KPI 指标的整合和控制，员工绩效行为与企业目标要求的行为吻合，有力地保证了公司战略目标的实现。

（2）通过识别的价值创造模式把握关键价值驱动因素，能够更有效地实现企业价值增值目标。

（3）评价指标数量相对较少，易于理解和使用，实施成本相对较低，有利于推广实施。

（4）有利于组织利益与个人利益达成一致。策略性地指标分解使公司战略目标成了个人绩效目标，员工个人在实现个人绩效目标的同时也是在实现公司总体的战略目标，公司与员工共赢。

2. 缺点。

（1）关键绩效指标的选取需要透彻理解企业价值创造模式和战略目标，有效识别核心业务流程和关键价值驱动因素，指标体系设计不当将导致错误的价值导向或管理缺失。

（2）下层的关键绩效指标如果识别不到位，不能完全支撑上级指标的完成，会导致下层指标完成，但上层指标未能实现的情况。

（3）KPI 指标比较难界定。KPI 是更多倾向于定量化的指标，是否真正对企业绩效产生关键性的影响，如果没有运用专业化的工具和手段则难以界定。

（4）KPI 会使考核者误入机械的考核方式。过分地依赖考核指标，而没有考虑人为因素和弹性因素，会产生一些考核上的争端和异议。

（四）推广发展和完善的建议

1. KPI 指标体系是公司战略目标的分解。作为衡量组织工作绩效的指标，关键绩效指标所体现的衡量内容最终取决于公司的战略目标。同时，KPI 是对公司战略目标的进一步细化和发展。此外，关键绩效指标随公司战略目标的发展演变而调整。

2. KPI 指标是组织可控绩效的衡量。关键绩效指标应尽量反映组织的直接可控效果，剔除他人或环境造成的不可控影响。例如，劳动生产率是衡量一个企业人力资源投入产出的重要指标，但不宜直接衡量企业内部人力部门的业务绩效，因为其中的“工业增加值”人力部门无法控制。

3. KPI 指标衡量的是重点经营活动，不是对所有操作过程的反映。KPI 是对公司整体战略目标、经营目标影响较大的工作进行衡量，不是对一般性、日常性工作的衡量。

4. KPI 在制定过程中应充分沟通。KPI 的制定由上下级共同参与完成，是双方对工作绩效目标达成一致意见的体现。

16 EVA 提升

第一章　管理会计工具——EVA 提升

为更好地应用财政部《管理会计应用指引第 602 号——经济增加值法》（以下简称“应用指引”），兵器装备集团结合最新的探索和实践，开发了 EVA 提升工具，主要内容包括总则、应用环境、应用程序和工具方法评价等。EVA 提升工具以应用指引为指导和依据，定位于经济增加值法的提升管理，内容包括经济增加值法的概念及核心思想、经济增加值法计算方法、重点讲述 EVA 中心管理、EVA 价值诊断流程、EVA 提升管理步骤等。该工具的应用有利于企业以经济增加值为核心，通过价值诊断提升绩效。

第一节　总　　则

一、定义

经济增加值（Economic Value Added，简称 EVA）法，是指以经济增加值为核心，建立绩效指标体系，引导企业注重价值创造，并据此进行绩效管理的方法。

为更好地应用财政部《管理会计应用指引第 602 号——经济增加值法》，兵装集团根据成员单位管理实践开发了“EVA 提升”工具。工具定位于经济增加值法的提升管理，内容包括 EVA 的概念及核心思想、EVA 计算方法，重点讲述 EVA 中心管理、EVA 价值诊断流程、EVA 提升管理步骤等。

EVA 提升管理是在企业 EVA 价值诊断的基础上提出 EVA 提升目标，通过 EVA 驱动路径分析，将 EVA 提升目标分解为各价值驱动因素的目标值，落实到责任部门，并制定各责任部门的绩效指标，将各项价值驱动责任落实到相关责任部门的具体管理活动，提出提升 EVA 的措施，并进行绩效考核，最终实现 EVA 提升目标。

EVA 价值诊断指通过对 EVA 的计算、比较和分析，对企业价值创造能力进行评价和判断，经过敏感性分析找到影响 EVA 的关键项目和敏感性因素，对创造和破坏价值的因素和原因进行分析，制定 EVA 目标和提升措施，最终形成 EVA 价值诊断报告。

二、功能目标

EVA 提升是一套价值管理方法和工具。EVA 持续改善的根本目标是全面提升企业价值创造能力，实现股东及利益相关者价值最大化。

推行 EVA 价值管理和提升措施旨在达到以下效果：一是各级经营者的管理理念发生积极变化，以 EVA 为核心目标的价值管理理念贯穿企业经营的各个环节，并成为企业的自愿追求。二是为企业提供诊断和分析 EVA 价值创造能力的工具和方法，通过价值诊断和驱动路径分析，各企业积极查找关键影响因素，主动寻找管理短板，制定改进措施，落实价值提升措施。三是通过将 EVA 与战略规划、投资决策和全面预算管理紧密衔接，使 EVA 能否增长成为投资决策、业务拓展决策的首要考虑因素，形成“不创造价值的业务不干，不新增价值的项目不上”的价值创造理念和经营思路，并以 EVA 为核心开展全面预算编制和管理。

三、适用范围及注意事项

工具中 EVA 提升主要根据制造型企业的管理实践开发，适用于企业管理的业绩评价。企业具体可以从销售、生产、管理、研发、采购、投资、融资 7 个业务板块或者决策环节对 EVA 按驱动因素进行分解，并制定相应的价值驱动绩效指标和确定责任部门。

企业在推行 EVA 提升管理时应着重做到以下几个方面。

（一）实施 EVA 提升应理念先行

从企业最高层开始，宣传与培训 EVA 相关知识，深入理解 EVA 的内涵。每个企业的情况不同，EVA 的应用基础也不同，不存在一种通用方法，但基本理念是一致的，每个企业都应遵循，这是 EVA 成功运用的先决条件。

（二）实施 EVA 提升应转变观念

企业管理层应将经营管理的核心从单纯追求利润转变为持续提升价值，从根本上转变观念，明确 EVA 实践方式和提升路径，并持续加以运用。

（三）实施 EVA 提升应考核激励

将价值创造与考核激励挂钩，形成价值创造长效机制，使各层级员工的利益与企业的利益一致，通过制定企业内部的 EVA 业绩评价方法并层层分解，形成“考核层层落实，责任层层传递，激励层层连接”的价值保值增值责任体系。

（四）实施 EVA 提升应细化核算

无论是开展 EVA 价值诊断、EVA 驱动分析，还是建立 EVA 中心，都需要很详细的财务和非财务数据作为支撑。特别是在对EVA中心进行价值管理和绩效考核时，需要计算各产业EVA值、各产品EVA值、各内部EVA中心EVA值，需要分清经营性资产和非经营性资产等，并进行细化核算，提供详细准确的数据信息，为正确决策提供依据和支撑。

第二节 应用环境

一、组织架构

为细化EVA绩效管理，形成EVA提升的长效机制，企业应建立EVA中心，每个中心能够单独评价EVA贡献，设定EVA目标和责任，采取措施努力提升，通过对EVA中心进行评价和考核，提升和改善EVA的关键环节和制约因素，最终提升企业整体的价值创造能力。

EVA中心即EVA价值管理和绩效考核中心，是企业下属或内部的可以对自身创造的EVA进行计量和管理的不同层级的责任中心。该中心EVA的提升最终导致整个企业EVA的提升，从而持续改善提高企业整体价值创造能力。

（一）建立EVA中心的原则

1. 可控性原则。应遵循价值创造主体与价值管理主体的一致性，即EVA中心主体应能够控制主体的收入、成本和占用资源。

2. 易操作原则。建立EVA中心应坚持操作简便的原则，采取简明易懂模式建立、计量、考核和管理各级EVA中心。

3. 渐进性原则。EVA中心建立和管理尚处于摸索阶段，很少有成功经验可以借鉴，企业应结合本单位组织架构和业务构成，先试点，然后在总结经验的基础上全面推行。

4. 激励性原则。应建立起与EVA中心核算、管理相配套的考核和激励制度，调动EVA中心创造价值的积极性，有效发挥考核和激励对价值创造的引导作用。

（二）EVA中心的建立方法

各企业应根据组织架构和业务板块建立本企业各层级EVA中心，以企业本部为一级EVA中心，层层分解建立各层级EVA中心。以下以兵装集团为一级EVA中心建立各级EVA中心为例（见图16-1-2-1），供企业参考。

（1）兵装集团为一级EVA中心。

（2）兵装集团各专业公司（事业部）为二级EVA中心。

（3）各直管企业、各专业公司（事业部）管理的企业为三级EVA中心。三级EVA中心是具有独立法人资格的经营实体。

（4）各三级EVA中心下属子公司为四级EVA中心。四级EVA中心是具有独立法人资格的经营实体。

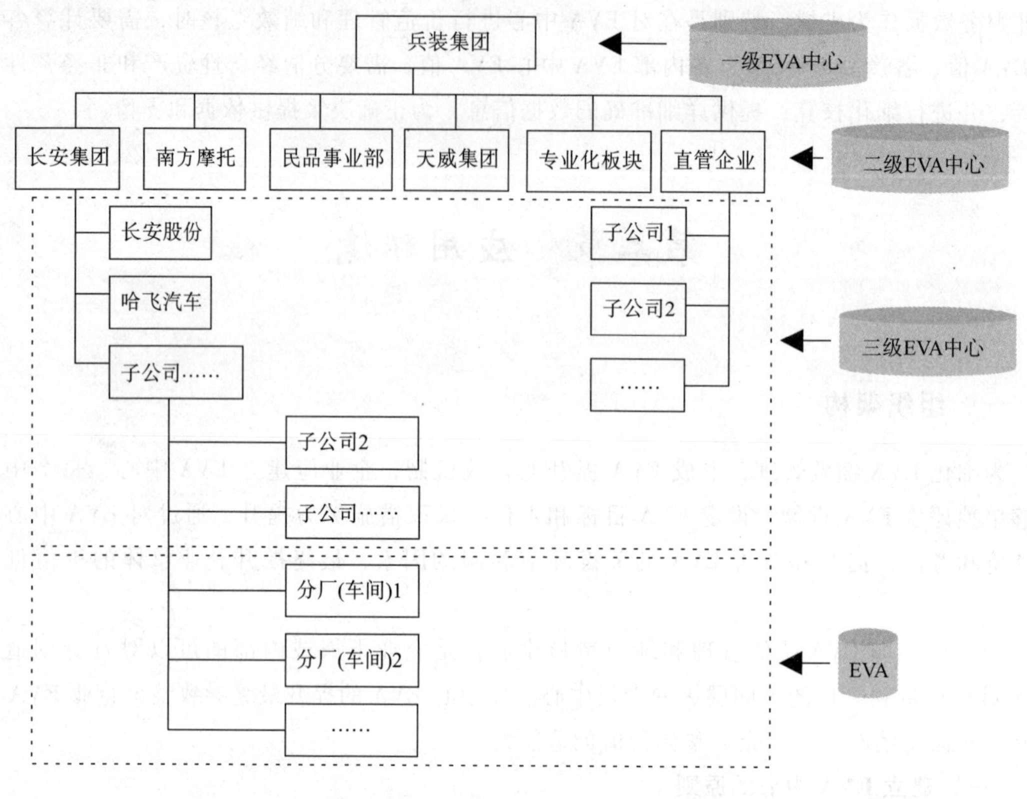

图 16－1－2－1　EVA 中心层级示例

（5）四级 EVA 中心内部能对 EVA 产生较大影响的部门和车间为五级 EVA 中心。五级 EVA 中心一般不具有法人资格。

（三）EVA 中心的价值管理权责

建立 EVA 中心的目的是合理划分各级 EVA 中心在价值创造中的不同权责，通过各级权责主体有针对性的价值创造管理活动，最终提升集团整体价值创造能力。

1. 一级 EVA 中心主要从战略层面对价值创造进行管理。价值管理重点是，以价值创造为核心开展战略规划和产业布局，进行战略投资、并购、整合和资源配置等决策。

在实施价值决策管理时，可用“EVA 增长矩阵图”来辅助决策（见图 16－1－2－2）。此外，在并购重组、新建项目投资前，也应将 EVA 作为首要决策依据，所有投资决策应以价值指标来衡量，重点投资成长性好、升值空间大、投资回报率高的项目，突出长期价值创造。

在评估未来市场价值增长潜力时，应主要从“行业吸引力、竞争地位、行业未来发展潜力、与主业相关性和战略性地位”等方面考虑，特别是战略性地位，如特品业务。

为提升价值创造能力，应充分分析各产业的 EVA 回报率和未来市场价值增长潜力，以价值为基础进行产业规划、战略布局和配置资源。

对当前 EVA 回报率高、未来市场价值增长潜力大的产业，应重点投入，在资源配置上重点倾斜。

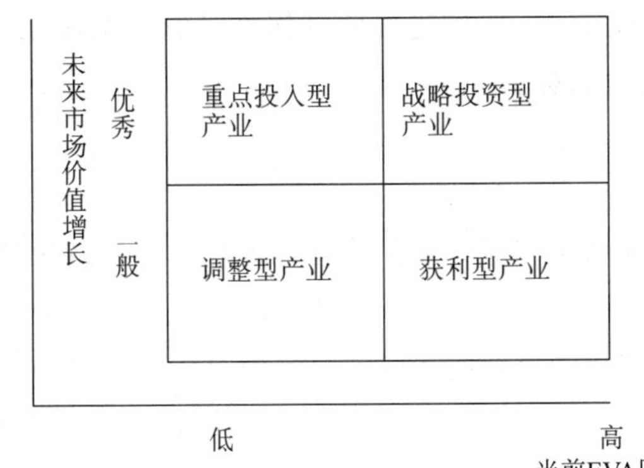

图 16－1－2－2　EVA 增长矩阵图

对当前 EVA 回报率高、未来市场价值增长潜力很小的产业，可稳定创造价值，不应再急于扩大规模，而应控制投资规模，特别是减少股权资本投入，以规避市场萎缩风险。

对当前 EVA 回报率低、未来市场价值增长潜力很大的产业，如果通过资源和技术投入能改善 EVA 回报率低的现状，应加大投入；如果受制于各种因素，如被某些企业市场垄断，再投入也很难改善 EVA 回报率，应平稳发展。

对当前 EVA 回报率低、未来市场价值增长潜力很小的产业，应稳步发展，适当时可撤回投资。

2. 二级 EVA 中心主要从资源配置层面对价值创造进行管理。价值管理重点是，以价值创造为核心开展产业规划、业务布局、投资管理和资源配置。同样，可以用“EVA 增长矩阵图”来分析产业内不同业务板块企业的业务特点，并确定各企业在未来的不同发展模式，提出不同的价值增长策略。

此外，应将 EVA 指标应用于投资项目评价，确保产业内新投入项目的投资回报水平高于资本成本，提高投资项目的经济效益和长期价值。

3. 三级 EVA 中心主要从资源运行效益层面对价值创造进行管理。价值管理重点是，提高现有资源的效益，立足主业，在主业经营范围内增加收入，降低成本，提高存量资产报酬率和周转率。对企业资产进行全面清理，划分经营性资产和非经营性资产，提高经营性资产的运行效率，挖掘非经营性资产价值，清理盘活闲置、低效、无效的资产。调整企业资本结构，努力降低融资成本，实现资本成本最小化。培育未来长期价值，加大研发投入，开发、培育高附加值产品和品牌，注重科技资源的有效利用和科研成果的快速转化，培育长期价值创造能力。

4. 四级 EVA 中心主要从运营管理层面对价值创造进行管理。价值管理重点是，提高价值链各环节运营效率和效益，包括设计、采购、生产、销售、物流等价值链环节，提高销售收入，降低各项成本费用，加快资金周转，特别是存货和应收账款周转，提高营运资金利用效率。

5. 五级 EVA 中心主要通过具体生产经营活动来实现价值创造。价值管理重点是，通过各项具体经营管理活动影响 EVA 驱动因素，实现 EVA 提升。五级 EVA 中心是那些对 EVA

产生较大影响的部门和车间，应通过各项具体经营管理措施来完成本部门 EVA 关键绩效指标，最终实现 EVA 提升目标。

二、管理制度

企业应用经济增加值法，应树立价值管理理念，明确以价值创造为中心的战略目标，建立以经济增加值为核心的价值管理体系，使价值管理成为企业的核心管理制度。企业应综合考虑宏观环境、行业特点和企业的实际情况，通过价值创造模式的识别确定关键价值驱动因素，构建以经济增加值为核心的指标体系。企业应建立清晰的资本资产管理责任体系，确定不同被评价对象的资本资产管理责任。

计算 EVA 指标需要对财务信息进行更为细致的调整以反映企业真实的经营绩效。因为各个企业的实际情况千变万化，调整的内容和方式也不同，所以企业应根据自身经营特点、经营实际、考核方式对 EVA 计算过程涉及的指标进行定义，规定相应的指标值计算方法，并每年对计算办法进行修订。

企业绩效管理办法体现 EVA 管理程序。应建立系统的 EVA 业绩评价考核体系（列入 KPI 绩效考核评价体系、强化过程管理、加强激励和约束），将 EVA 提升目标与绩效指标结合，强化 EVA 考核，通过评价考核体系确保 EVA 管理的各项工作有效落实。

三、信息化

企业应加快推进信息化系统建设。结合正在推进的核算、成本、物流系统建设，提高 EVA 数据的直接生成比例，提升 EVA 管理涉及数据直接提取比例，减少资源数据分摊比重，实现 EVA 数据的准确测算，从而为绩效管理工作提供信息支持。

EVA 中心绩效管理可借助信息系统或其他信息支持手段，监控和记录指标完成情况、重大事项、员工的工作表现、激励措施执行情况等内容。

四、应用基础

企业应建立健全会计核算体系，确保会计数据真实可靠、内容完整，并及时获取与经济增加值计算相关的会计数据。

企业应加强融资管理，关注筹资来源与渠道，及时获取债务资本成本、股权资本成本等相关信息，合理确定资本成本。

企业应加强投资管理，把能否增加价值作为新增投资项目决策的主要评判标准，以保持持续的价值创造能力。

企业应加强绩效管理，完善与 EVA 考核相关的配套制度，建立与绩效考核相关的薪酬管理体系。

第三节 应用程序

EVA 提升的应用程序一般包括 EVA 价值诊断和 EVA 提升管理。EVA 价值诊断的程序一般包括价值创造能力评价、敏感性分析、原因诊断、价值目标规划、价值诊断报告；EVA 提升管理的程序一般包括确定 EVA 驱动因素、制定主要绩效指标、采取提升措施、落实责任部门。

一、EVA 价值诊断

EVA 价值诊断指通过对 EVA 的计算、比较和分析，对企业价值创造能力进行评价和判断，经过敏感性分析找到影响 EVA 的关键项目和敏感性因素，对创造和破坏价值的因素和原因进行分析，制定 EVA 目标和提升措施，最终形成 EVA 价值诊断报告。

（一）EVA 价值诊断流程

EVA 价值诊断流程如图 16－1－3－1 所示。

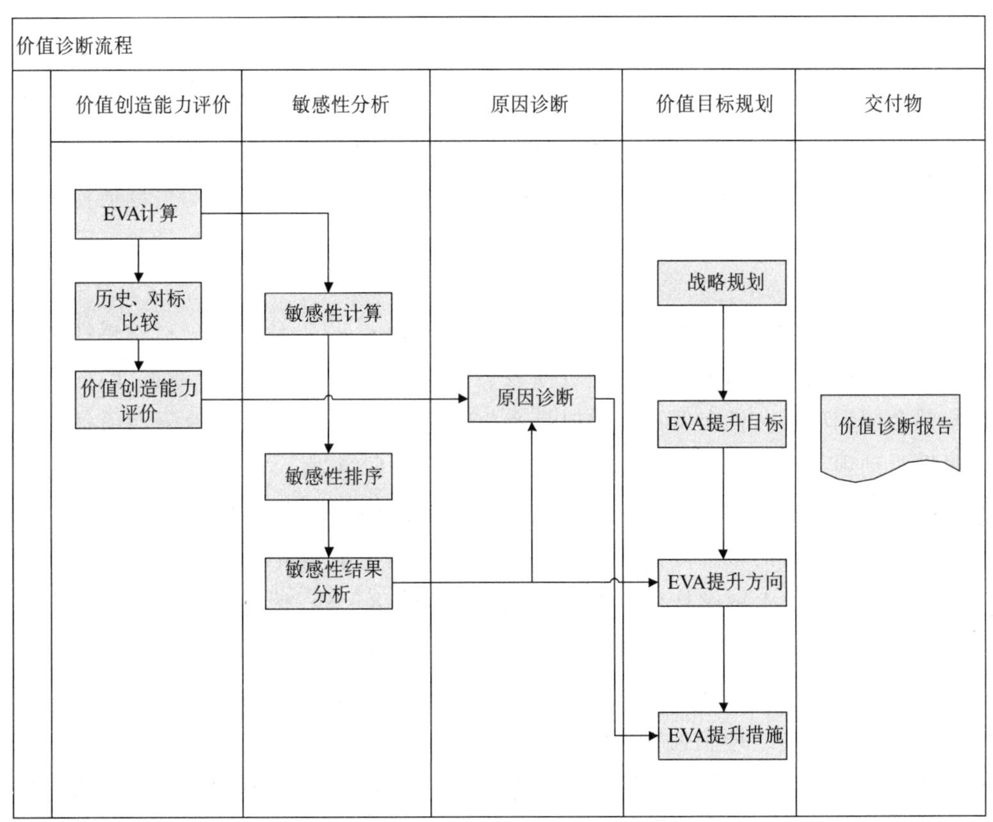

图 16－1－3－1 EVA 价值诊断流程

（二）EVA 价值诊断方法

1. 价值创造能力评价。通过计算企业当期和历史（3～5年）EVA值，并与行业对标指标对比，对企业整体、所属子公司和各业务板块价值创造能力进行评价和判断。

在对企业价值创造能力进行评价时，一般可划分优、良、中、低、差几个等级，并通过与历史数据比较，得出企业价值创造能力呈现“提高”“保持”“下降”趋势的评价。在对价值创造能力进行评价时，应与行业对标指标进行比较，得出恰当的评价结论。例如，某企业当期EVA值为正但数值很小，从该企业本身来说，价值创造能力低，但同期行业对标指标为负且负值较大，这时不能简单定义该企业价值创造能力低，而应在对比行业对标指标后得出一个综合的评价。其中，行业对标值由兵装集团统一发布，一般分为最高、平均、最低3档，企业对标一般以行业平均值进行对标。

一般来说，可以通过以下标准来对企业的价值创造能力进行评价（见表16－1－3－1）。

表16－1－3－1　价值创造能力评价标准

与行业对标指标比较	高于行业平均值	低于行业平均值	备注
EVA值为正且EVA/资本成本＞2	优	优	
EVA值为正且0.5＜EVA/资本成本≤2	优	良	
EVA值为正且0＜EVA/资本成本≤0.5	良	中	
EVA值为负且－1＜EVA/资本成本≤0	中	低	
EVA值为负且EVA/资本成本≤－1	低	差	

2. 敏感性分析。通过计算EVA各项价值驱动项目的敏感度进行敏感度排序，计算各个驱动项目本期变动造成EVA的本期变动值是多少，找到影响企业EVA的关键项目和敏感性因素，为原因诊断提供方向，为制定EVA提升路径和措施提供方向。

（1）方法。

①用附件2的“EVA敏感性计量表”（见表16－1－4－2）计算各项目敏感性系数。计算原理：依据企业某个时间节点的资产负债表、利润表及相关调整项目数据计算EVA初始值；选择某个驱动项目，设定单项驱动项目变化幅度ΔX_i（%）；在其他驱动项目不变的前提下，根据驱动项目与EVA之间的运算关系计算新的EVA值，得出该单项驱动项目变化ΔX_i（%）时EVA的变化幅度ΔEVA_i（%）；计算敏感性系数$\lambda_i = \Delta EVA_i / \Delta X_i$。

②对各个驱动项目的敏感性系数进行排序，得出EVA驱动项目的敏感性顺序。

③通过附件3“EVA敏感性分析表”（见表16－1－4－3）计算各个驱动项目变动造成EVA的变动值是多少，帮助企业做EVA价值诊断分析。计算原理：用各个驱动项目本期变动值ΔX_i乘以该项目的敏感性系数λ_i，计算出各个驱动项目本期变动值造成的EVA的变动值ΔEVA_i，$\sum(\Delta EVA_i)$即企业本期较基期EVA的变动值。

④注意事项。敏感性计算结果应不断更新。同一企业在不同时期，由于企业资产和经营状况、企业或业务所处的生命周期的变化，各价值驱动项目的敏感性会不一样，具有一定的动态性，企业应及时开展敏感性分析，更新敏感性计算结果。

3. 原因诊断。通过敏感性分析量化结果，进一步分析企业 EVA 的短板和问题，对造成 EVA 增加和减少的主要影响项目和问题进行重点分析，判断哪些因素在创造价值，哪些因素在破坏价值，并深入销售、制造、管理、投资等环节寻找深层次原因，找到提升 EVA 的关键增长点，提出有针对性的改进措施和解决办法，提出提升 EVA 的建议。

4. EVA 目标规划。EVA 目标规划是在上述价值评价、敏感性分析和原因诊断的基础上，根据企业战略规划、预算目标、行业对标和经营实际，提出 EVA 提升目标、提升方向，进行可行性论证，并提出具体措施，主要方法如下：

（1）分析企业内外部经济环境，在对企业进行经营预测的基础上，结合企业战略规划、预算目标、行业对标和各业务板块经营实际，提出企业 EVA 提升目标规划。

（2）层层分解 EVA 总目标，提出企业达到 EVA 总目标各主要指标应达到的目标，并分别对这些主要指标进行可行性论证。

（3）提出实现 EVA 提升目标的关键环节和具体措施。

5. 编写 EVA 价值诊断报告。企业在完成价值诊断后，应编写 EVA 价值诊断报告。诊断报告应至少包括企业基本情况、宏观政策和行业形势对企业的影响、企业价值创造能力评价、企业 EVA 增减原因分析、总结及改进措施、企业 EVA 目标规划 6 个部分。可参考附件 4“EVA 价值诊断报告大纲”。

二、EVA 提升管理

企业应指导各责任部门实施提升 EVA 的行动。EVA 提升管理是在企业 EVA 价值诊断的基础上提出 EVA 提升目标，通过 EVA 驱动路径分析，将 EVA 提升目标分解为各价值驱动因素的目标值，落实到责任部门，并制定各责任部门的绩效指标，将各项价值驱动责任落实到相关责任部门的具体管理活动，提出提升 EVA 的措施，并进行绩效考核，最终实现 EVA 提升目标。

（一）EVA 提升管理步骤

按照 EVA 的计算方法，改善和提高 EVA 的主要方向：一是提高现有资产的使用效益和盈利水平；二是提高资产使用效率，增加资本回报率高的资产，剥离处置资产回报率低的资产，减少资本占用；三是优化资本结构，降低资本成本率。

EVA 提升管理可以分为以下几个步骤：

1. 要实现 EVA 提升目标，主要应提高和优化以上 3 个目标，因此应先设定“税后净营业利润、资本占有总额和资本成本率”的目标值，再按照 EVA 驱动路径层层细分，找到实现 EVA 提升目标的关键驱动因素，分别设定为实现 EVA 提升目标各关键驱动因素应达到的目标值，如销量是提高利润的关键驱动因素，应分别设定各产品的销量目标。

2. 为实现各关键驱动因素的目标值，企业需落实责任部门，并制定一些衡量这些措施效果的关键绩效指标，将这些指标落实到责任部门，如以产品目标销量完成率为销量的关键绩效指标，责任部门为销售部。

3. 制定责任部门的绩效指标后，下一步需要做的是确定责任部门应采取哪些措施来提升这些关键驱动因素，如可通过做广告扩大品牌知名度以扩大销量。

4. 通过对责任部门的考核来确保 EVA 各项关键驱动因素目标的实现，最终实现 EVA 的提升，如企业对销售部考核时应加入一些 EVA 关键驱动因素的考核，并与激励挂钩。

图 16－1－3－2 解释了 EVA 提升管理的各个步骤。

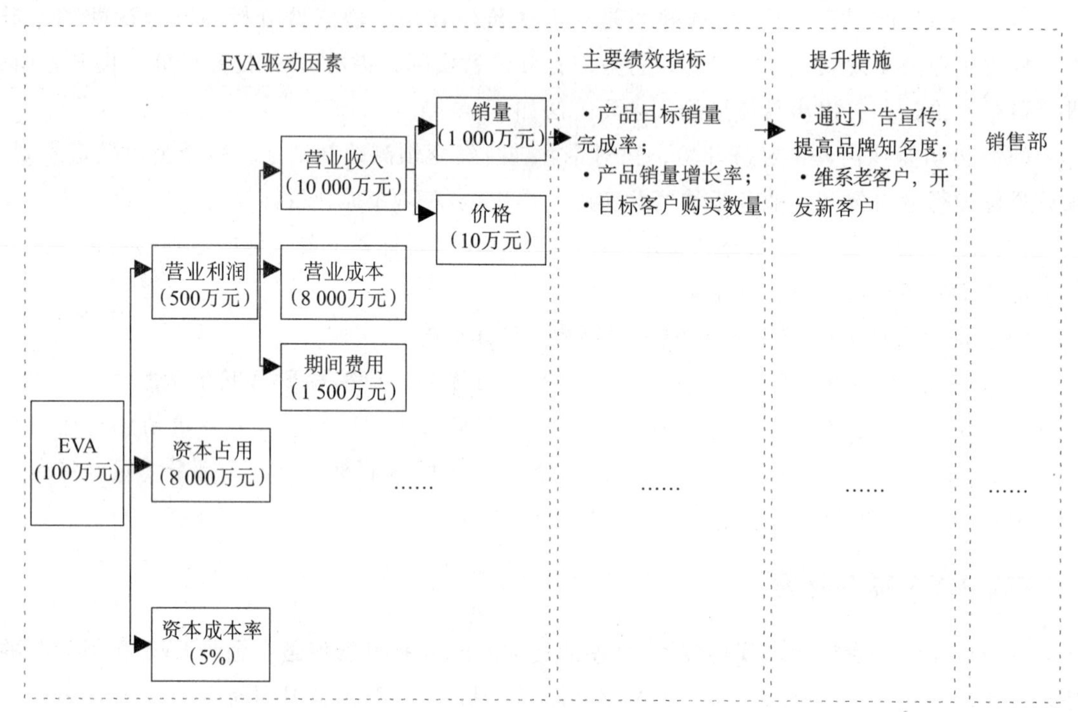

图 16－1－3－2　EVA 提升管理示例

企业应通过 EVA 提升管理来实现对 EVA 提升的目标管理和过程控制。企业在制定 EVA 提升目标后，通过计划预算、敏感性分析和 EVA 驱动路径表对 EVA 目标进行层层分解，设定各驱动因素的目标值，制定责任部门的绩效考核指标，通过业绩考核引导各责任部门开展各项提升价值的行动和措施，同时还应定期检查各驱动因素目标值的完成情况，及时采取措施改进，必要时应根据实际情况修订各驱动因素的目标值，确保实现 EVA 总体提升目标。

（二）EVA 提升管理方法

1. 编制 EVA 提升路径表。企业应根据价值诊断结论和敏感性分析结果，运用 EVA 价值驱动的运动机理，从影响企业 EVA 的关键因素和路径出发，层层分解 EVA 目标值，编制本企业 EVA 提升路径表。由于每个企业影响 EVA 的关键因素和驱动路径不完全相同，各企业在编制 EVA 提升路径表时应有所侧重，突出本企业 EVA 的关键提升路径。

附件 5 是通用的 EVA 提升路径图（见图 16－1－4－1）。图中，各驱动因素层层传递，最终影响企业 EVA 值。图中用深浅不一的色块标注了各 EVA 驱动因素的主要责任部门。本图仅是提供一个思路，未设定 EVA 目标值和各驱动因素目标值，企业可按照此思路编制本企业的 EVA 提升路径表，形式可参照附件 5 的“EVA 提升路径表”。

2. 制定绩效指标。对 EVA 提升目标按驱动因素进行分解后，企业应制定相应价值驱动绩效指标，包括财务层面绩效指标和非财务层面绩效指标，并落实各责任部门的绩效指标。

价值驱动绩效指标是指经营过程中影响 EVA 结果且能与企业内部单位、部门或个人责任挂钩的各种指标，一般应具有以下特征：一是价值驱动绩效指标应该是具体的，以保证其明确的牵引性；二是价值驱动绩效指标应该是可衡量的，必须有明确的衡量目标；三是价值驱动绩效指标应该是可以达到的，不能因指标的无法达成而使员工产生挫折感，但这并不否定其应具有挑战性；四是价值驱动绩效指标应该是相关的，必须与企业的战略目标、部门的职责和任务相关联；五是价值驱动绩效指标应该以时间为基础，即必须有明确的时间要求。

附件 6“EVA 提升管理模板”（见图 16－1－4－4～图 16－1－4－10）分别从销售、生产、管理、研发、采购、投资、融资 7 个业务或决策环节对 EVA 按驱动因素进行分解，制定相应价值驱动绩效指标和确定责任部门。该附件仅提供一个思路，未设定各 EVA 驱动因素目标值，也未设定绩效指标值。

企业可按照此思路制定价值驱动绩效指标和责任部门，在设定绩效指标时，应明确设定各绩效指标值，如“销售收入增长 10% 以上”，并将各绩效指标落实到各责任部门。

在制定各部门绩效指标时，有时存在某个指标几个部门共同承担责任的情况，这时应将该指标进行分解，分别制定各责任部门的指标，这些部门分指标共同完成才能实现该指标的完成。例如，材料成本降低 10%，生产部门、技术部门和采购部门都有责任，经过分解，生产部门、技术部门和采购部门分别承担降低任务的 45%、20%、35%，实现材料成本降低 10% 的目标。

3. 制定 EVA 提升措施。制定 EVA 提升措施的主要目的是指导各责任部门开展一些提升 EVA 的具体管理活动和制定行动措施，将 EVA 提升责任落实到相关部门的具体业务流程和管理活动，从而持续提升 EVA。附件 6“EVA 提升管理模板”，供企业参考。

4. 开展绩效考核。为确保 EVA 提升目标的实现，企业应在绩效考核体系中加强对各责任部门相应价值驱动绩效指标的考核，并与激励挂钩，考核指标不宜过多，但必须是关键和核心指标，包括财务层面绩效指标和非财务层面绩效指标。

（1）法人实体 EVA 中心考核。企业在制定对 EVA 中心的考核办法时，可以在兵器装备集团考核办法基础上灵活设计，以提高考核对各 EVA 中心在 EVA 提升方面的引导作用。主要可从以下几个方面着手：一是资本成本率。企业可以采取差异化的资本成本率进行考核。不同行业、不同风险水平的企业可采用不同的资本成本率。一方面能较公平地评价、考核和激励，另一方面能合理评价企业、项目和各项资源的价值创造能力，引导正确投资和资源配置。二是 EVA 计算中的会计调整。企业在进行考核时，可以增加一些 EVA 会计调整项目，更准确地反映价值创造情况。如可以在税后净营业利润中增加对技术改造和市场开发等资本化费用的调整，以鼓励企业加大对长期发展的业务投入；也可将当期计提的减值准备在扣除所得税的影响后加回到税后净营业利润中，同时还将资产减值准备的余额作为当期资本占用的一部分，加回到资本占用中去，以避免经营者的会计操纵行为，真实反映价值创造情况。此外，对一些社会原因造成历史负担很重的企业，对企业承担的历史负担支出扣除所得税的影响后加回到税后净营业利润中，对历史负担形成的资产不计入资本占用，等等。三是考核指标可以丰富化。由于 EVA 指标存在不同规模企业间缺乏可比性的缺陷，可以增加一些指标来弥补这一缺陷，如增加 EVA 占营业收入比、净资产 EVA 率等指标。

（2）非法人实体 EVA 中心考核。对企业内部 EVA 中心，企业应对各 EVA 中心设立合理的绩效指标进行考核，企业可将这些绩效指标作为企业对该部门综合考核的一部分指标，与综合考核一同开展。此外，对企业内部以分厂、车间为责任中心建立的 EVA 中心，还应引入“目标 EVA 值”进行考核，在企业对分厂、车间考核的内部绩效考核体系中对目标 EVA 指标赋予恰当的考核权重。

①企业内部 EVA 中心目标 EVA 值和实际 EVA 值计算公式：

目标 EVA 值 = 目标收入 - 目标成本 - 目标资本成本

实际 EVA 值 = 实际收入 - 实际成本 - 实际资本成本

②计算范围。

收入：EVA 中心从事生产、加工、劳务等价值活动取得的收入或转移的价值。

成本费用：EVA 中心为生产产品或提供劳务而发生的成本费用，包括材料、人工成本、燃动费用、制造费用、专用工装、废品损失等成本费用。

资本成本：EVA 中心占用资源应承担的资本成本。EVA 中心占用资源是该中心可以控制和计量的资源，一般包括：该中心组织和开展生产占用的厂房、机器设备等固定资产（含大修理支出），该中心期末留存的原材料、低值易耗品、在制品库存等存货资产。

③计算方法。通过计算内部 EVA 中心的收入、成本费用和占用资源资本成本计算该中心直接创造的 EVA。计算公式为：

EVA = 内部收入 - 内部成本费用 - 内部资源资本成本

其中，内部收入 = 该 EVA 中心（车间）向下一个 EVA 中心（车间）交付的完工产品数量 × 内部转移价格 + 该 EVA 中心生产的直接对外出售的产品数量（劳务）× 市场价格。

核算 EVA 中心内部收入时，价格按两种情况计算：如果产品、劳务是直接对外出售的，按市场价格进行计算；如果产品、劳务是企业内部流转的，按企业规定的内部转移价格计算。

内部成本费用 = 材料 + 人工成本 + 燃动费用 + 制造费用 + 废品损失 + 专用工装

以上成本费用项目可按企业成本核算方法核算出各项目实际成本费用。

内部资源资本成本 =（占用的固定资产净值 + 期末存货）× 资本成本率

占用的固定资产应按照“独立占用直接计入、共同占用合理分摊”原则计算。

第四节 工具方法评价

一、优点

EVA 提升工具可以指导企业将 EVA 提升目标落实到各责任部门，制定各责任部门的绩效指标和关键措施，通过有效考核，确保 EVA 提升目标实现，并建立起价值创造长效机制，具体表现如下：

EVA 提升工具可以通过敏感性分析的量化结果锁定收入、成本费用、应收账款、存货、固定资产为影响显著的驱动因素，找到提升 EVA 的关键增长点，提出有针对性的改进措施和解决办法。

EVA 提升工具将 EVA 目标落实到各责任部门的绩效指标和具体活动；要通过 EVA 中心管理，合理划分各级 EVA 中心不同价值管理权责，在考核的激励和约束作用下实现各级 EVA 中心的 EVA 增长，最终提升企业整体价值创造能力。

EVA 提升工具可以使得企业合理控制成本、提高成本效益，通过推行和实施全价值链成本管理工具和方法，优化企业价值链，降低企业价值链上各环节成本，实现总成本最优，从而实现 EVA 的持续提升。

二、缺点

EVA 提升工具的推行考验的是企业领导的格局魄力、自上而下的沟通能力，以及企业的培训能力、财务力量、办公信息化水平等。EVA 提升实施起来比较复杂。

要实现 EVA 持续提升，需要提高认识，科学规划，企业各层级人员特别是领导应深刻认识 EVA 提升管理的重要性、必要性。但是，目前很多企业的人员，甚至是领导对于 EVA 的认识也仅限于一个事后的财务指标，不能从 EVA 价值诊断中找到影响因素，确定提升方向、关键环节和具体措施。全面提升 EVA 还需要通过 EVA 中心层层分解 EVA 提升目标，把 EVA 提升管理理念渗透给每一个部门和每一个员工，这是一项漫长而艰巨的任务，也是阻碍 EVA 提升的一个关键因素。

EVA 提升工具是一个易于理解的概念，将其恰当融入一家公司的管理系统却非易事，需要有很强的技术力量作为后盾。首先，EVA 提升体系的设计既要满足精确反映企业生产经营环节的要求，又要能以简单易懂的形式被企业各层人员接受。其次，EVA 系数的测算需要有强大的数据库和相关行业的一些关键性数据才可能准确，如果 EVA 价值诊断值不准确，那么由此制定 EVA 提升目标、提升路径也就没有了意义。

附件 1 EVA 计量

表 16－1－4－1

EVA 计量表

单位：万元

序号	项目						本年预算	本年实际	上年同期
	1	2	3	4	5	6	7	8	9
1					主营业务利润	主营业务收入			
2						主营业务成本			
3					0 0 0	主营业务税金及附加			
4				营业利润	+ 其他业务利润	其他业务收入			
5					0 0 0	其他业务成本			
6				0 0 0	− 期间费用	管理费用			
7			净利润			销售费用			
8			0 0 0		0 0 0	财务费用			
9		税后净营业利润		+ 非营业利润		营业外收支净额			
10		0 0 0				投资收益			
11					0 0 0	其他			
12				− 所得税	0 0 0	所得税			
13			+ 调整因素×(1−25%)			研究开发费用调整数			
14						非经常性收益调整数			
15					0 0 0	利息支出			
16						货币资金			
17						存货			
18	EVA					应收票据			
19	0 0 0				流动资产	应收账款			
20						预付账款			
21						其他应收款			
22					0 0 0	其他			
23						固定资产			
24		−资本成本	资本占用	资本占用	+ 非流动资产	在建工程			
25						无形资产			
26		0 0 0	0 0 0	0 0 0	0 0 0	其他			
27						应付票据			
28					− 无息流动负债	应付账款			
29						预收账款			
30						其他应付款			
31					0 0 0	其他			
32				− 调整因素	在建工程	在建工程			
33					0 0 0				
34			×资本成本率						

附件 2 EVA 敏感性计量

表 16－1－4－2　　**EVA 敏感性计量表**　　单位：万元

序号	项目 1	项目 2	项目 3	项目 4	项目 5	项目 6	基期数X 7	X×(1+ΔX) 8	敏感性系数(λ) 9	变化ΔX(%) 10
1					主营业务利润	主营业务收入		0		
2						主营业务成本		0		5%
3					0 0	主营业务税金及附加		0		
4				营业利润	+ 其他业务利润	其他业务收入		0		
5					0 0	其他业务成本		0		
6				0 0	− 期间费用	管理费用		0		
7			净利润			销售费用		0		
8		税后净营业利润	0 0		0 0	财务费用		0		
9				+ 非营业利润		营业外收支净额		0		
10		0 0				投资收益		0		
11					0 0	其他		0		
12				− 所得税	0 0	所得税		0		
13			+ 调整因素×(1−25%)			研究开发费用调整数		0		
14						非经常性收益调整数		0		
15					0 0	利息支出		0		
16					流动资产	货币资金		0		
17						存货		0		
18	EVA					应收票据		0		
19	0 0					应收账款		0		
20						预付账款		0		
21						其他应收款		0		
22					0 0	其他		0		
23					+ 非流动资产	固定资产		0		
24		−资本成本	资本占用	资本占用		在建工程		0		
25						无形资产		0		
26		0 0	0 0	0 0	0 0	其他		0		
27					− 无息流动负债	应付票据		0		
28						应付账款		0		
29						预收账款		0		
30						其他应付款		0		
31					0 0	其他		0		
32				− 调整因素	在建工程	在建工程		0		
33					0 0					
34			×资本成本率							

附件 3 EVA 敏感性分析

表 16－1－4－3

EVA 敏感性分析表

单位：万元

序号	项目 1	项目 2	项目 3	项目 4	项目 5	项目 6	基期数 7	本期数 8	ΔX 9	敏感性系数(λ) 10	对EVA变化ΔEVA 11
1					主营业务利润	主营业务收入			0	12.00	0%
2						主营业务成本			0		
3					0 0	主营业务税金及附加			0		
4				营业利润	+ 其他业务利润	其他业务收入			0		
5					0 0	其他业务成本			0		
6				0 0	− 期间费用	管理费用			0		
7			净利润			销售费用			0		
8		税后净营业利润	0 0		0 0	财务费用			0		
9				+ 非营业利润		营业外收支净额			0		
10		0 0				投资收益			0		
11					0 0	其他			0		
12				− 所得税	0 0	所得税			0		
13			+ 调整因素×(1-25%)			研究开发费用调整数			0		
14						非经常性收益调整数			0		
15					0 0	利息支出			0		
16					流动资产	货币资金			0		
17						存货			0		
18	EVA					应收票据			0		
19	0 0					应收账款			0		
20						预付账款			0		
21						其他应收款			0		
22					0 0	其他			0		
23		−资本成本	资本占用	资本占用	+ 非流动资产	固定资产			0		
24						在建工程			0		
25						无形资产			0		
26		0 0	0 0	0 0	0 0	其他			0		
27					− 无息流动负债	应付票据			0		
28						应付账款			0		
29						预收账款			0		
30						其他应付款			0		
31					0 0	其他			0		
32				− 调整因素	在建工程	在建工程			0		
33					0 0						
34			×资本成本率								

附件 4 EVA 价值诊断报告大纲（参考）

第一部分 企业基本情况

简单描述企业的历史沿革、组织结构、主要产品、战略地位、发展规划等基本情况。

第二部分 宏观政策和行业形势对企业的影响

对影响企业价值创造能力的宏观环境及行业情况进行简单分析，包括经济、技术、社会等宏观环境及相关宏观政策变化和对企业的影响，分析企业所处行业（细分市场）整体发展趋势、竞争态势、获利状况及技术发展趋势，重点是分析主要竞争对手情况、客户消费倾向变化、行业整体盈利变动等情况。

第三部分 企业价值创造能力评价

（一）计算企业当期和历史 EVA 值、与行业对标指标情况，评价企业整体、所属子公司和各业务板块价值创造能力。

（二）企业当期敏感性计算结果，各项价值驱动项目的敏感度排序，各项价值驱动项目对 EVA 的影响变动值排序，哪些因素在创造价值，哪些因素在破坏价值。

第四部分 企业 EVA 增减原因分析

（一）从财务数据方面进行原因分析，包括企业整体和分业务板块财务数据分析。主要从销售收入、费用、利润总额、资产等主要财务指标来分析，并分析宏观经济政策和行业形势对企业整体或分业务板块的影响。

（二）深入销售、生产、管理、投资等业务环节进行原因分析，对企业整体和所属子公司或所属各业务板块的增减原因进行详细分析。

第五部分 总结及改进措施

总结企业面临的主要矛盾和问题，提出 EVA 提升可选的解决办法和相应改进措施。

第六部分 企业 EVA 目标规划

在上述价值评价、敏感性分析和原因诊断的基础上，根据企业战略规划、预算目标、行业对标和经营实际，提出 EVA 提升目标、提升方向，进行可行性研究，并提出具体措施。

附件 1. 各年度财务报表（略）
2. 各年度 EVA 计算表（略）
3. EVA 敏感性计算表（略）
4. EVA 敏感性分析表（略）
5. 有关行业对标资料（略）
6. 企业发展规划、预算资料（略）

附件 5

1. EVA 提升路径图

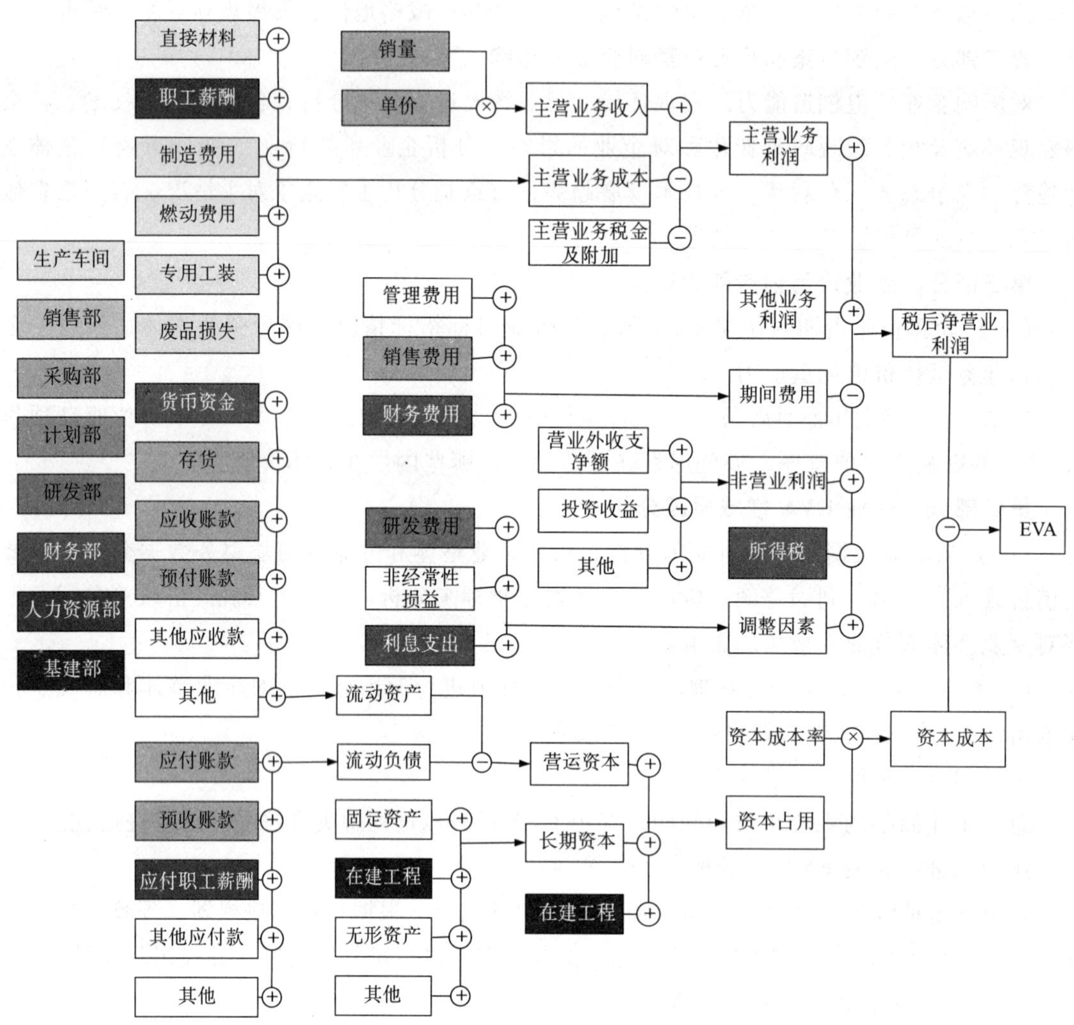

图 16－1－4－1 EVA 提升路径图

2. EVA 提升路径表（主营业务利润）

表 16－1－4－4　　　　**EVA 提升路径表**　　　　单位：万元

序号	项目						产品1		产品2		……	
				基期值	提升目标值		基期值	提升目标值	基期值	提升目标值	基期值	提升目标值
	1	2	3	4	5	6	7	8	9	10	11	12
1	主营业务利润		主营业务收入	0	0	销 量						
2						价 格						
3			主营业务成本	0	0	直接材料						
4						职工薪酬						
5						制造费用						
6	0	0				燃动费用						
7						专用工装						
8						废品损失						
9			主营业务税金及附加	0	0	主营业务税金及附加						

附件6 EVA提升管理模板

模板1

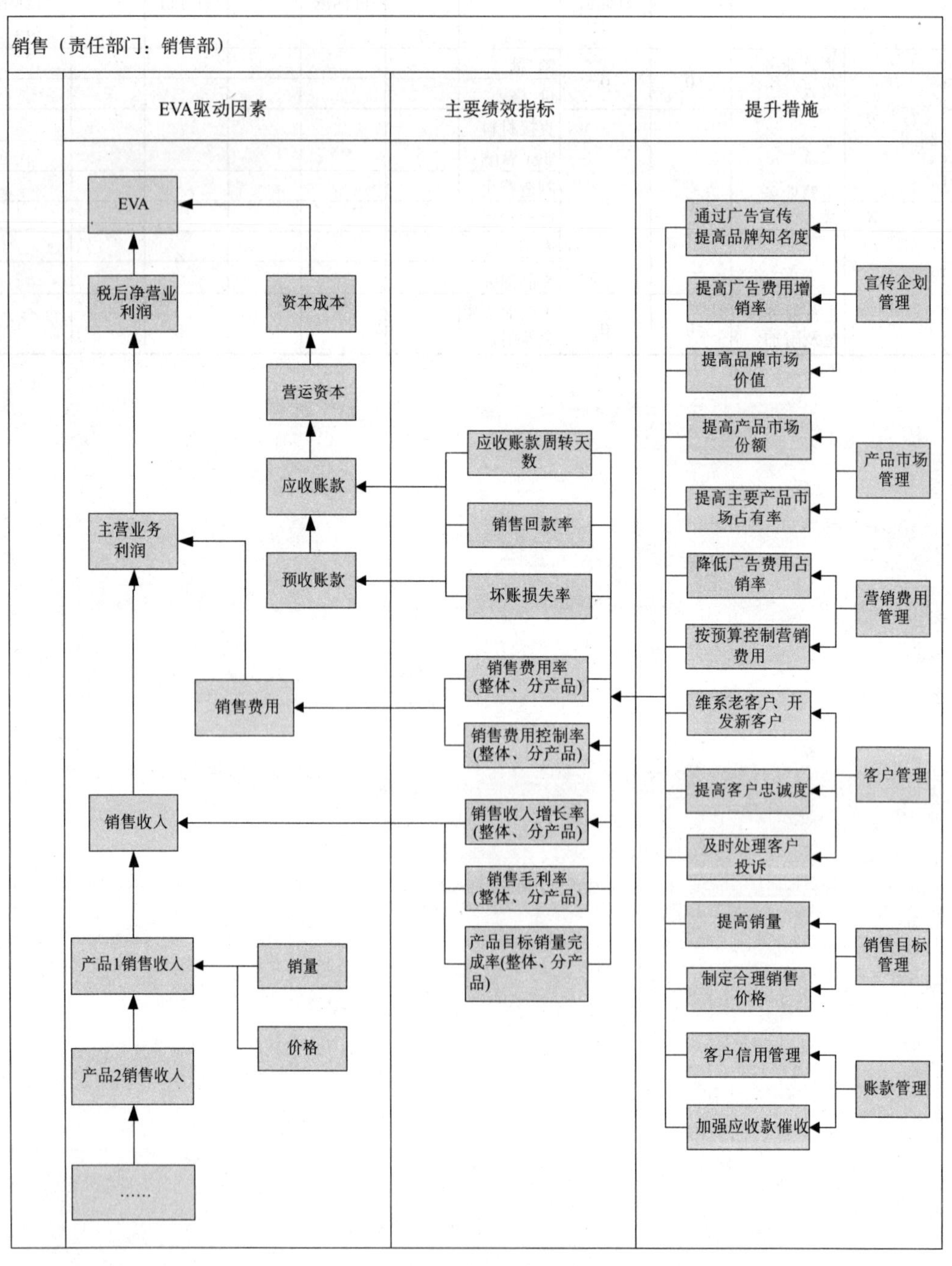

图16-1-4-4 EVA提升管理模板（销售部）

模板 2

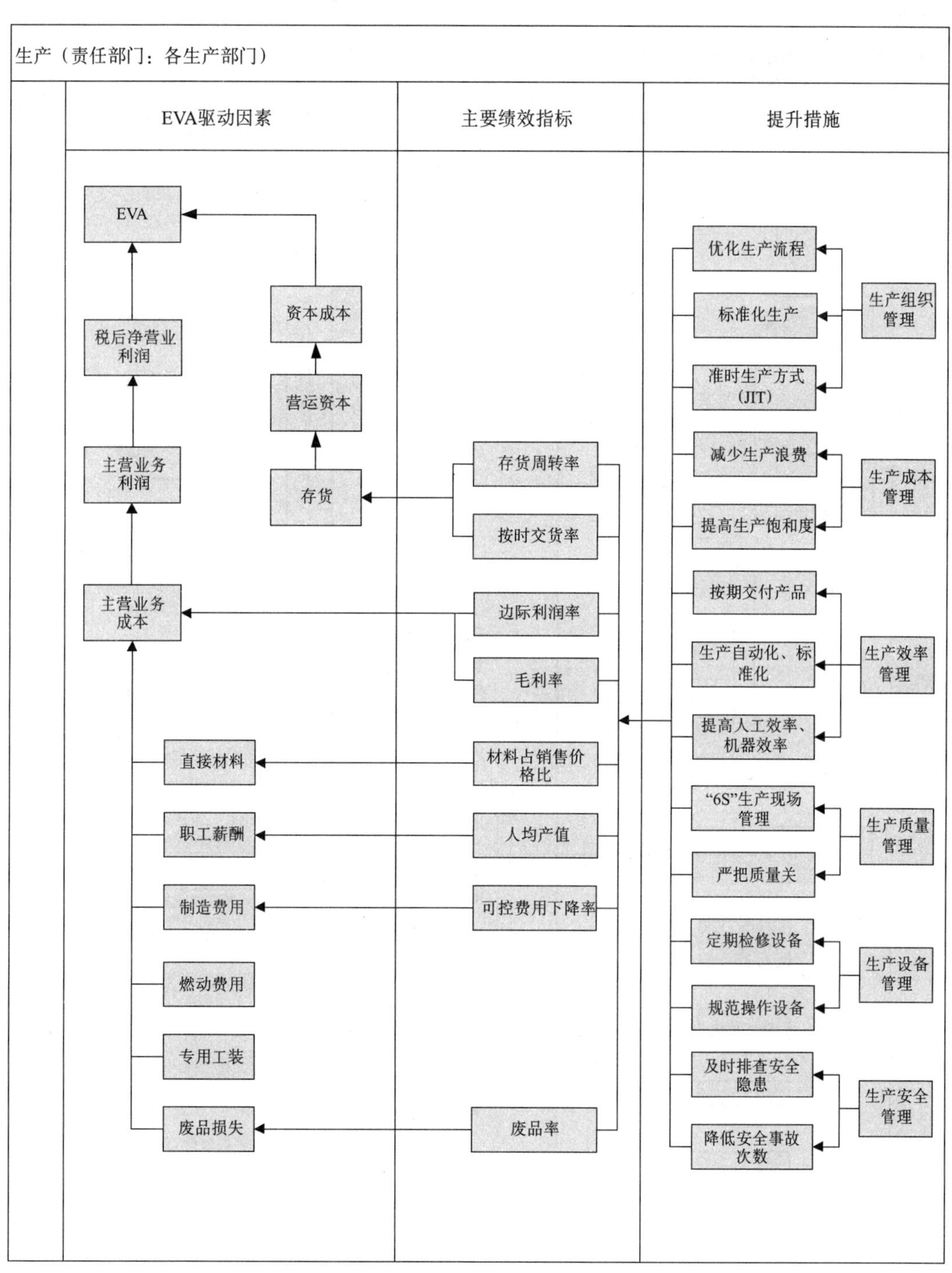

图 16－1－4－5　EVA 提升管理模板（生产部门）

模板 3

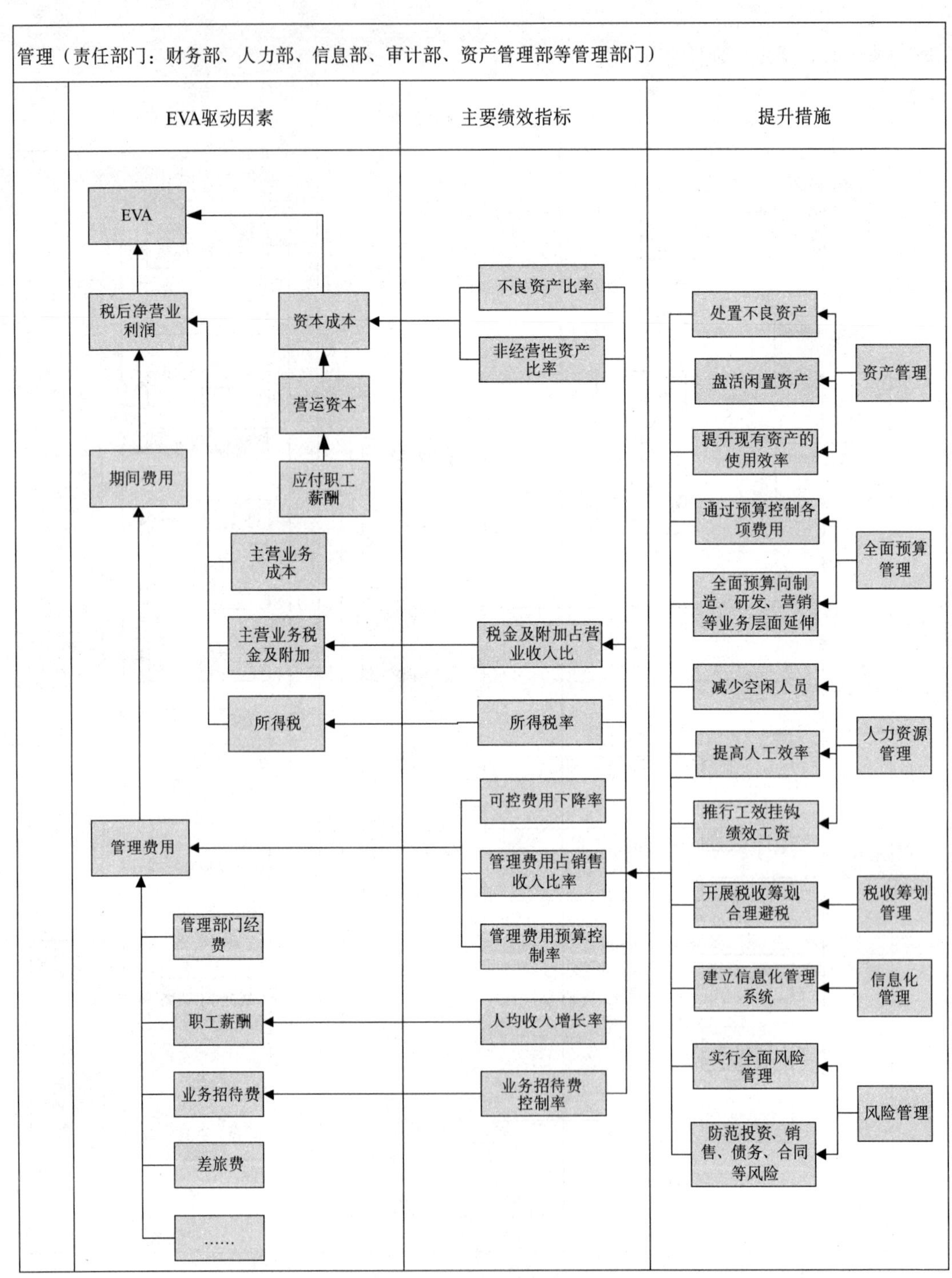

图 16－1－4－6　EVA 提升管理模板（财务部等）

模板 4

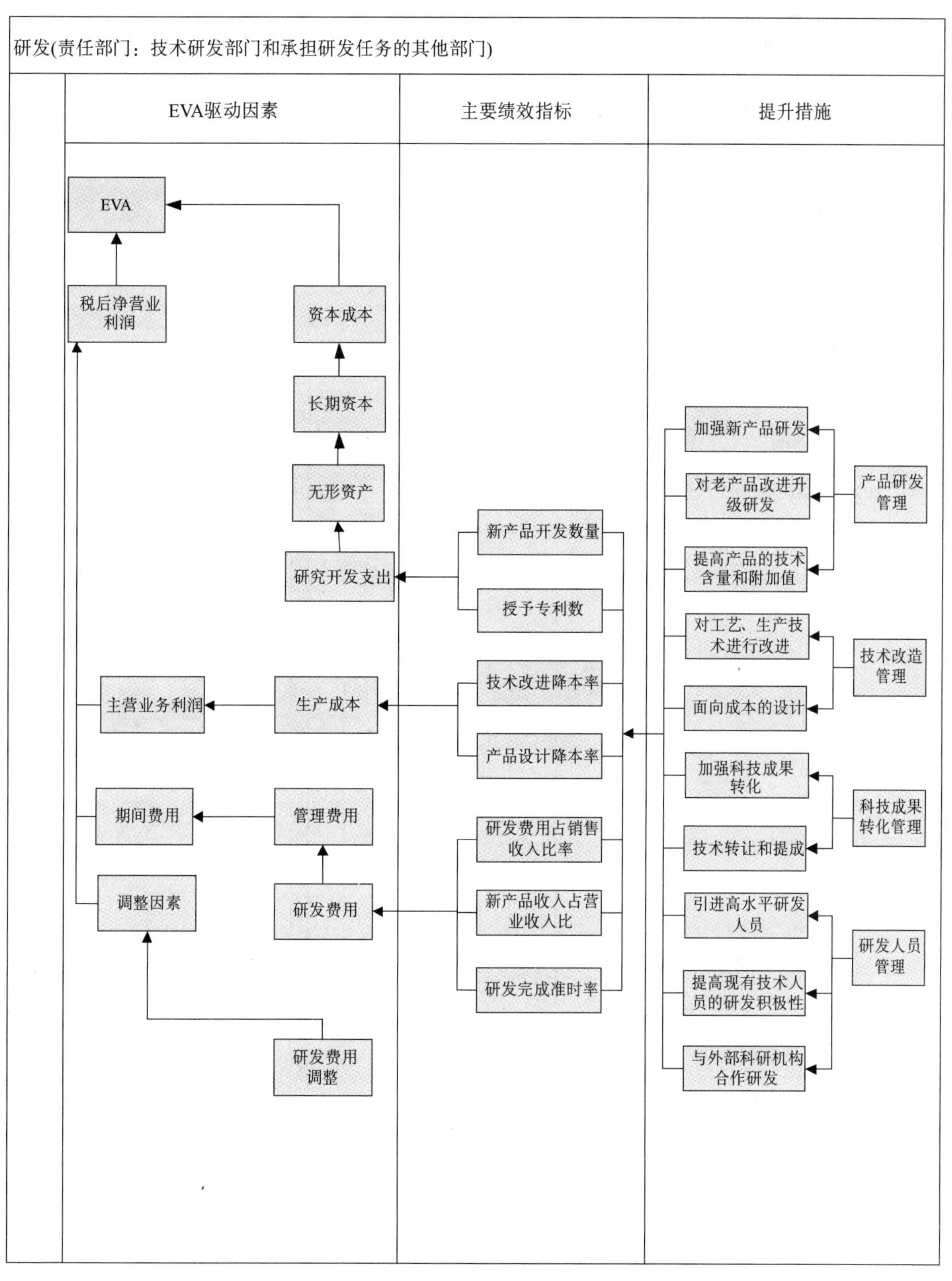

图 16－1－4－7 EVA 提升管理模板（技术研发部门等）

模板 5

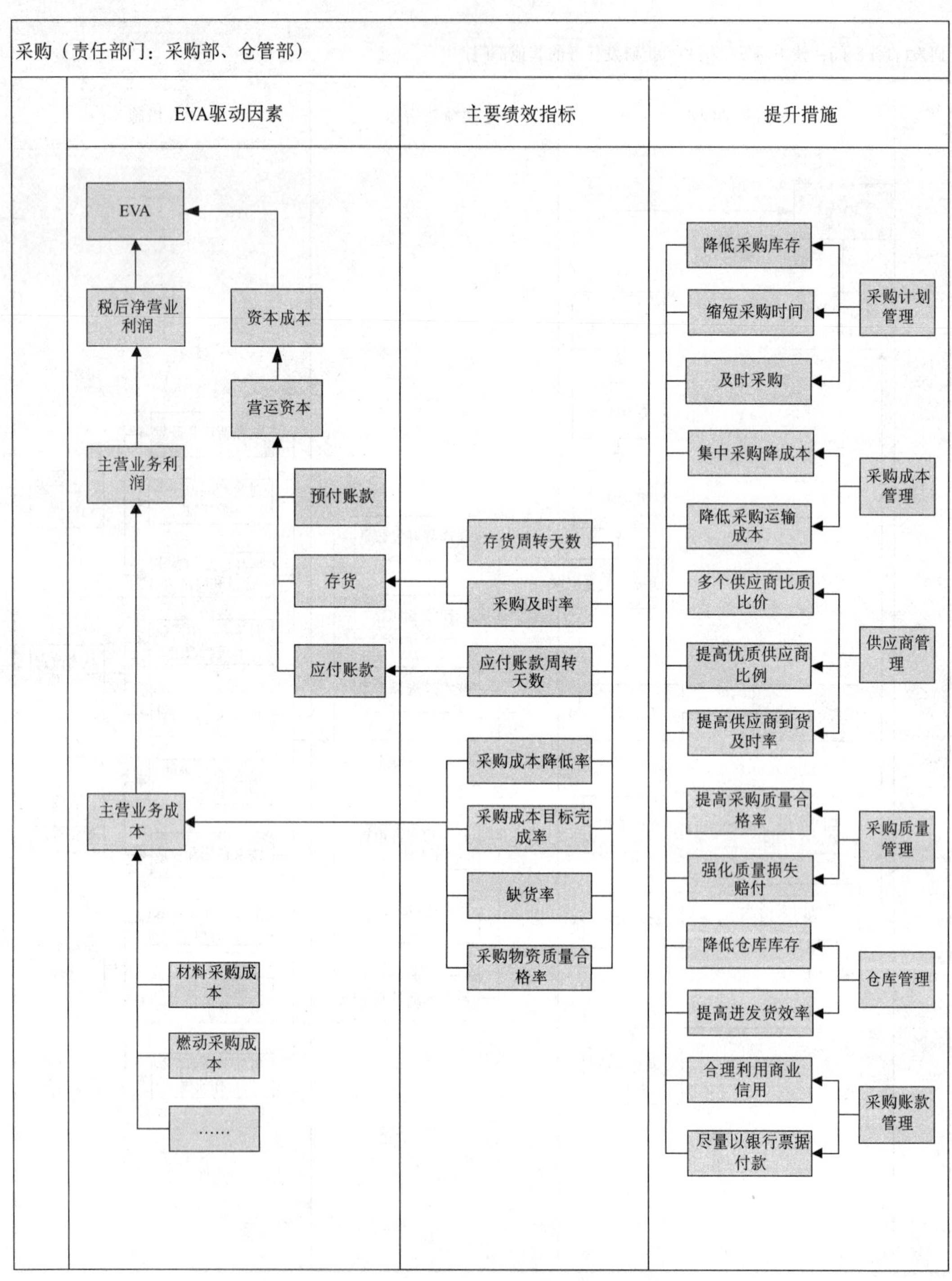

图 16－1－4－8　EVA 提升管理模板（采购部等）

模板 6

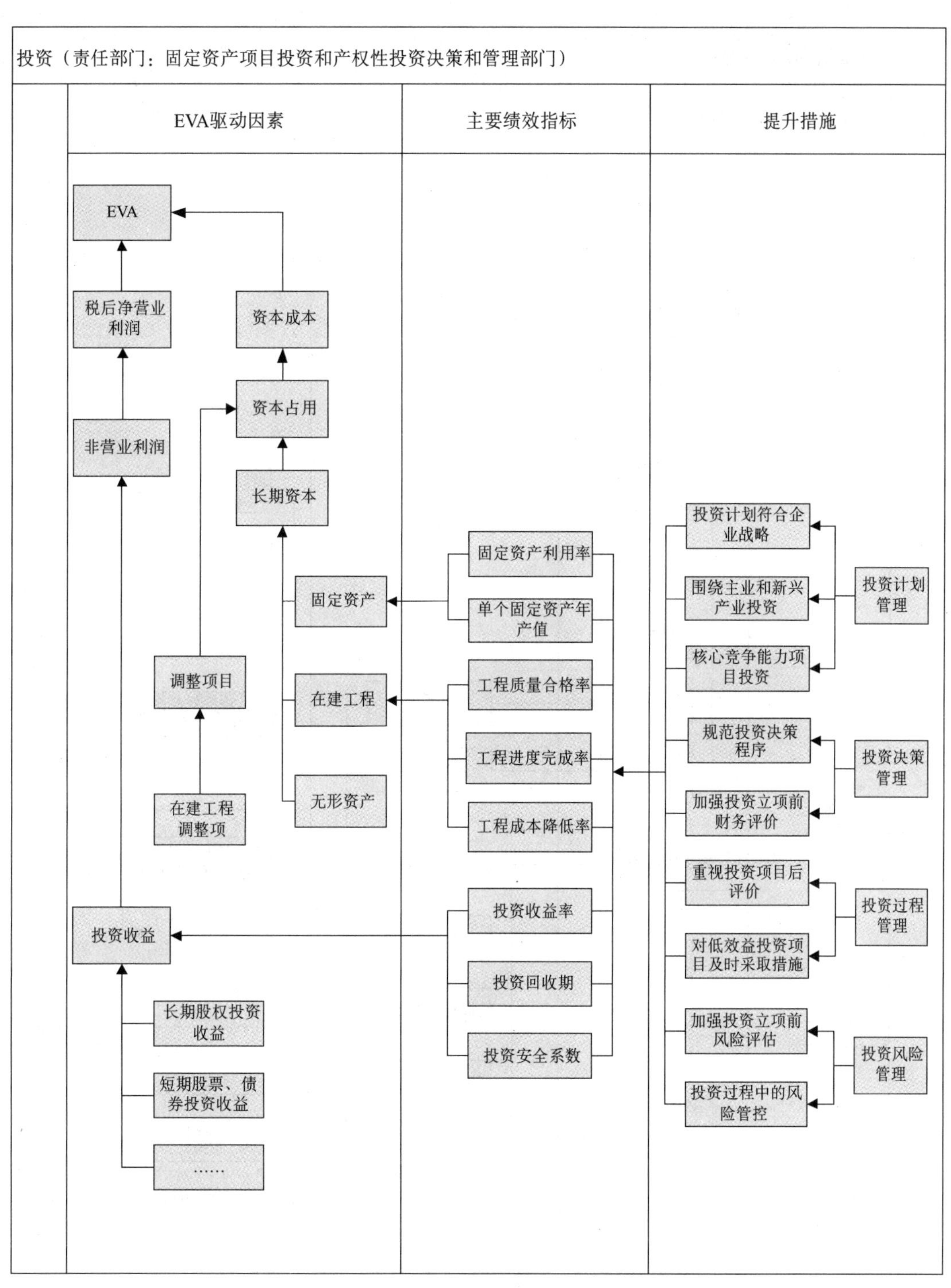

图 16－1－4－9　EVA 提升管理模板（固定资产项目投资等部门）

模板 7

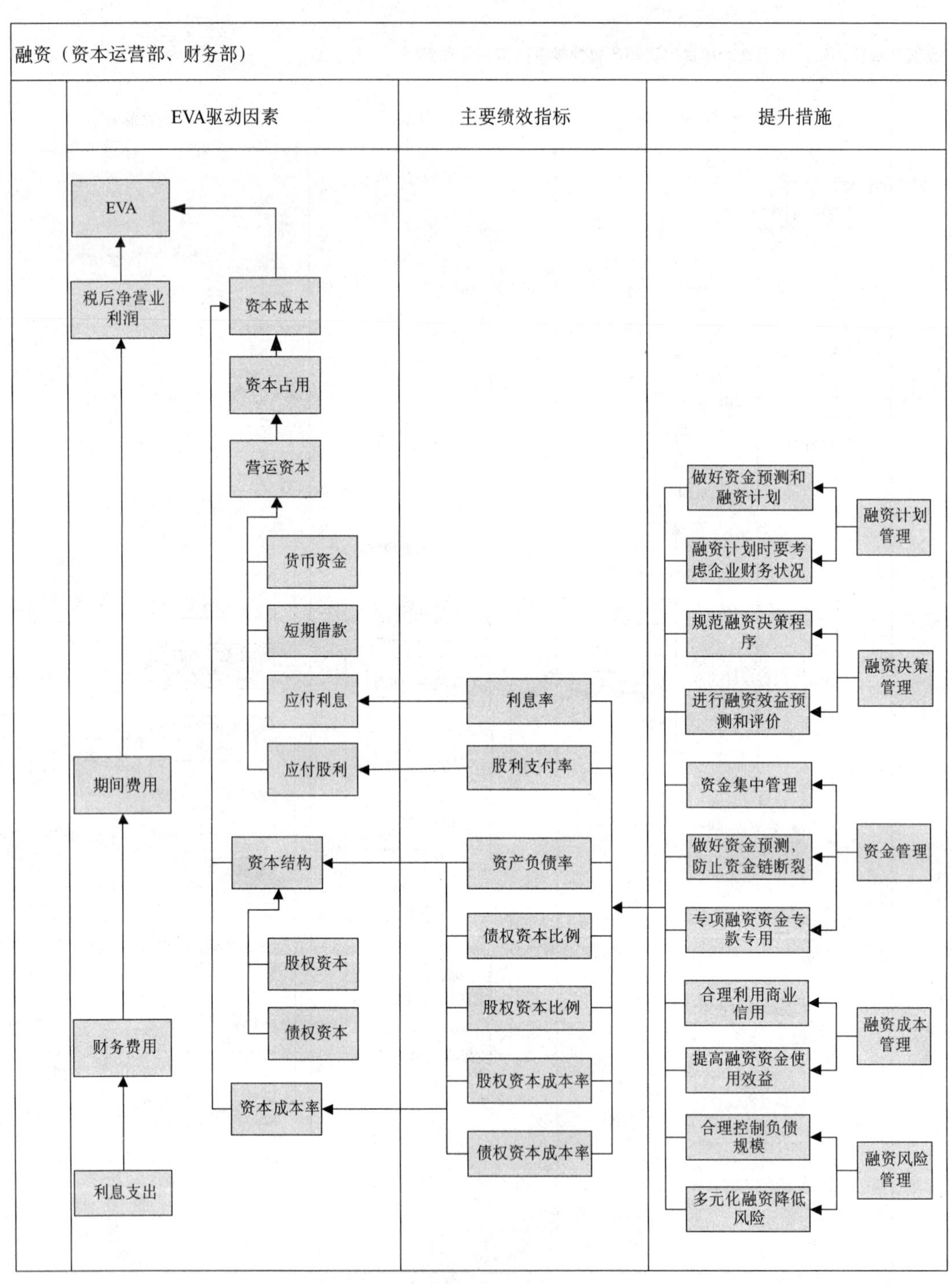

图 16－1－4－10 EVA 提升管理模板（资本运营部等）

第二章　管理会计案例——EVA提升

案例一　望江工业——风电齿轮箱 EVA中心建设与探索

改革开放以来，重庆望江工业有限公司（以下简称“望江工业”）始终坚持“军民结合”的方针，已形成以特种装备和风电齿轮箱为主体的两大主业板块。特别是近几年来经过市场调研、技术开发、产线投资及产品制造，公司风电齿轮箱产业全面建成500台产线，产品谱系覆盖1.5兆瓦~5.0兆瓦等多兆瓦级。基于此，望江工业依据自身特点和发展状况导入EVA管理工具，提出建立基于价值创造能力提升的EVA管理体系，以“全流程、业财融合式的体系建设”“财务信息化建设”为抓手，总体策划推进方案，从确定EVA驱动因素、合理划分EVA中心、明确责任主体，到实施EVA诊断分析、编制驱动路径表、寻找关键因素、制定EVA提升举措，再到构建以EVA为核心的指标体系，深入开展指标差异分析，建立EVA专项预算制度并与全面预算结合，实施闭环管理和动态提升，建立系统的EVA业绩评价考核体系，通过EVA管理工具运用，打造更具智慧型特点企业，驱动企业进一步解放思想、转变观念、拓展视野，创新企业盈利模式，加强技术创新，为顾客创造价值，培育望江齿轮箱的综合价值创造能力，从而实现企业价值最大化目标。望江工业以2.5兆瓦、3.0兆瓦、5.0兆瓦等大兆瓦级、高盈利性风电齿轮箱产品为主，2016年风电齿轮箱产业累计实现销售收入3.01亿元，利润总额1 500余万元。

一、背景描述

（一）单位基本情况

望江工业是兵装集团直属独资大型一类企业，1933年始建于广东省清远县，1938年内迁重庆市，2003年实施公司制改革。公司占地面积10.45平方公里，注册资本12.9亿元，总资产60余亿元，各类加工检测设备2 500余台（套），具有强大的综合机械加工制造能力和生产检测能力。公司本部有职工2 500余人，各类专业技术人员1 000余人，拥有国家“千人计划”专家1人、兵装集团科技带头人3人、技能带头人2人，为公司科研生产提供了强力支撑。

新时期，公司坚持以市场为导向，率先研制了具有完全自主知识产权、达到国际先进水平、适应不同海拔高度和海陆应用环境的1.5兆瓦~5.0兆瓦风电齿轮箱产品谱系，产品覆盖华北、东北、西北、西南等17个省、直辖市，成功进入国内风电齿轮箱行业第一梯队。

通过持续快速发展，望江工业经济规模和综合实力不断增长，企业贡献力和影响力大幅提升，2016年实现营业收入17亿元。公司拥有重庆市认定的企业技术中心和国防科工局认定的国防工业技术中心，是重庆市高新技术和创新型试点企业，建有省级博士后科研工作站，并连续多年被评为“中国机械500强”“重庆市工业企业50强”企业，获重庆市国企贡献奖、重庆市文明单位标兵等诸多殊荣，正稳步朝着军民融合、协调发展优质企业迈进。

（二）管理状况及存在的主要问题

前期，望江工业EVA组织体系是三级中心，第一级为公司，第二级为事业部，第三级为客户。公司风电齿轮箱产品的客户差异较大，产品定制化程度较高，每个型号产品对应一个客户，将组织机构作为EVA中心的传统管控模式不适应产业特点，因每个型号产品或客户占用的资源差异较大，用单一利润指标衡量客户或产品盈利能力已无法真实、准确反映资源占用情况，现有管理体系已无法为经营决策提供有效支撑。为了更好地推进公司新兴产业发展，提升价值创造能力，公司原有的EVA管理工具必须进一步深入运用。

（三）选择“EVA提升”工具方法的主要原因

1. 产业板块地位日益凸显。望江工业风电齿轮箱产业从最初的引进吸收到现在的自主创新，从最初的样机研发到现在的批量生产，从最初的1.5兆瓦单一兆瓦系列到现在的1.5兆瓦~5.0兆瓦多兆瓦的产品谱系，从最初的单一客户到现在的形成了以海装、明阳为主，华仪、华创、上电、中车为辅的客户群，从最初的样机挂机运行到现在的批量供货运行。2014年4月，望江工业成立了专业化的运营机构——齿轮箱事业部，建立起一支专业化的，集研发、营销、生产、质量为一体的管理团队，迈向望江风电齿轮箱产业发展的新纪元。2015年、2016年，望江工业风电齿轮箱可执行订单均达500余台。2017年受风电行业整体装机容量下滑影响，实现风电齿轮箱产品销售300余台。截至2017年底，望江工业风电齿轮箱产业收入占公司民品产业的比重达70%，是公司民品产业板块的第一主业，在公司发展战略中具有举足轻重的地位，对EVA工具的运用提出了诉求。

2. EVA提升工具方法适合产业特点。望江工业风电齿轮箱产业呈现“长、重、大、集、少”五大特点。“长”：齿轮箱产业从2008年开始，经过9年的时间，全面建成500台生产能力的生产线；“重”：产能建设和技术研发累计投资已超过6亿元；“大”：齿轮箱产品价值大，单台平均售价在100万元以上；“集”：客户集中度高；“少”：产品型号少，每兆瓦级仅有一个基本型。公司风电齿轮箱产业的这些特点为EVA工具的运用提供了前提。

基于上述产业背景、特点，以及原有三级EVA管理中心的体系层级缺陷，为适应公司齿轮箱产业发展的需要，准确分析投入产出效益，望江工业EVA管理工具亟待深化，助推公司整体价值提升。

二、总体设计

（一）应用“EVA 提升”工具方法的目标

望江工业应用“EVA 提升”工具方法的目标是：全面引入 EVA 提升管理理念，以 EVA 提升管理为导向贯穿全过程，综合运用全面预算、标准成本等其他管理会计工具，寻找 EVA 提升的关键增长点，健全 EVA 评价指标和动态闭环管理机制，拟定总体规划方案，争取在近几年的时间内，依计划、按目标、分节点完成公司现有 EVA 中心全体系的建设目标。

（二）应用“EVA 提升”工具方法的总体思路

为适应风电齿轮箱产业发展的迫切需求，望江工业站在“服务战略、融合业务、聚焦资金、管控风险”的财务定位上提出“124”的 EVA 中心建设总体思路，即以“提升产业盈利能力”为目标，以“产品和客户”为核心，以“公司、事业部、客户、型号”四级中心为管理体系，大力实施管理下沉，逐步提升产业价值管理能力和价值创造能力。

（三）“EVA 提升”工具方法的内容

“EVA 提升”工具方法的主要内容：一是确定 EVA 驱动因素（包括 EVA 驱动因素筛选、EVA 驱动因素分解等）；二是合理划分 EVA 中心（客户和产品），明确责任主体；三是开展 EVA 诊断分析，编制驱动路径表，寻找关键因素，制定 EVA 提升举措；四是构建以 EVA 为核心的指标体系（关键价值驱动因素），深入开展指标差异分析（预算差异、纵向和横向差异、重大专项差异），建立 EVA 专项预算制度并与全面预算结合，实施闭环管理和动态提升；五是建立系统的 EVA 业绩评价考核体系（列入 KPI 绩效评价体系、强化过程管理、加强激励和约束），将 EVA 提升目标与绩效指标结合，强化 EVA 考核，通过评价考体系确保 EVA 管理各项提升工作有效落实。

（四）应用“EVA 提升”工具方法的创新

按照可控性、渐进性、激励性、易操作的原则，望江工业建立了 4 级 EVA 中心。首先，公司为第一级 EVA 中心，事业部为第二级 EVA 中心。其次，由于风电齿轮箱产品客户差异较大，产品定制化程度较高，每个型号对应一个客户，齿轮箱事业部下增设了客户和产品两级 EVA 中心。其中，产品级是最基本的 EVA 中心，也是 EVA 价值管控、提升的基础。通过产品级的汇总，形成客户级的 EVA 指标，辅助制定客户策略，如向盈利客户销售更多的盈利产品，减少亏损客户的订单，或者签订有利的订单等。对二级 EVA 中心，即齿轮箱事业部级的 EVA 指标主要用于把握关键驱动因素，锁定需改进的因素，采取管控手段引导价值增值。望江公司 4 级 EVA 中心架构见图 16－2－1－1。

三、应用过程

（一）组织机构及应用方式

望江工业立足风电齿轮箱产业板块，依托齿轮箱事业部成立了 EVA 工具深化运用推进项目办公室，紧紧围绕“124”的 EVA 中心建设思路，以“提升产业盈利能力”为目标，以“产品和客户”为核心，以公司、事业部、客户、型号 4 级中心为管理体系。

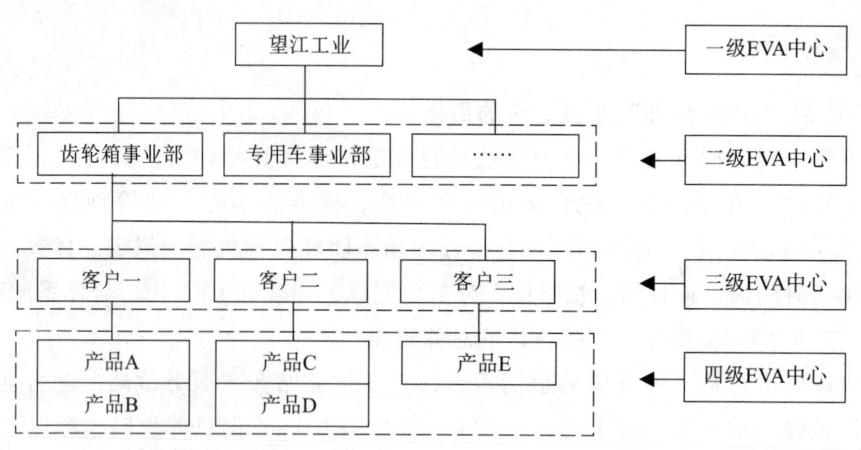

图 16-2-1-1 望江公司四级 EVA 中心架构图

（二）参与部门和人员

望江工业确定以 EVA 工具深化运用推进项目办公室（挂靠财务部）为牵头部门，齿轮箱事业部下属的综合管理部、生产制造部、技术质量部、市场营销部、16 车间、25 车间、32 车间、41 车间等为主体，以及其部门或单位主管领导为第一责任人，具体业务人员为骨干的运作模式。

（三）资源、环境及信息化条件等部署要求

望江工业全面导入 EVA 管理理念，以“全流程、业财融合式的体系建设”“财务信息化建设”为抓手，总体策划推进方案，在公司将风电齿轮箱产业列入主业，以及风电市场整合及复苏的环境下，充分利用现有资金、设备、厂房、人力等资源，大力结合公司预核算、标准成本、物流及合同等信息化推进工作，突破业务流程、数据获取及精准度阻力，实施管理下沉，逐步提升产业价值管理能力和价值创造能力。

（四）具体应用模式和应用流程

1. EVA 驱动因素筛选和分解。划分 EVA 中心，合理计算 EVA 值是利用 EVA 工具进行企业价值管理的前提。结合风电齿轮箱产业资源占用情况以及盈利要素两大关系 EVA 指标测算的动因类别，梳理筛选出共计 17 项驱动因素，其中构成税后净利润的驱动因素 6 项，构成资本成本占用的驱动因素 11 项。由于 EVA 值的计算涉及资产负债表和利润表的多个项目，风电齿轮箱事业部的财务核算系统处于逐步完善期，获取计算产品层级的 EVA 指标的各项目的条件还不具备，需要按照一定的原则对各项资源进行分配。

（1）直接计入项目。在现有核算体系中，风电齿轮箱产品主营业务收入、主营业务成本、在制品、产成品均设置了产品项目的辅助核算，可直接取数计入各具体产品；应收票据、应收账款、预收账款可通过核算软件和辅助台账确认直接计入的产品。

（2）比例分摊计入项目。

①按产品材料定额比例分摊。风电齿轮箱的材料采购有两个特点：一是产品专用件大多外购，比例大、金额高，通用件自制，占比小、金额低；二是通用材料按批次购买，生产之

前不能确定与之对应的产品。因此，与材料相关的项目，如原材料、应付票据、应付账款、预付账款等，可以根据各产品材料定额的比例进行分摊。此外，短期借款项目主要核算齿轮箱事业部向公司借支的用于支付部分采购货款的事项，按照实质重于形式的原则，也应按照产品材料定额分摊。

②按销售收入比例分摊。营业税金及附加、期间费用是日常管理和销售等活动发生的，应当按照各产品的销售收入比例分摊。

③按产品资源占用比例分摊。齿轮箱事业部在建设期投入的生产线是为年产 500 台齿轮箱配置的，该生产线主要由粗加工、精加工、热处理、总装总调等组成，其产品的产线利用主要视市场销量而定，在公司现有客户布局的基础上，齿轮箱产线利用率维持在 80% 左右，产能利用合理性有待提升，后续齿轮箱产品将在巩固现有 2.0 兆瓦 ~3.0 兆瓦级等机型的基础上逐步向 5.0 兆瓦级以上的海上大兆瓦级机型发展，充分发挥现有产线能力，同时根据产品市场行情稳步推进后续产线能力建设。

结合前述产线利用率分析，以及基于作业成本法和价值管理理念，公司已销售的齿轮箱、所耗用的资源只占前期战略投资的一部分，因此不应承担所有固定资产占用的资本成本。加之目前公司齿轮箱产品机型主要集中在 2.0 兆瓦 ~3.0 兆瓦级，且每台齿轮箱的工时定额、加工系数基本一致，占用资源也基本相同，公司现阶段各产品资源占用选择“产品固定资产占用 = 齿轮箱事业部固定资产占用 ÷500 × 产品销量”公式计算得出。

2. 资本成本率核定。资本成本是 EVA 的核心理念，齿轮箱事业部的资本成本率采用定量计算和定性分析的方式确定。

（1）定量判断：加权平均资本成本率 =（债务资本成本率 × 债务占总资本比例） ×（1 - 所得税率） +（权益资本成本率 × 权益占总资本比例）。

①债务资本成本率。按一年期银行贷款利率核定，取 4.35%。

②权益资本成本率。按公司历史净资产收益率，取 5.09%。

③所得税率。公司享受西部大开发优惠政策，按 15% 计算。

④资本结构。债务资本占 28.7%，权益资本占 71.3%。

计算所得，加权平均资本成本率为 4.68%，取整为 4.7%。

（2）定性判断。确定 4.7% 作为齿轮箱事业部资本成本率主要受以下两个因素的影响：一是计算结果 4.7% 处于兵装集团特品企业与民品企业平均资本成本率区间；二是齿轮箱产业处于大力开拓市场、培育产业竞争力的关键阶段，科学设置较低的资本成本率有利于激励该产业持续发展。

此外，为确保 EVA 指标符合齿轮箱产业的发展情况，通过对市场环境、产业环境的持续评估，逐年对齿轮箱事业部适用的资本成本率进行确定。

3. 产品及客户 EVA 值。运用 EVA 计算表，分别得出 5 个产品（产品 A、产品 B、产品 C、产品 D、产品 E）以及 3 个客户（客户一、客户二、客户三）的 EVA 值（见表 16 - 2 - 1 - 1、表 16 - 2 - 1 - 2）。

表 16-2-1-1 产品 EVA 值

项目 \ 产品	产品 A	产品 B	产品 C	产品 D	产品 E
产品 EVA 率（%）					
产品 EVA（万元）					
税后净利润（万元）					
资本成本（万元）					
资本占用（万元）					
资本成本率（%）					

表 16-2-1-2 客户 EVA 值

项目 \ 客户	客户一		客户二		客户三
销售产品（型号）	产品 A	产品 B	产品 C	产品 D	产品 E
销量（台）					
客户 EVA（万元）					
客户 EVA 率（%）					

（1）产品层面。虽然各产品税后净利润均大于零，某些产品的 EVA 值却小于零。主要原因在于：有的产品前期销售的应收账款金额较大，使得其资本占用多，资本成本高；有的产品由于是新产品，材料成本高，产品净利润较低，同时受到资本占用较大的影响。

（2）客户层面。从客户 EVA 值表可以看出，三个客户的 EVA 值均为正数，对齿轮箱事业部的价值创造都有积极影响，其中客户一和客户二都装配了两个型号的产品，产品 EVA 值均为一正一负，导致这两个客户虽然销量较大、销售收入较高，但其带来的价值增值明显低于客户三，因此两大客户属于重点攻关对象，尽量争取 EVA 值高的产品进行合作。

4. 敏感性分析。本案例仅选择取产品 E（为批量产品）和客户一（为主要客户）作为敏感性分析对象，分别从产品级和客户级寻找价值驱动因素（见表 16-2-1-3、表 16-2-1-4）。

表 16-2-1-3 产品 E 敏感性系数表（产品级）

正影响项目	敏感性系数	负影响项目	敏感性系数
主营业务收入	3.69	主营业务成本	-5.31
应付账款	0.30	应收账款	-0.55
应付票据	0.16	存货	-0.45
……	……	固定资产	-0.35
……	……	管理费用	-0.16

表 16－2－1－4　客户一敏感性系数表（客户级）

正影响项目	敏感性系数	负影响项目	敏感性系数
主营业务收入	19.68	主营业务成本	－3.98
应付账款	1.05	应收账款	－1.98
应付票据	0.41	存货	－1.18
……	……	固定资产	－1.01
……	……	应收票据	－0.74

按照敏感性分析方法，上述两表分别展示了产品 E（产品级）和客户一（客户级）EVA 值的正影响和负影响绝对值排序靠前的项目。从结果可知，对产品 EVA 值和客户 EVA 值具有正影响的主要是主营业务收入、应付账款和应付票据，其中主营业务收入的影响最为显著；在负影响项目中，主营业务成本、应收账款、存货、固定资产等项目对产品和客户均有较大影响，其中主营业务成本的影响效果显著。此外，管理费用对产品 E 的负影响也比较大，应收票据对客户一的 EVA 指标影响较大。

5. EVA 价值路径图应用。通过敏感性分析的量化结果，锁定收入、成本费用、应收账款、存货、固定资产为影响显著的驱动因素，针对这些关键影驱动因素，对齿轮箱事业部整体、各部门、各车间的业务逻辑进行梳理，将关键驱动因素进行层层分解，选择主要绩效指标对关键驱动因素进行量化，找到提升 EVA 的关键增长点，提出针对产品级、客户级、事业部级的改进措施和解决办法，以精细化的管理助推公司价值创造能力的提升。

（1）驱动因素：收入——加大市场开拓力度，扩大产业收入规模。

①重点。运用驱动路径图，对提升收入规模的驱动因素进行层层分解，找到其关键驱动因素为产品销量、产品价格、销售结构等（见图 16－2－1－2）。

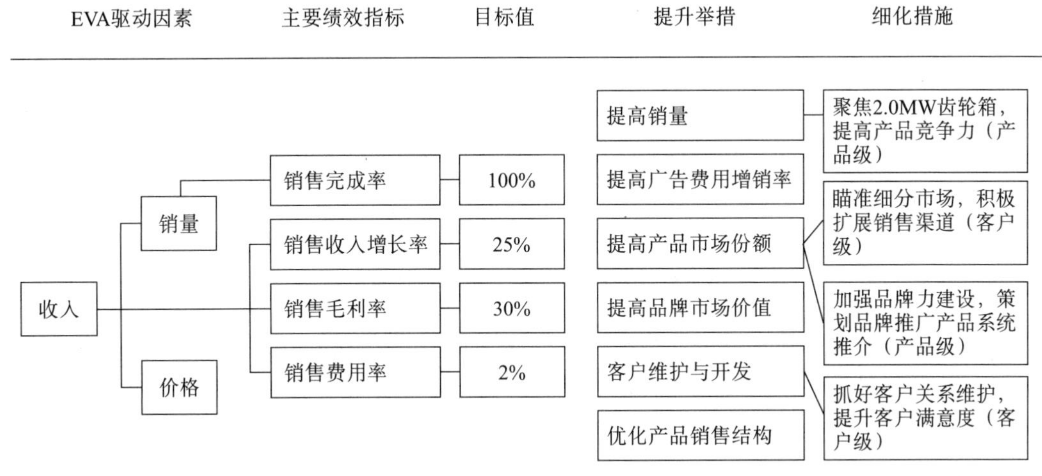

图 16－2－1－2　收入提升业务路径及指标图

②策略。提升销售规模。一是聚焦 2.0 兆瓦齿轮箱，提高产品竞争力。稳步推进与各整机企业的 2.0 兆瓦项目合作，不断优化设计方案、工艺方案、运输方案等，做“精品齿轮

箱”，并为适应市场需求而开发 2.5 兆瓦、3.0 兆瓦、5.0 兆瓦齿轮箱。二是瞄准细分市场，积极扩展销售渠道。通过 4 个渠道（整机企业、政府资源、行业协会、社会资源）广开门路，突出重点，加强公司产品推介和品牌推广，提高公司、产品认知度。三是加强品牌力建设，策划品牌推广和产品系统推介，获得业主和整机企业认同。四是抓好客户关系维护。通过制定准确的客户策略，提升客户的认同感，树立良好的风电齿轮箱产品形象，为风电齿轮箱产业的长远发展奠定基础。

提高产品定价能力。以先进的产品设计理念、可靠的产品质量、优质的售后服务来促进产品定价能力的提升，有效地将产品质量转化为产品价值。

优化产品销售结构。做好风电齿轮箱产品规划，完善产品研发流程，进一步完善 1.5 兆瓦 ~5.0 兆瓦的产品谱系，优化现有产品结构，以市场需求为导向，为客户提供高质量的产品。

③指标。针对影响收入的关键驱动因素设置销售完成率（100%）、销售收入增长率（25%）、销售毛利率（30%）、销售费用率（2%）等具体可量化的衡量指标，并分解到具体责任部门，实施动态闭环管理，结合经营预测和全面预算管理工具，确保收入这一影响 EVA 值的关键驱动因素得到有效改善。

（2）驱动因素：成本费用——大力开展成本领先，降低成本费用。

①重点。运用驱动路径图对降低成本费用的驱动因素进行层层分解，找到其关键驱动因素为产品材料、燃动费用及制造费用等（见图 16 -2 -1 -3）。

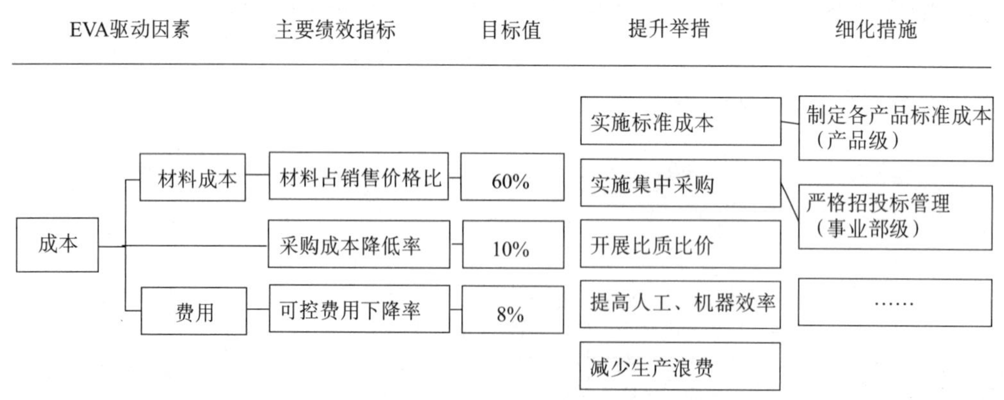

图 16 -2 -1 -3 成本提升业务路径及指标图

②策略。推行成本领先战略。望江工业将成本费用管控作为长期基本战略推行，齿轮箱事业部也紧跟公司步伐，从成立初就建立了相应的降本增效工作体系，每季度对成本费用要素进行诊断，对改善点和重大波动业务进行专项管理，财务与业务部门一起制定改善方案及措施，实时监控，定期实施预警和发布通报，形成成本领先战略的长效管理机制。

运用标准成本控制模式。为有效控制产品各大成本费用项目，齿轮箱事业部结合产业实际情况，运用标准成本管理工具，根据产品成本费各子项目特点，综合运用绝对值（总数）和相对值（小时费率）确定方法制定了标准成本指标，对产品成本费用实施有效控制。

③指标。针对影响成本费用的关键驱动因素设置材料占销售价格比（60%）、采购成本降低率（10%）、可控费用下降率（8%）等具体可量化的衡量指标，并分解到具体的责任部门，实施动态闭环管理，确保成本费用这一影响 EVA 值的关键驱动因素得到有效改善。

（3）驱动因素：应收账款、存货、固定资产等——减少资源占用，降低资本成本。

①重点。运用驱动路径图，对应收账款、存货、固定资产等的驱动因素进行层层分解，找到其关键驱动因素为回款力度、固定资产利用及产品出产等（见图 16－2－1－4）。

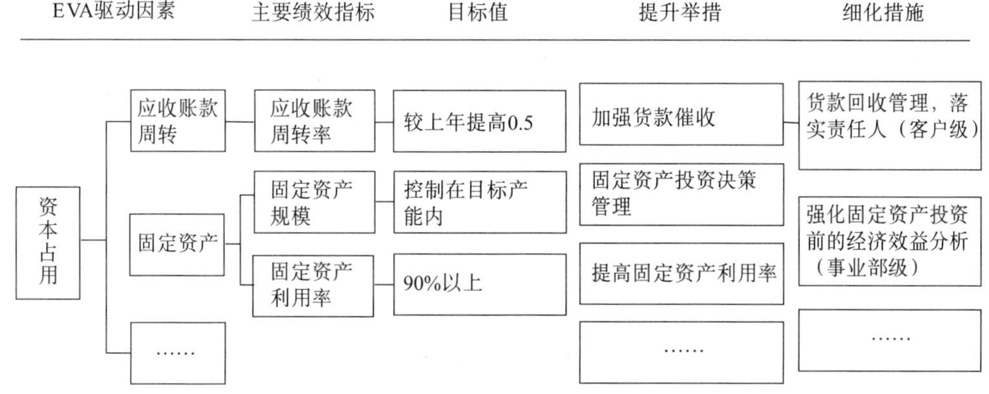

图 16－2－1－4　资本提升业务路径及指标图

②策略。强化货款回收管理。对已交验合格的产品，及时办理开票挂账手续，定期与客户对账，同时按销售合同结算方式拟定货款回收的可行性计划及措施，下达月度回款指标，落实责任人，加强货款回收力度，确保资金回笼速度，把货款回收可能发生的风险控制在最小范围，避免产生坏账。

控制固定资产规模。固定资产投资要和产业实际发展情况相结合，强化固定资产投资前的经济效益分析，坚决否定低效无效或不切实际、盲目实施的固定资产投资方案。

提高固定资产使用效率。合理规划产品产线布局，结合市场销售情况和物流情况，拟定科学合理的生产计划，提升生产设备利用效率。

加强存货管理。根据产品生产进度合理组织好物资采购及投料工作，特别是轴承、润滑系统、锁紧盘、铸锻件等高价值材料，加快协调产成品开票挂账事宜，同时强化月度盘存工作，确保风电齿轮箱产品的存货库存稳定在正常的范围内，降低资金占用风险，提高经济运行质量，确保存货余额不高于年初数。

③指标。针对影响成本费用的关键驱动因素设置应收账款周转率（较上年提高 0.5 次）、固定资产规模（控制在目标年产内）、固定资产利用率（90% 以上）等具体可量化的衡量指标，并分解到具体责任部门，实施动态闭环管理，确保成本费用这一影响 EVA 值的关键驱动因素得到有效改善。

（五）在实施过程中遇到的主要问题和解决方法

望江工业风电齿轮箱 EVA 中心建设注重资本成本，鼓励价值创造，综合运用各大管理会计工具，突出主业经营，为产业战略发展服务。在公司风电齿轮箱 EVA 中心建设实施过程中遇到了一些重难点问题，为此公司也主动寻找了一些关键破解方法。

1. 产业处于初创期使得各项条件尚不成熟。对于初创的齿轮箱事业部，由于组织机构、人员配备等基本条件还不完全成熟，具体业务流程仍未完全畅通，信息化及监控机制尚未完善，推进 EVA 中心建设举步维艰。针对这一问题，公司组织实施各项资源的细化配置及划分，采用“产业发展和 EVA 管理同步建设、同步实施”的方式，一方面，在技术改进、工艺固化、流程规范、成本改善、资金管控、市场开拓等多个方面改进，使得齿轮箱事业部管理难度更小、空间更大和成本相对较低，使得 EVA 中心建设稳步推进；另一方面，将 EVA 管理提升工具作为未来应用管理工具提升产业价值创造能力的切入点，可以更好地带动其他管理会计工具的综合应用，更有利于产业价值创造。

2. 传统核算层级使得 EVA 工具层级不够。在风电齿轮箱产业 EVA 中心建设中，受制于公司传统核算层级，层级下沉难度大，深入探寻风电齿轮箱产业价值创造点和关键驱动因素较为困难，无法突出产品效益管理和客户合作管理。针对这一问题，公司为突破传统以组织机构为管理对象的 EVA 中心建设模式，创新式地提出“以产品型号为基础，主机客户为对象”，建立产品和客户两级 EVA 中心管理（3 个客户、5 个产品），从而更加全面地、多维度地进行单元细分和风险管控，为风电齿轮箱产业 EVA 增长率的提升提供动力，最终做好产业战略决策服务工作。

3. EVA 指标缺陷使得 EVA 运用效果不佳。虽然利用 EVA 结论为客户和产品选择提供了一定的决策参考，但结果有待观察。例如：针对有的客户或者某个产品，虽然 EVA 指标较低，但由于客户在整机市场或者产品在客户中占据的份额较大，在市场开拓的关键阶段或者在 EVA 管理提升具体措施取得成效之前，暂无法依据 EVA 一项指标做出客户和产品决策。针对这一问题，公司通过立足风电齿轮箱产品及客户，运用项目管理体系，形成包括价值分析、改善、控制、激励在内的价值管理环，初步为其后续开展价值增值、齿轮箱产品盈利、客户或产品型号的选择提供决策支持依据，不断提高 EVA 在产业中运用的实际成效。

四、取得成效

自兵装集团推进管理会计工具运用开始，望江工业始终把握“全面提升企业整体价值创造能力”这一脉络，大力推进管理会计体系建设，全面提升财务资源调控能力和企业价整体值创造能力。

（一）盈利产品及合作客户的有效识别使公司业务决策更加合理

以 EVA 管理为导向，推进风电齿轮箱 EVA 中心建设实现了风电齿轮箱产业由财务到具体业务，由具体业务到各层级管理思路的转变，为风电齿轮箱产业经营业绩评价和产业价值创造能力提供了依据，更为突出的是获取了产品和客户的 EVA 值（5 个产品利润值均为正，但其中有 2 个产品的 EVA 值为负），为公司在齿轮箱产品的效益管理和客户合作（产品型号的生产和主机客户的选择）提供了决策服务。

（二）关键驱动因素的高效诊断使公司价值创造能力明显增强

通过利用 EVA 价值诊断方法，寻找到了价值创造的关键驱动因素，积极拟定了举措，实现了层层分解和落地实施（指标和责任单位）。齿轮箱各产品在销售、生产、质量、效益等方面均得到一定幅度提升，产品结构不断优化升级，成本费用逐步降低，EVA 值呈上升趋势，经济运行质量和效果日益凸显，产业价值创造能力明显增强，有力助推了公司整体价值提升。

（三）产品结构不断优化，齿轮箱板块经营效益不断提高

在推进企业转型升级过程中，按照市场需求和效益最大化原则，不断对产品结构进行优化、调整，经营质量不断向好，结构调整成效显著。公司风电齿轮箱产品谱系利润增长幅度高于销量、收入增长幅度，体现出较强的价值管理和价值创造能力，EVA 管理也取得了明显效果。2016 年风电齿轮箱产业实现 300 余台的销售量，年度销售收入 3 亿余元，利润总额 1 500 余万元，与 2015 年之前相比，产品盈利能力得到跨越式发展，已成为公司新的收入增长点和主要利润来源之一。

五、经验总结

（一）工具方法的基本应用条件

EVA 工具方法运用的基本条件在于有较为完善的部门业务管理体系构架，有确定的产业资本成本率和合理的投资资源的划分，以及横向纵向的对比分析数据（行业和历年数据）及目标值等。目前，由于齿轮箱 EVA 中心建设存在导入时间短、产业资本成本率确定难度较大、部门业务管理体系构架不完善、公司投资资源区分难度大、缺乏横向纵向对比分析数据（行业和历年数据）、目标值较难确定、结果运用难度大等诸多问题，生成的 EVA 指标质量及落地措施还有待提高和改进。

（二）工具方法运用成功与否的关键影响因素

1. EVA 资源数据准确性。EVA 工具运用成功与否在很大程度上基于外部、内部资源数据获取额准确性、及时性，如果无法取得可靠的数据，后续的因素分析则是无源之水，由此采取的措施也是事倍功半。由于齿轮箱产业涉及资源多、资源变化频繁，客户级和产品级部分 EVA 资源数据无法直接从核算数据中直接抓取，须按照资源动因进行分摊（目前能直接生成 EVA 数据项目占比为 43%），如果分摊动因选取不准就可能导致最终 EVA 数据出现偏差，导致后续诊断分析及改善措施可能出现错配，甚至为依靠 EVA 数据进行决策带来一定风险，这就要求进一步提升 EVA 数据质量。

2. EVA 对标管理合理性。EVA 工具运用突出点在于对测算指标进行对比分析，而确定同类或匹配的对标值是许多企业在推广运用 EVA 工具过程中一个难以解决的问题。由于风电齿轮箱产业 EVA 中心正在推进过程中，所处行业为新兴产业，历史数据和行业数据相对较为缺乏，特别是客户级和产品级 EVA 相关数据较难取得，改进目标值不易确定，无法有效开展有针对性的对标管理。

（三）工具方法在应用中的优缺点

1. 优点。EVA 工具核心指标值改变公司的价值创造行为方式，能全面衡量一个企业的要素生产率，还能避免为获得年度报酬而忽视长期发展，对确立有效配置资源的原则提供指导，还使得企业资本得到有效利用。除了 EVA 提升管理固有的逻辑性强、针对性强等优势特点外，其 EVA 值还具有合理性[①]、动态性[②]、广泛的适用性[③]。

2. 缺点。

（1）资本成本确定难度大。资本成本确定难度大主要基于以下两点原因：一是当前 EVA 指标测算采用的是同一资本成本率，但是由于尚未开展客户级和产品级资产负债结构测算工作，暂无法分类确定客户级和产品级资本成本率；二是由于权益资本成本率的确定方法较复杂，也未找到更为合理准确的途径，计算加权资本成本率准确性有待提高。

（2）诊断结果与改善措施不匹配。EVA 中心细分至产品和客户级，通过敏感性分析等手段实现了分层结果诊断，但由于改善措施尚未完全下沉至产品和客户层面，存在着诊断结果与改善措施不完全匹配的情况，可能导致措施的针对性不强，精细化程度亟待提升。

（四）工具方法发展及推广的建议

望江工业在推进 EVA 管理会计工具运用及其风电齿轮箱 EVA 中心建设的过程中有以下几点体会及建议。

1. 价值提升，运用于客户选取和定价决策。EVA 提升是企业价值创造的起点而不是终点，以 EVA 指标为基准，通过财务指导业务、业务修正财务，找到价值创造的关键因素及举措，并层层分解、落实。要知道 EVA 当前的绝对水平并不真正起决定性作用，重要的是 EVA 的增长，正是 EVA 的连续增长才能为股东财富带来连续增长。

2. 综合运用，深入推进信息化系统建设。EVA 作为价值创造的管理工具，抓住了企业价值创造的根本目标，将价值创造理念贯穿企业运营始终，处于价值创造的核心地位，通过运用 EVA 管理工具，同时融合全面预算、标准成本、投资决策、客户盈利能力等其他管理会计工具，实现财务管理综合驾驭能力提升，发挥 EVA 管理最大效用，拉动企业整体经营质量的提高，实现企业价值创造。同时，应结合核算、成本、物流等信息化系统建设，强化信息化及大数据管理，提高 EVA 数据的直接生成比例，提升 EVA 管理涉及数据直接提取比例——例如，通过系统实现对产品批次投料细分管理，实现应付账款占用数据直接抓取等——减少资源数据分摊比重，开展产品级和客户级资本成本率测算，建立资本成本率动态调整机制，不断丰富和完善 EVA 工具核心指标数据的测算及获取，为 EVA 工具运用注入强有力的信息化支持。

3. 资源配置，建立完善 EVA 专项预算制度。EVA 价值管理与全面预算管理结合，根据各产品和客户的 EVA 预算指标制定资源配置方案，将更多的资源配置于 EVA 值更高的产品或客户上，全面优化企业资源配置，结合全面预算管理，建立起完善的 EVA 专项预算制度，不断拓宽 EVA 工具运用的边界。

4. 持续改善，深化 EVA 管理工具体系推广。不断总结 EVA 管理工具的运用成果，采取

---

① EVA 在税后净营业利润的基础上考虑了资本成本的剔除，为衡量经营者对股东的贡献水平找到了一种更科学、更合理的方法。

② EVA 能够对企业在一定时期内创造的业绩进行“动态”计量。

③ EVA 既适用于企业层面，也适用于部门层面，甚至对于客户或产品的业绩考核同样适用。

有效管控措施逐步修正 EVA 指标体系，同时结合公司业务流程，实现定量化和定性化指标的结合，使 EVA 指标更加贴近企业实际，指导企业价值创造能力持续提升，为企业战略决策服务。

案例二 长江特装——EVA 提升引领企业价值创造方向

重庆长江特种装备有限公司（以下简称“长江特装”）是重庆红宇精密工业有限责任公司全资子公司，长期从事特种产品的科研、生产。

长江特装自重组以来，受产品结构特点的影响，经济运营效益不佳，长期处于亏损边缘，并且随着外部经营环境和条件的变化，固有的经济增长模式和管理模式明显落后于社会经济发展步伐，企业的经济前景堪忧。公司领导层在分析清楚现状后，积极寻找突破口，将创新管理模式作为引领企业变革的抓手。以此为契机，公司结合相关价值提升工具，在各个二级单位充分开展价值提升和现状分析，找到影响和阻碍公司效益增长和发展的两大主要经营矛盾，那就是资产的规模和利用的矛盾、狭窄的产品结构与研发乏力的矛盾。2012 年以来，长江特装一直坚持以解决上述矛盾为工作重心，将 EVA 工具运用到日常经营工作中，重点在科研投入、资产管理、市场开拓与营销等方面开展了各项工作。历时 5 年，经营矛盾得到解决的同时，公司的经营杠杆明显改善，各项经济指标持续向好。至 2016 年，长江特装经济规模和质量都得到较大提升，劳动生产率水平明显提档升级，新的价值创造方向得以确定。

一、背景描述

（一）单位基本情况

长江特装于 2009 年 5 月正式挂牌，成为具有独立法人资格的公司。公司长期从事特种产品的科研、生产，具有特种产品科研、生产许可证，同时拥有专业科研人才队伍和专门的质量检测机构（国家二级检测资质），属于国有大中型二级企业。

（二）管理状况分析和存在的主要问题

由于历史原因，长江特装成立初期面临设备设施陈旧老化、基础管理薄弱、产品品种单一、资产大量闲置等诸多问题，存在产品盈利能力不强甚至亏损的现象，难以创造价值。主要表现有：销售收入与资产规模不匹配；产品成本居高不下，个别产品毛利为负；财务管理仅停留在核算层面，没有深入企业生产经营业务层面；投资效果欠佳；资源配置不合理，没有将有限的资源投入到能增值的业务中去。在这种情况下，如不进行产品结构调整，有效管控成本，加强内部管理，纠正资源错配，企业的亏损仍将长期持续下去。“十二五”期间，长江特装着力内部机制、体制的整改和重塑，在持续管理创新的过程中大胆引入管理会计工具，尝试用先进的管理模式牵引管理体系重塑，为推动价值提升找到有效途径。

（三）选择 EVA 提升工具的主要原因

2012 年，上级公司全面建立价值创造型财务管理体系，推动管理会计工具在日常管理中的运用给长江特装带来扭转局面的契机。在分析面临的具体问题后，结合公司已经建立的初步预算管理体系和成本管理模式的实际情况，长江特装决定在前期工作的基础上重点引入全面预算管理、标准成本管理、价值链成本管理等工具，目的在于合理分配企业资源并有效管控成本，借以提高盈利能力。这 3 个工具的融合使用进一步提升了企业预算管理水平，成本费用得到更加有效的控制，产品毛利率有较为显著的提升。但是，在使用中发现这 3 种工具虽然对日常财务管理及指标考核具有很强的实际应用价值，但仍不能够全面指导、体现、评价公司整体是否创造了价值，创造了多少价值，应该如何创造价值，同时价值增长点和增长因素不明，各日常指标仅停留在战术层面。在战略上，公司仍然缺乏一个全面、系统的评价及指引体系，缺乏一个可以引领全体员工的战略管理工具。

在这种情况下，长江特装公司引入 EVA 提升管理工具，克服了之前常规指标的短期性或仅注重当期的不足，并将所有指标有机连接到一起，使公司的所有经营活动归结到一个目的，即如何增加 EVA 值。期望该工具与全面预算管理及成本管控工具的组合运用既对当期经营具有较强的指导意义，又能使公司做出符合长远利益的科学决策，可以很好地平衡投入与产出、规模与效益、发展的速度与质量、主业与非主业等各种决策之间的关系，帮助提高资产使用效率、优化资产结构、减少投资决策的盲目性，使产出与资产的占用达到合理平衡。

二、总体设计

（一）EVA 提升的工作目标

为了更好地推进 EVA 工具的使用，长江特装在导入初期便制订了应用 EVA 的目标：以尽可能少的资产创造尽可能多的价值。目标包含 4 个方面的内容：一是资产如何优化盘活，结合公司资产使用效率不高、大量闲置的实际情况，应采取哪些措施盘活资产，提高资产使用效率；二是如何使用既有资产创造更多的价值，包括如何降低消耗，成本费用如何控制，如何提高产出效率，如何充分发挥资产的潜力；三是对生产中需要的新设备是否一定要投资、某些设备的投入是否必要、投入后能创造多少价值、是否值得去投资进行多方面的决策分析。四是分析对当前生产并不急需，但后续发展必须使用的资产是否需要提前一定的时间投入。

（二）EVA 提升的总体工作思路

长江特装在确定目标之后明确了 EVA 提升的总体工作思路：通过开展“三全”行动，促进企业提高效率，持续改进。

“三全”行动是指全公司、全流程、全员开展 EVA 提升活动。全公司是指各部门共同参与，不能将 EVA 的提升仅视为财务部门的事情。全流程是指 EVA 提升贯穿公司日常生产经营各个环节，不论是部门决策还是公司决策，都要思考该决策是否能为企业创造价值、带来效益。全员是指全体员工树立 EVA 理念，增收节支，减少资源占用，提高资源利用效率。

实行“三全”行动旨在提高部门办事效率、车间生产效率、设备的优化组合效率，有序安排物流，科学工艺布局。精简组织机构，压缩办公场所设置等各方面内容，通过不间断的发现问题、解决问题、总结经验、固化管理达到持续改进目的。

（三）EVA 提升的内容

在树立了全员 EVA 理念后，围绕总体工作目标和工作思路，长江特装采用的主要做法：一是确定合理的资本成本率。二是与成本领先工程工作结合，全面分析现有产品成本形态，制定合理的成本控制措施，同时修改原有的考核和激励机制，促进成本控制落地。三是针对加工手段落后的现实情况，在固定资产投资规模上通过合理的内部价值链分析，确定投资规模和投资时机，有效调整资源配置的合理性。

（四）EVA 提升的创新

管理会计工具在引入管理实践之前，管理层的管理意识仅停留在追求营业收入的规模化和利润的最大化，而没有从提高经济质量的角度去分析经济增长的模式。因此，公司在将转变价值创造模式作为改善经营管理的突破口以后，经过认真分析影响经济质量的真正动因，将资本成本率指标创新性地引入公司经济评价指标体系，逐步引导公司管理层将经营管理重点从简单关注营业收入、利润总额转向关注应收账款、固定资产投资及存货管理，推动公司抓住经济质量转变的关键环节和指标，为价值创造提供新的思路。

三、应用过程

（一）组织机构、参与部门和人员

为了更好地推进 EVA 提升工具的使用，长江特装设立专门组织机构，成立了以总经理为组长，党委书记、财务总监为副组长，其余公司领导及财务资产部为成员的 EVA 提升领导小组。领导小组下设 EVA 提升办公室，挂靠财务资产部。财务资产部主要领导任办公室主任，其余部门主要领导为成员。同时，在全公司范围划分二级 EVA 提升中心（见图 16－2－2－1）。

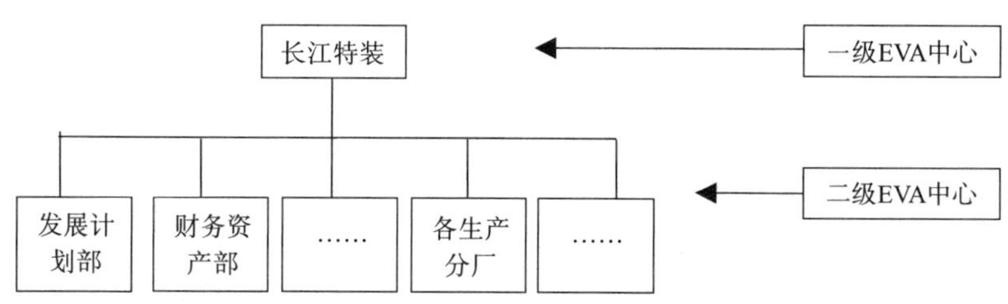

图 16－2－2－1　组织机构图

一级中心负责制定公司 EVA 提升年度计划及中长期规划，负责公司层面 EVA 提升的相关决策，如投资、资产处置、重大合同签订、提升计划批准及下达，对全面完成当期 EVA 提升计划负责。

二级中心负责一级中心下达的 EVA 提升计划的实施、落实，向一级中心汇报实施情况，增收节支，提出提升的合理建议及计划，负责单位内部 EVA 提升计划的组织、落实。

（二）应用 EVA 提升方法的资源、环境、信息化条件等部署要求

在绩效考核方面，长江特装在年度目标责任书中增加 EVA 考核项目，促进各单位以 EVA 指标为导向，开展各项工作。在数据收集过程中，财务部充分利用 ERP 系统、PDM 系统、OA 系统等先进的信息化系统，准确取得基础数据。在公司层面，营造良好的业财融合氛围，畅通部门间沟通渠道，高效解决问题。

（三）应用模式和应用流程

EVA 提升并不能一蹴而就，不是仅仅下达几个指标就可以实现的，而是要依靠广大员工。EVA 工具得以推行并取得效果的关键是找准实施的着力点，让广大员工认可。通过与各专业部门探讨，公司提出了具体的工作内容计划表。为了更好、更深入地推进 EVA 提升工具的使用，公司结合实际情况，对 EVA 提升的路径进行分析识别，制定出提升的目标和方案。为了防止理解上出现偏差，同时保证目标易于执行，公司制定了 EVA 提升目标后并没有给各部门和车间下达具体 EVA 指标，而是通过分解、细化明确各单位应该做好哪些具体工作，定量指标通过预算口径合并下达，以签订目标责任书的形式落实，定性指标通过重点工作计划的形式布置落实，明确责任人、责任领导、完成时间及应达到的效果，并按重点工作计划表实施进度检查和考核。

EVA 提升的具体步骤包括：资本成本率的确定、EVA 驱动因素的筛选和敏感性测试和确定 EVA 提升路径。

1. 资本成本率的确定。资本占用成本是 EVA 的重要理念，长江特装结合行业情况和自身特点，通过定量定性分析确定了合理的资本成本率。

（1）定量判断。

加权平均资本成本率 =（债务资本成本率 × 债务占总资本比例）×（1 - 所得税率）+（权益资本成本率 × 权益占总资本比例）

债务资本成本率：按一年期银行贷款利率核定，取 4.35%。

权益资本成本率：按公司历史净资产收益率，取 11.14%。

所得税税率：根据税收政策，按 25% 计算。

资本结构：债务资本占 94.56%，权益资本占 15.35%。

计算所得：加权平均资本成本率为 4.8%。

（2）定性判断。确定 4.8% 作为公司资本成本率主要受以下两个因素的影响：第一，长江特装仅在兵装集团财务有限责任公司有贷款；第二，国外市场份额占公司总份额的比例较大，且国外市场竞争较激烈，资本成本率保持在平均资本成本率区间，有利于公司保持竞争优势。

2. EVA 驱动因素的筛选和敏感性测试。为了准确找到 EVA 驱动因素，避免漏项，首先罗列影响 EVA 值的所有驱动因素，包括主营业务收入、主营业务成本、税费、可控期间费用、存货、应收项目、应付项目、固定资产、在建工程等共计 21 个，然后对这 21 个因素逐一进行敏感性测试，找出其中对 EVA 值影响较大的几个关键因素。在实际运用中，公司着力从国内、国外两个市场板块详细分析产品 EVA 值。国内市场产品税后净利润大于零，外贸产品税后净利润基本持平，主要原因一是国内市场产品结构单一，研发支出较少，但盈利能力较强；二是外贸产品市场竞争激烈，但产品品种较丰富，能有效支撑营业收入。公司在所有分析因素的基础上将敏感性系数大于 0.5 的因素作为关键因素进行分析，按照这一标准，共筛选出了 5 个敏感因素，其中税后净利润的驱动因素有 3 个，资本占用成本的驱动因素有两个（见表 16-2-2-1）。

表 16-2-2-1　　2012 年 EVA 主要驱动因素敏感性系数表

税后净利润驱动因素		资本占用成本驱动因素	
影响因素	敏感性系数	影响因素	敏感性系数
主营业务收入		固定资产	
主营业务成本		应付账款	
研究开发费用			

从表 16-2-2-1 可以看出，长江特装 EVA 值对主营业务收入、主营业务成本高度敏感，这也与当时公司收入规模偏小、盈利能力不强、EVA 值较低的客观实际相符。随着公司规模的增加和效益的提升，敏感因素及敏感性系数会有所变化，如 2016 年主营业务收入和主营业务成本的敏感性系数分别为 14.71 和 -12.08。

3. 制定 EVA 提升路径。敏感因素确定后，长江特装结合具体情况对各敏感因素制定了具有可操作性、目标明确的措施，并结合全面预算管理、标准成本管理、价值链成本管理等工具系统列出 EVA 提升的各关键点，测算实现后可达到的效果，在下达预算指标时予以充分考虑，既保证了措施得到有效执行，又保证了预算的先进性。

（1）驱动因素——主营业务收入。主营业务收入受各产品销量、价格及产品结构影响，这 3 个因素是收入的关键驱动因素，对不同的产品应采取不同策略。

在普通产品市场方面，长江特装对齿坯、齿环产品面临的市场环境进行认真分析，认为这两个产品都存在技术含量低、市场竞争激烈、扭亏无望的问题，且不属于公司核心产品，无益于公司价值创造，因此决定逐步压缩产量，并于 2012 年和 2013 年完全退出市场。

在特种装备市场方面，公司仔细研究分析产品市场需求，结合客户需求信息重点研究了市场潜力大、公司具有研发能力的新产品市场，双管齐下弥补现有产品销量上的不足，以期迅速扩大销售规模，并借助新产品优化产品结构，提高综合毛利率。在产品价格方面，公司结合成本因素进行认真分析，区别对待不同市场产品；对于外贸产品，在充分考虑竞争因素和公司议价能力的同时，对各产品按成本加成法设定不同的最低成本加成率，用以指导产品报价；对上交产品，公司侧重于争取更多订单，同时充分利用客户的调价窗口及政策，积极争取价格调整，现有两个主要产品在近几年均进行了价格调整，价格分别上调 8.6% 和 51.7%。

根据上述策略，长江特装在制定出收入目标后，将各产品销售目标值结合预算下达给相关业务部门，并按进度实施考核（见表 16-2-2-2）。

表 16-2-2-2　　主营业务收入提升路径

项目				产品 1		产品 2		新产品 1		新产品 2	
	上年数	本年指标		上年数	本年指标	上年数	本年指标	上年数	本年指标	上年数	本年指标
主营业务收入			销量（发）								
			单价（元）								
总金额（万元）											

（2）驱动因素——主营业务成本。由于成本对 EVA 具有高度敏感性，长江特装下大力气狠抓降成本工作，结合标准成本管理、价值链成本管理工具的使用，在各个环节开展降成本工程，按照成本的六大性态逐一分解，罗列出 50 余个降成本专项，然后按成本六大性态汇总，结合预算指标及重点工作计划下达各责任单位（见表 16-2-2-3）。为保障取得实效，公司采用双重考核办法加大执行力度，即既考核以预算口径下达的成本责任指标，又考核 50 余个降成本专项的落实情况。降成本专项包含了各类消耗定额修订、国产刀具部分代替进口刀具、鼓励移动小空压机使用、车床简易数控化改造、弹头体工艺改进、壳体工艺改进、均衡生产、高能耗工序夜班作业、采购模式、内部物流路径设计、生产场地集中等方面的内容。

表 16-2-2-3　　主营业务成本提升路径表（单位成本）　　单位：元

项目				产品 1		产品 2		新产品 1		新产品 2	
	上年数	本年指标		上年数	本年指标	上年数	本年指标	上年数	本年指标	上年数	本年指标
主营业务成本			直接材料								
			职工薪酬								
			燃动费用								
			专用工装								
			废品损失								
			制造费用								

（3）驱动因素——研究开发费用。研究开发费用属 EVA 调整项目，适度增加该项费用有利于提高 EVA 值。由于公司原有产品结构单一，盈利能力不强，公司战略规划中每

年均有新品开发安排，大力调整产品结构是公司长远发展的需要，也符合 EVA 提升的内在精神。

在科研安排上，长江特装本着市场指引、效益优先的原则，在可承受范围内积极进行产品研发，产品品种逐年增加，产品谱系不断完善，有力支撑公司市场竞争力，接单能力稳步提高，已实现量产销售的产品品种由 2012 年的 4 个增加到目前的 10 个，尚有 4 个品种可在较短时间内实现量产（见表 16－2－2－4）。

表 16－2－2－4　　　　新产品产量对比表

	2012 年	2013 年	2014 年		2015 年	2016 年	
新产品品种							
产量							

（4）驱动因素——固定资产占用。长江特装占地 65 万平方米，生产场地也较为分散，实际使用面积不足 75%，较多厂房空置，在齿坯、齿轮停产后，生产线也处于闲置状态。由于部分厂房设备处于陈旧老化状态，公司每年需花费 50 多万元维护维修厂房设施。因此，如何让资产创造价值及减少资产占用成为一项重要工作。

为减少维修费用支出，增加公司收入，长江特装将闲置厂房进行出租，合同约定租用期间由承租方负责厂房及附属设施维修，在节约维修费用的同时，每年可增加租金收入 55 万元。对闲置的生产线及设备，公司按固定资产利用率划分识别低效无效资产，低于 20% 利用率的资产，公司将初步列为处置对象，然后逐个进行分析，如不能提高使用效率且非必需设备，公司按程序进行处置变现，如有产品需要使用该部分设备，则评估自制与外协成本，在外协成本低于公司自制成本的情况下，公司将对该设备进行处置，特殊情况下进行封存处理，在一定程度上减少了资产占用。

对现有的部分老式车床，公司物尽其用，通过简单的单板机数控改造，在提高工作效率的同时减少新购固定资产的投入。

在新增固定资产投入方面，长江特装力求精准投资，杜绝新增设备闲置现象，如某产品的生产线建设，公司在预测到市场机遇后及时决策投资，为后续按期完成产品交付提供有力保障。如果预计到新设备投入利用率低于 60%，则公司将评估产品自制与外协成本，按照最有利的方案最终决定是否投资（见表 16－2－2－5）。

（5）驱动因素——应付账款。无息流动负债的适度增加将提高公司效益，增加 EVA 值，但要综合考虑其他非定量成本，如公司信誉受损的损失等，因此平衡好二者之间的关系是基本前提。长江特装在处理这一关系时采取了与主要供应商协商的办法，约定公司未收到对应产品款项前可以不支付其货款，使供应商与公司形成利益共同体，减缓资金支付压力，但在收到货款后，需按收到货款进度及时同比例支付。同时，充分利用兵装集团财务公司授予的银行承兑额度，灵活调剂使用票据支付方式，加大短期融资力度，通过综合手段既缓解资金压力又丰富融资方式，使资金占用更加合理。

表 16-2-2-5　　　　固定资产利用表　　　　单位：万元

<table>
<tr><td colspan="4">项目</td><td colspan="2">产品 1</td><td colspan="2">产品 2</td><td colspan="2">新产品 1</td><td colspan="2">……</td></tr>
<tr><td></td><td>上年数</td><td>本年指标</td><td></td><td>上年数</td><td>本年指标</td><td>上年数</td><td>本年指标</td><td>上年数</td><td>本年指标</td><td>上年数</td><td>本年指标</td></tr>
<tr><td rowspan="6">固定资产</td><td rowspan="6"></td><td rowspan="6"></td><td>固定资产利用率（95%以上）</td><td></td><td></td><td></td><td></td><td></td><td></td><td></td><td></td></tr>
<tr><td>固定资产利用率（95%~80%）</td><td></td><td></td><td></td><td></td><td></td><td></td><td></td><td></td></tr>
<tr><td>固定资产利用率（80%~60%）</td><td></td><td></td><td></td><td></td><td></td><td></td><td></td><td></td></tr>
<tr><td>固定资产利用率（60%~40%）</td><td></td><td></td><td></td><td></td><td></td><td></td><td></td><td></td></tr>
<tr><td>固定资产利用率（40%~20%）</td><td></td><td></td><td></td><td></td><td></td><td></td><td></td><td></td></tr>
<tr><td>固定资产利用率（20%以下）</td><td></td><td></td><td></td><td></td><td></td><td></td><td></td><td></td></tr>
</table>

四、取得的效果

经过 4 年多的推进使用，EVA 提升工具为长江特装节创了较大价值，帮助公司完善了经营思路，提高了决策的准确性，重点是找到了公司价值提升的着力点，消灭了亏损源，盘活了资产，在落实公司战略上起到积极的助推作用。近几年，公司经营逐步好转，产品结构调整初见成效，盈利能力大幅增强，价值创造功能日益提高，使公司初步呈现资源配置合理、产品结构丰富、科技开发有力、经营风险有效管控的健康成长型企业状态。

（一）营业收入

营业收入从实施前的 9 145 万元增加到 18 000 万元，累计增长 97%。历年营业收入见图 16-2-2-2。

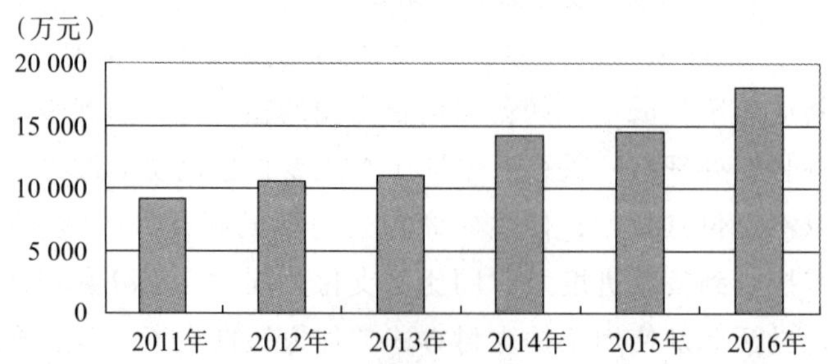

图 16-2-2-2　2011~2016 年营业收入

（二）利润总额

利润总额从实施前的 25 万元增加到 700 万元，累计增长 27 倍。历年利润总额见图 16－2－2－3。

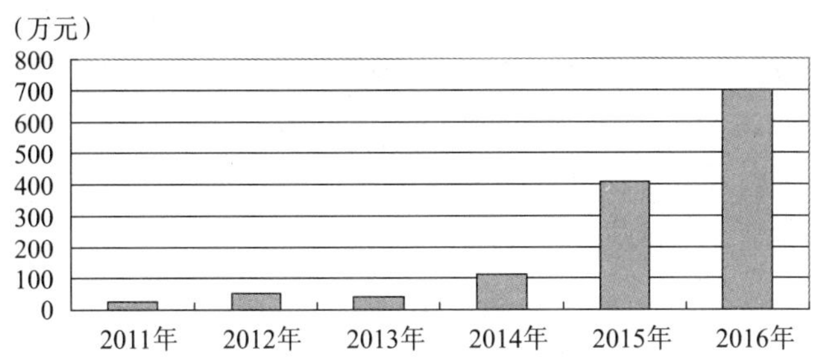

图 16－2－2－3　2011～2016 年利润总额

（三）EVA 值

EVA 值从实施前的 243 万元增加到 1 009 万元，累计增长 315%。历年 EVA 值见图 16－2－2－4。

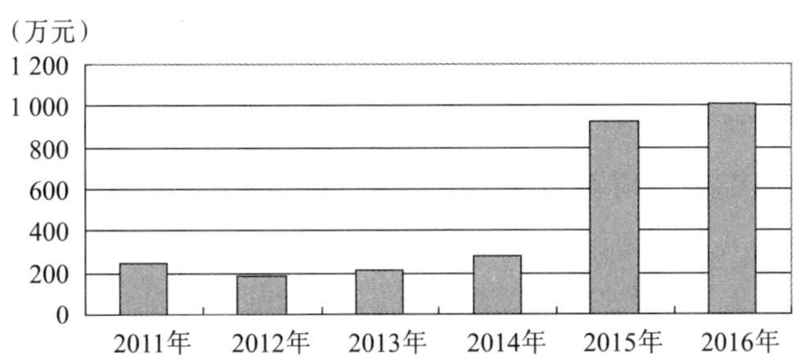

图 16－2－2－4　2011～2016 年 EVA 值

（四）人均产值

EVA 值从实施前的 21 万元增加到 40 万元，累计增长 90%。历年人均产值见图 16－2－2－5。

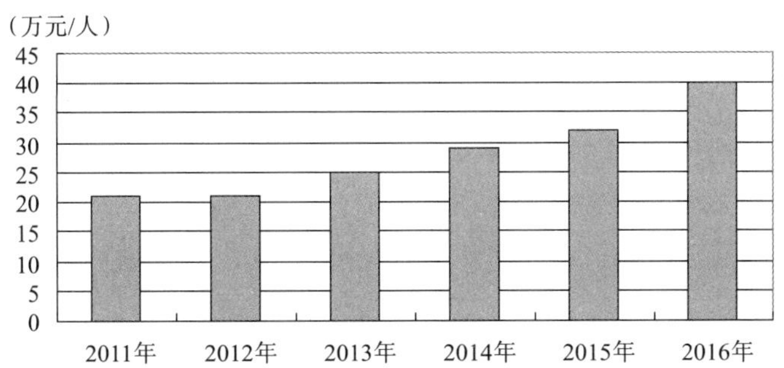

图 16－2－2－5　2011～2016 年人均产值

长江特装将指标与目标考核挂钩，激励效果较以往增强，管理会计意识逐步提高，为后续其他管理会计工具运用奠定基础。

五、经验总结

（一）EVA 驱动因素的分解应由财务指标层面向生产经营指标层面扩展

财务指标层面的驱动路径分析可以指明努力方向，但要得到有效改善，还需生产经营指标层面予以支撑、落实。EVA 驱动因素在不同企业及在同一企业的不同阶段都会有所差异，落实到生产经营具体指标或任务层面更易于理解和执行。

（二）敏感性分析后需进行动态替代再分析

单因素敏感性分析假设只改变一个指标，其他指标不变。实际上这种假设很难成立，一个指标的变动往往会引起其他指标的变动，比如收入总额的变动一般来说会伴随着成本总额的变动，而如果假设成本总额不变，则会夸大收入变动的敏感性。在这种情况下就要分析验证敏感性分析结果是否可靠，通过相关指标动态替代分析进一步验证各因素，结合公司经营实际的敏感程度和相关性，以便确定真正敏感的因素，至少应确定它是否真正敏感。

（三）EVA 提升工具的使用应与企业实际紧密结合

EVA 提升是否能取得实效，基础在于驱动路径是否准确，重点在于措施是否得当，关键在于是否能调动员工积极性，而这一切均在于 EVA 提升是否与企业实际情况紧密结合，如仅仅是提出一系列指标并强加考核，则不会取得好的效果。

（四）EVA 提升工具与其他财务管理工具的结合应用会取得更好的效果

EVA 价值管理体系是对现有财务管理体系的优化提升，它给企业一个不同的视角思考问题，让企业可以站在出资人角度考虑长远发展问题，从而实现企业发展的眼前利益与长远利益的平衡，具有战略管理的作用。EVA 提升工具与现有财务管理体系其他管理工具的结合运用，可以达到取长补短、优势互补的效果。

17

平衡计分卡

第一章　管理会计工具——平衡计分卡

为更好地应用财政部《管理会计应用指引第 603 号——平衡计分卡》（以下简称“应用指引”），兵器装备集团结合最新的探索和实践，开发了平衡计分卡工具，主要内容包括总则、应用环境、应用程序和工具方法评价等。平衡计分卡工具以应用指引为指导和依据，从财务、客户、内部业务流程、学习与成长 4 个角度，将组织战略落实为可操作的衡量指标和目标值，有利于企业促进战略落地和提升绩效管理。

第一节　总　则

一、定义

平衡计分卡是从财务、客户、内部运营、学习与成长 4 个角度，将组织的战略落实为可操作的衡量指标和目标值的一种新型绩效管理体系。

二、功能目标

平衡计分卡强化战略管理能力，贯通战略与预算、资源、绩效体系，提高战略专业化水平，可以明确战略在各个层面的核心衡量指标，可以有效衡量评估战略执行的状态，可以实现企业资源有效配置。

三、适用范围及注意事项

（一）适用范围

平衡计分卡工具用于企业战略管理、绩效管理，适用于战略目标明确、管理制度比较完善、管理水平较高的企业。平衡计分卡的应用对象可为企业、所属单位（部门）和员工。

（二）注意事项

1. 不能割裂平衡计分卡与战略地图的逻辑关系。
2. 平衡计分卡需要各部门、各岗位的有效协同。
3. 不能忽略平衡计分卡自身的因果关系。

第二节 应用环境

一、组织架构

平衡计分卡一般采取3层组织架构，为企业战略管理提供组织保证（见图17-1-2-1）。

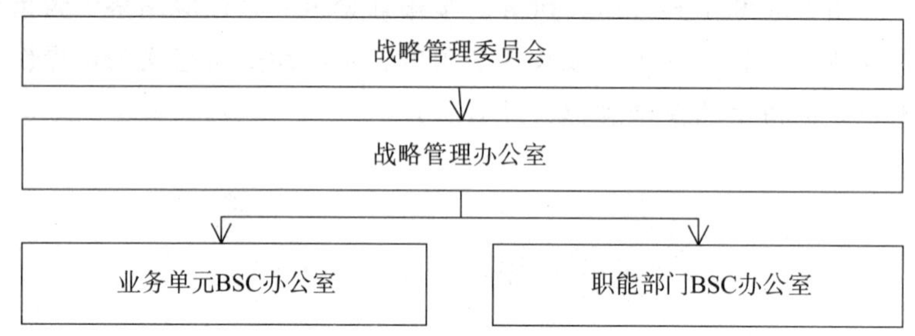

图17-1-2-1 平衡计分卡组织架构

二、管理制度

1. 平衡计分卡编写操作手册。内容主要为平衡计分卡的构成、平衡计分卡操作小组、平衡计分卡衡量指标选择、指标赋值、责任部门/人、战略行动计划等。

2. 战略绩效管理制度。平衡计分卡推导出的核心衡量指标会分解到各部门、各岗位，最终体现在绩效考核中，战略绩效管理制度对绩效考核做出明确规定和说明。

3. 战略行动计划编写指南。战略行动计划是平衡计分卡的重要组成部分，编写指南对战略行动计划的编制给出了具体说明，内容一般包括导读、题头信息、计划详细说明、战略行动计划表示例等。

三、信息化

平衡计分卡可以对评价指标进行综合性分析，对数据进行深度分析，可以在企业内部进行有效的管理沟通，可以进行战略执行回顾与工作跟进。通过信息发布、内容管理、管理驾驶舱、指标预警、信息提醒等达到对各项指标的监控，做到快速反应、快速决策、快速应对，支持价值创造和经营目标的全面达成。

战略绩效系统以平衡计分卡理论为依据，整合了战略分析与制定、战略规划、组织协同、运营规划、监控与分析、检验与调整六阶段战略管理体系，建立了战略图、卡、表与年度经营计划和绩效考核一体化联动体系，是保障企业战略执行落地有效 IT 工具。

战略绩效系统突破了传统的以财务为核心的计量评价体系，能够从财务、客户、内部流程、学习和成长等多个维护进行综合评价。系统不仅仅是一个考核体系，更重要的是一套战略管理体系。系统通过战略地图构建了上下一致的战略描述语言和框架，对战略目标进行层层分解，让组织的行为与战略目标一致，并且与执行过程（流程、计划、任务等）相结合，实现了可视化的描述战略、衡量战略、管理战略，是保障组织战略目标真正落地的强有力的战略执行平台。

四、应用基础

（一）战略管理委员会职责职能

战略管理委员会的职责和职能，一是推动公司高层对平衡计分卡的参与和支持；二是对平衡计分卡体系建设与完善提出指导意见；三是建立并维护平衡计分卡组织架构，保证各层级平衡计分卡管理体系有效运作；四是审阅平衡计分卡报告；五是协调平衡计分卡系统与其他管理系统的有效链接。

（二）战略管理办公室职责职能

战略管理办公室职责职能，一是全面负责企业平衡计分卡推广计划的具体落实和执行；二是推动公司各级平衡计分卡体系的更新；三是组织公司平衡计分卡目标、指标的分析，定期编制平衡计分卡执行报告；四是组织和协调平衡计分卡管理会议；五是做好公司平衡计分卡会议纪要，整理并落实跟踪会议中确定的改进措施；六是监控公司下属业务单位及部门平衡计分卡的执行情况并和相关单位进行沟通；七是负责公司平衡计分卡培训的组织和管理；八是保持和公司下属业务单位及部门平衡计分卡管理人员的沟通和信息传递，促进部门间平衡计分卡管理最佳实践的推广。

（三）业务单元职责职能

业务单元职责职能，一是定期组织更新本层面平衡计分卡；二是跟踪本部门执行结构并审核本部门平衡计分卡报告；三是审核本部门平衡计分卡专员填写的公司指标和行动方案模板；四是定期完成公司平衡计分卡分析报告并保持与公司相关责任人的沟通。

（四）职能部门职责职能

职能部门职责职能参考业务单元职责职能。

第三节 应用程序

一、平衡计分卡编制的总体流程

平衡计分卡的编制从“纵向”“横向”两个层面进行。纵向，即自上而下逐级编制平衡计分卡，保证战略有效分解；横向，即在每一层级，通过规范的流程和模板控制编制过程，保证战略转化为可衡量的指标、可执行的行动（见图 17-1-3-1）。

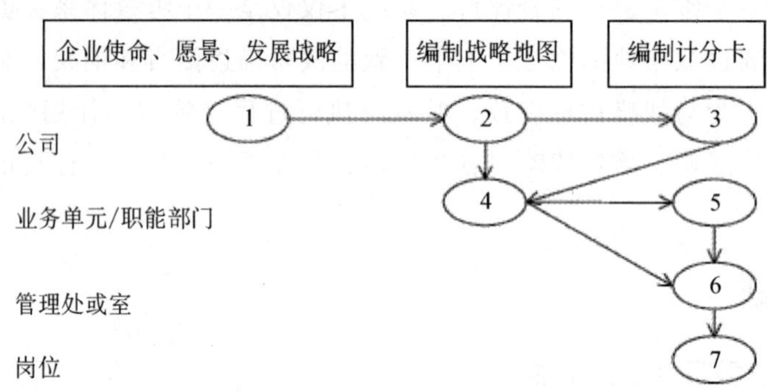

图 17-1-3-1 平衡计分卡总体流程

二、平衡计分卡编制的前期准备

（一）取得企业管理层的支持与承诺

企业管理层可能会对实施新的绩效管理方法持怀疑态度，其原因主要有以下几点：第一，企业管理层不能确定新的体系将如何影响下属的行为。第二，现行管理体系非常成熟，企业管理层对目前的绩效管理体系十分熟悉且得心应手，不愿改变。第三，现行指标反映了久经考验且易于理解的关于组织存在的问题和机会的信息。

平衡计分卡的推行需要整个公司从上到下的积极参与和配合，如果没有企业管理层的支持和承诺，平衡计分卡很难在企业得到实施与应用。企业可以从“认知—认同—承诺”的角度衡量企业管理层的支持与承诺程度（见图 17-1-3-2）。

平衡计分卡实施比较成功的企业，企业管理层都有着充分的支持。企业成立战略管理委员会，统领战略规划部、财务部、人力资源部等相关部门，在战略管理委员会统一领导与支持下，各部门共同推行平衡计分卡的实施。

（二）建立与组织相适应的实施团队

企业在推行平衡计分卡的过程中，必须有效地建立由决策机构层、管理机构层和执行机构层组成的实施团队。决策机构层负责制定公司战略总体要求；管理机构层负责领导和协调

认知	认同	承诺
·寻求了解绩效考核投入时间； ·了解绩效考核概念； ·被动支持绩效考核工作	·寻求对绩效考核问题采取行动的指导； ·投入时间和资源参与； ·使用绩效考核概念； ·积极支持绩效考核工作	·寻求并承担绩效考核问题的责任； ·调动其他人员参与； ·应用和宣传绩效考核概念； ·倡导绩效考核工作

图 17－1－3－2 "认知—认同—承诺"衡量方法

整个组织的工作，综合汇总多方信息，组织开展具体绩效考核指标的设计；执行机构层主要由生产部门、销售部门和营销部门等部门组成，他们在管理机构层的组织下，联合基层实际情况，参与战略目标分解、关键因素指标的建设等活动。团队的总体目标是重新审视组织绩效考核方式，结合组织的愿景和战略，确定新的绩效目标和指标，并在所有员工中建立对新的绩效考核系统的认知、认同和承诺。其中，平衡计分卡推行的主要工作集中在管理机构层和执行机构层。其具体任务主要包括：访问主要人员/资源；记录影响一个领域总体绩效的因素；设计实现部门目标及反映该领域的绩效动因的具体绩效指标；开展详细的成本及问题分析；建立商业模型，帮助界定关键绩效指标；编写使用程序；制定实施的沟通计划；培训员工；提供后续系统支持。

组织的各级各类人员需要积极参与实施过程的每个阶段每个环节，因为在每一个领域工作的人员最了解影响本工作单元或领域绩效的因素和问题。积极参与和沟通有助于确保整个组织绩效考核的统一性和协调性，有助于加深参与者对如何使用及如何将平衡计分卡与组织目标联系的理解。这种方法能够降低在新系统实施中人们感受到的不确定性和风险。

在具体实施平衡计分卡的过程中，企业可以结合自身实际情况构建实施团队（见图 17－1－3－3 及表 17－1－3－1）。

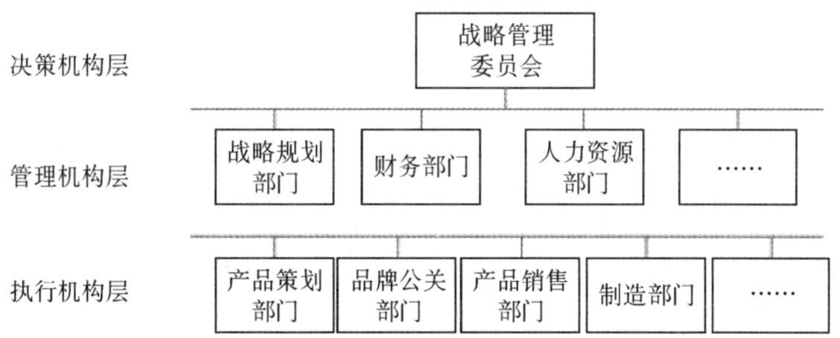

图 17－1－3－3 实施平衡计分卡组织架构示意图

（三）熟悉、理解组织的目标与战略

在建立平衡计分卡之前，实施团队必须全面理解企业及市场。影响经营单元的成功因素必须在分析中予以考虑。将这些不同的指标整合到平衡计分卡中，可以通过认真审查并分析战略目标、企业核心战略、关键成功因素和关键绩效指标之间的关系来实现，而核心正是影响当前与未来行动和结果的一系列明确的战略目标。因此，建立平衡计分卡先要熟悉、理解

表 17－1－3－1　　各层次机构在平衡计分卡应用中扮演的角色

机构层名称	角色内容
决策机构层	公司战略规划与滚动修订（战略图审议等）； 年度经营目标分解、确认； 提出战略管理总体要求； 组织召开战略回顾、经营回顾会议
管理机构层	各单位的平衡计分卡指导、管理、监督与检查； 组织部门及事业部、子公司战略地图、平衡计分卡、战略行动计划的编制与修订； 组织分解年度经营计划并制定公司全年预算
执行机构层	参与战略修订、年度目标分解； 战略审计； KPI 与 GS 数据提供与分析

组织的目标与战略。

企业中长期战略目标从财务、客户、流程以及学习与成长 4 个角度制定：输入企业使命、愿景、战略规划，根据企业最新战略规划，制定企业的中长期战略目标。通过战略地图，用清晰的逻辑关系把重要战略目标以及它们之间的因果关系展现出来。

构建组织的目标战略体系，首先要明确组织的使命、愿景和发展战略。例如，×××公司的愿景是以打造×××为主线，以创造客户价值为核心，持续提升盈利能力，打造世界一流×××企业。其次，将使命、愿景和发展战略分解成财务、客户、内部流程和学习成长 4 个角度。第一，财务角度，即企业战略在财务结果上进行定位分析。第二，客户角度，即企业客户界定及客户需求分析。第三，内部流程角度，即企业核心流程和核心运营环节分析。第四，学习成长角度，即企业能力建设分析。详细分解 4 个维度之后，汇总企业战略目标，理顺因果关系链，绘制出企业战略地图。

（四）贯通体系

在理解组织战略后，如何确保战略落地是管理层需要考虑的重要问题。企业将本企业的管理模块分为战略规划、年度商业计划、战略执行监督、战略评估、战略审计、领导力 6 个层次，确保战略落地就必须将平衡计分卡工具融入 6 个层次的管理，实现财务与业务、长期与短期、内部与外部、驱动与结果的融合贯通。因此，企业需要以确保战略落地为中心，分析理清各业务板块与战略推进各阶段的相互逻辑关系，进行系统的梳理、优化和固化，并最终融合为以战略的系统管理为中心的绩效管理体系，驱动各板块优化资源配置，加强精益管理，进行价值创造，进而提升公司整体盈利能力（见图 17－1－3－4）。

（五）诊断问题

企业可以采用资料查阅、访谈、问卷调查、内部研讨等方式调研企业管理现状，发现战略规划、业务预算、财务预算、绩效管理等各环节存在的问题。

这项工作可以让具体的管理者和职能部门员工参与设计过程，并利用其提供的意见建立适合平衡计分卡使用者的有效的、可操作的、信息尽可能充分的绩效指标。

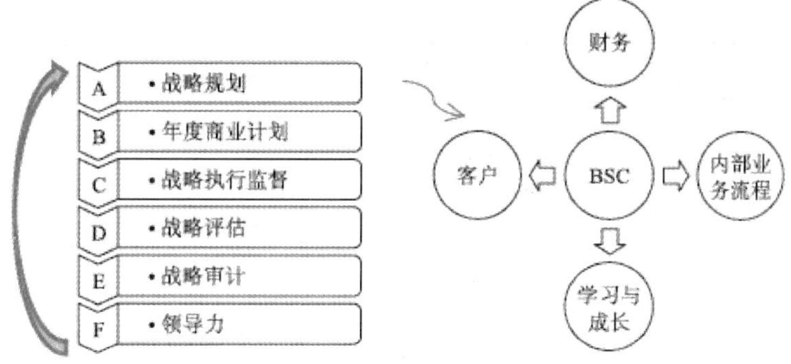

图 17－1－3－4 战略管理体系六大模块与平衡计分卡融会贯通

问卷的设计应该包括以下因素：

基本数据——对调查对象的分类。

生产改进——关注核心事项，在考虑中给予优先，以及与调查对象组织相关的绩效考核系统。

个人绩效指标——关注调查对象看重的评价个人绩效的指标，并按照日、周、月、季度和年度进行评价，同时要收集被调查者的主观想法。

企业在实施平衡计分卡的过程中，实施团队要对包括总裁、副总裁、总裁助理、业务单元总经理、职能部门负责人、普通员工代表等进行充分沟通与访谈，形成访谈纪要。查阅、借鉴企业已有的相关管理手册，如战略管理手册，绩效考核管理手册，月度、季度、年度绩效考核表等相关资料，为实施平衡计分卡做好准备。

1. 明确诊断方向。企业在进行诊断时的主要目标是让战略落地，将战略分解，与各个板块结合，从而使得战略与企业内部各组织一致。

4 个方向：一是分析战略管理与财务预算、运营管理、人力资源、组织绩效之间融合关系，并提出完善方案。二是分析和评价战略制定、分解、监控、评估全过程专业化和标准化水平，并提出优化方案。三是分析和评价现有指标评价体系并提出完善及优化方案。四是分析新老绩效管理体系对管理信息系统的需求。

初始阶段完成收集资料，准备 IT 调研系统，编制访谈提纲和调研问卷等，并确定战略中心组织原则（管理层推进变革，将战略转化为可操作的行动，围绕战略整合组织目标，使战略成为每个人的工作）为诊断模型。之后，通过模型对调研内容进行诊断和评估：第一，对现行战略管理、财务预算管理、运营计划管理、绩效管理等体系融合现状进行调研；第二，调研现有平衡计分卡体系，理清平衡计分卡操作使用情况并发现具体存在问题；第三，做出运营调研与管理诊断、提出运营问题管理机制建议；第四，提出战略管理体系诊断调研与建议；第五，对现有的公司级、部门级、事业部级（含分子公司）图、卡、表进行调研。

2. 梳理诊断结果，拟定诊断表。按照前述诊断思路和方法，实施诊断过程，梳理结果，以可视化的形式表现出来（见表 17－1－3－2 至表 17－1－3－6）。

表 17－1－3－2　　企业管理层推进变革指标表

原则 1　企业管理层推进变革				
评估指标	要素详述	状态	诊断结论	建议改进方向
1.1　推动战略执行				
1.2　坚定变革核心				
1.3　明晰愿景、使命和战略规划				
1.4　达成战略共识				
1.5　学习和应用新的管理方法				
1.6　建立战略管理的机制				

表 17－1－3－3　　战略管理体系诊断调研与建议表

原则 2　战略管理体系诊断调研与建议				
评估指标	要素详述	状态	诊断结论	建议改进方向
2.1　简明的战略重点。 （战略地图科学性）				
2.2　开发平衡计分卡				
2.3　设立目标值				
2.4　确定行动方案				
2.5　建立责任机制				

表 17－1－3－4　　组织战略目标整合表

原则 3　围绕战略整合组织目标				
评估指标	要素详述	状态	诊断结论	建议改进方向
3.1　确定公司定位				
3.2　公司与业务单元的协同				
3.3　业务单位与支持部门的协同				
3.4　与外部合作伙伴协同				
3.5　与董事会协同				

表 17－1－3－5　　个人绩效指标表

原则 4　使战略成为每个人的工作				
评估指标	要素详述	状态	诊断结论	建议改进方向
4.1　建立员工战略意识				
4.2　与个人目标链接				
4.3　与个人激励链接				
4.4　与能力发展链接				

表 17－1－3－6　　战略管理体系诊断调研与建议表

原则 5　战略管理体系诊断调研与建议					
评估指标		要素详述	状态	诊断结论	建议改进方向
资源配置	5.1　建立预算与战略的关联				
	5.2　与人力资源规划链接				
	5.3　与 IT 规划链接				
主要流程管理	5.4　与流程改进链接				
	5.5　最佳实践共享				
学习与控制	5.6　建立 BSC 报告系统				
	5.7　召开战略绩效回顾会议				

企业要利用平衡计分卡诊断模型对财务与非财务目标值的平衡设计进行诊断，找出设置不合理的目标值。

三、平衡计分卡编制的具体步骤

（一）编制企业战略地图，建立企业计分卡

1. 编制企业战略地图。

（1）编制战略地图。

①编制流程。企业战略地图的编制流程见图 17－1－3－5。

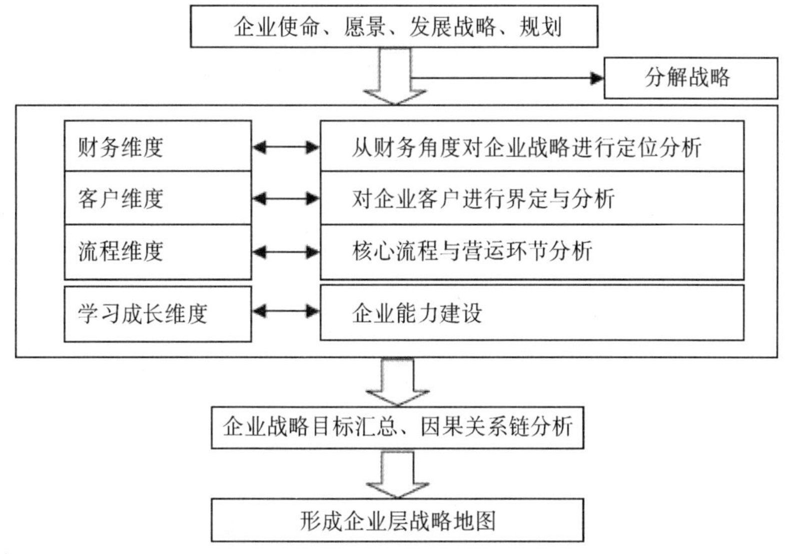

图 17－1－3－5　企业战略地图的编制流程

②编制方法。第一，输入企业使命、愿景、发展战略规划，为企业战略地图编制提供依据。

第二，编制财务角度战略目标。财务角度重点关注“什么对企业是最重要的”，清晰描述企业在财务结果方面的诉求，如经济规模、盈利能力、成本控制力、发展质量与效益等（见图 17－1－3－6）。

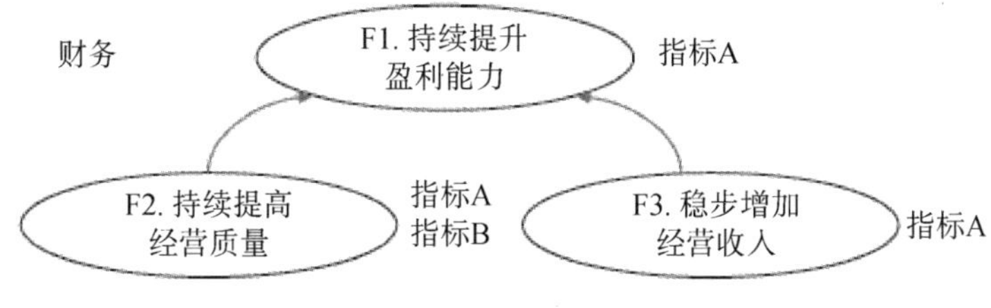

图 17－1－3－6　编制财务角度战备目标

第三，编制客户角度战略目标。客户角度主要重点关注“什么对客户是最重要的”，描述企业如何为目标市场、客户提供有价值的服务，如何提升企业的公众形象，如客户的规模，客户对产品和服务的认可程度，企业品牌的公众形象等（见图 17－1－3－7）。

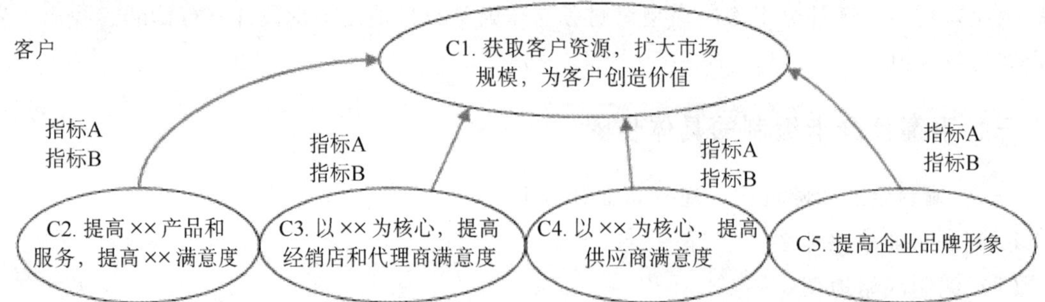

图 17-1-3-7 编制客户角度战略目标

第四，编制内部流程角度战略目标。内部流程重点关注企业价值链上最能推进财务角度和客户角度目标实现的环节，如产品的创新、品牌的构建、精益的运营、快捷的服务等，(见图 17-1-3-8)。

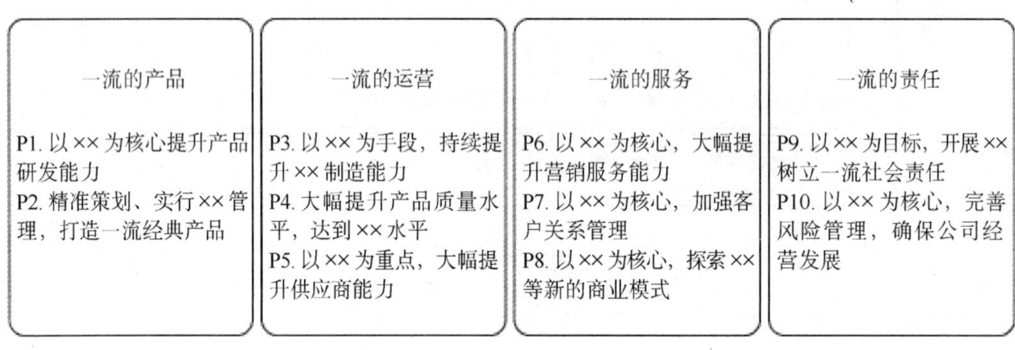

图 17-1-3-8 编制内部流程角度战略目标

第五，编制学习与成长角度战略目标。学习与成长重点关注如何建立关键的人员储备、技能提升、专业知识培养、信息技术、组织文化和体系方面的优势，如员工的能力素质要求，信息化资源系统开发，企业文化建设和体系保障等（见图 17-1-3-9）。

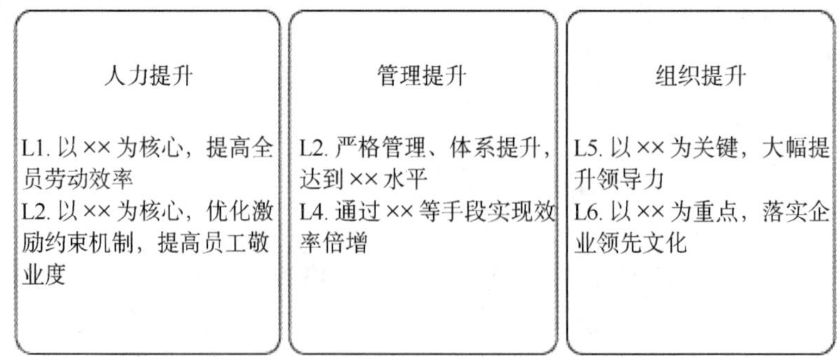

图 17-1-3-9 编制学习与成长角度战略目标

第六，综合上述 4 个角度的战略目标，明确各个角度与战略目标之间的因果关系，形成一张完整的企业战略地图（见图 17-1-3-10）。

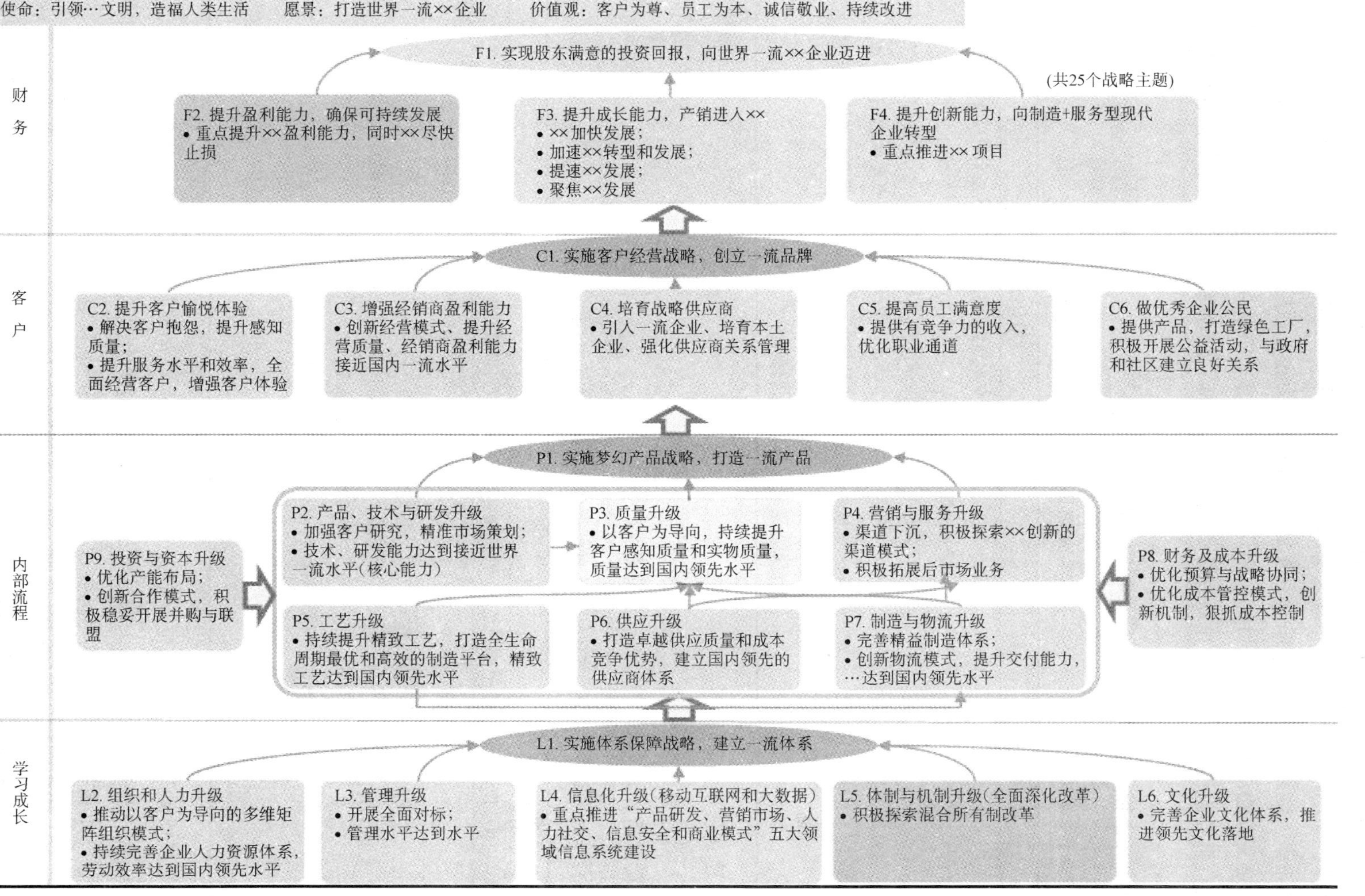

图 17－1－3－10　企业战略地图示例

（2）定义战略目标。企业战略目标确定以后，需要对战略目标进行简明扼要的定义描述，使每一项战略目标的内容和意义更加具体明确，并为下一阶段衡量指标和行动方案的建立提供指引。输入企业使命、愿景、发展战略规划，为企业战略地图编制提供依据。

①定义方法。对每个战略目标进行定义与描述，要求简单易懂，包括的内容不限于：对目标进行解释或说明；简要描述通过什么途径达到目标；说明本目标支撑哪一层面的哪些战略目标。

②定义模板及示范（见表17-1-3-7）。

表17-1-3-7 战略目标及定义

战略目标	战略目标定义
F2.持续提高	经营质量指企业有效使用资本和为股东创造价值的能力，以及支持企业生存与发展的现金实力； 通过研发和市场能力、产品成本管理水平的提升来提高企业的营业利润； 通过有效的管理流动资产、非流动资产和负债来降低资本成本； 通过科学的经营活动使现金维持在合适的水平，避免现金风险，减少现金浪费； 本目标支撑F1持续提升盈利能力

2. 建立企业计分卡。

（1）选择衡量指标。

①衡量指标选择流程及方法（见表17-1-3-8）。

表17-1-3-8 衡量指标选择流程及方法

步　骤	方　法
步骤一：列举指标	采用头脑风暴法，尽可能全面地列举企业可以衡量战略目标的指标
步骤二：筛选指标	按照以下方式进行筛选： 重要性：是否能够有效衡量战略目标，是否驱动所期望的行为； 衡量性：是否具备数据基础，测量结果是否可测量，测量成本的高低； 管控性：便于管控，对被考核者公平、合理； 聚焦性：各战略目标争取只设一个关键性指标，如果不止一个衡量指标可选用，则选择最能传达战略目标意义的指标
步骤三：确定指标	聚焦指标，建立与战略目标最适应的指标

②选择衡量指标模板及示范，如为战略目标“提高产品质量水平”选择衡量指标。

第一步，列举指标。采用头脑风暴法尽可能全面地提出衡量产品质量的候选指标，如产品“三包”质量损失、产品维修次数、产品PPM值、产品质量成本、产品质量因素。

第二步，筛选指标。确定筛选原则为基于市场和客户，易取得、易衡量、客观真实。

第三步，确定指标。综合考虑反映产品质量成本、产品“三包”质量损失、产品质量因素、产品PPM值等方面的指标，选择产品质量成本为战略目标“提高产品质量水平”的衡量指标（见表 17－1－3－9）。

表 17－1－3－9　　选择衡量指标模板及示范表

角度	战略目标	衡量指标	指标类型
财务	持续提升盈利能力	利润总额	绝对值型
	稳步扩大经营规模	销售收入	绝对值型
	……	……	……
客户	获取客户资源，扩大市场规模，为客户创造价值	市场占有率	百分比型
	提供让客户感动和惊喜的产品和服务，提高客户满意度	客户满意度	评分等级型
	……	……	……
内部流程	对标先进，大幅提升产品质量	产品质量成本	绝对值型
	以 CSPS 推进为手段，提升精益生产能力	CSPS 达级评估	评分等级型
	……	……	……
学习成长	以加强培训、提升员工能力为核心，优化激励约束，提高员工敬业度	员工文化认同度	指数型
	……	……	……

（2）定义指标和目标值。

①指标定义方法。为战略目标设置相应的衡量指标后，需对每一项指标进行定义。定义指标包括的要素有：评价周期、计算公式、指标责任部门/责任人、目标值和数据来源。

②指标定义模板及示范（见表 17－1－3－10）。

表 17－1－3－10　　指标定义模板及示范表

战略目标	提供让客户感动和惊喜的产品和服务，提高客户满意度		指标定义/计算公式	客户满意度＝直接满意度×20%＋加权满意度×40%＋加权执行力×40%	
衡量指标	客户满意度		数据来源	××调研报告	
指标意图	反映客户对产品的满意度		更新周期	月度/季度	
目标值	2016 年	2017 年	2018 年	2019 年	责任部门/责任人
产品 1	××	××	××	××	××部门
产品 1	××	××	××	××	××部门
……	……	……	……	……	……

（3）编制行动计划。

①编制方法（见表 17－1－3－11）。

表 17－1－3－11　　行动计划编制方法

步　骤	方　法
步骤一：列举行动方案	采用头脑风暴法，根据战略目标和衡量指标，尽可能全面地列举实现这些目标和指标的行动举措
步骤二：筛选行动方案	按照以下方式进行筛选： 重要性：抓住企业经营的薄弱、关键环节的工作，抓住最能突破的关键事项； 关键性：对战略目标的提高和实现起到最大化作用，且预算对目标达成和指标提升产生明显效果； 非常规性：选择非日常性工作类、具备项目特征的行动项； 对于没有设立指标的战略目标，一定要设立行动方案
步骤三：确定行动方案	聚集行动方案，建立与战略目标最适应的指标

②编制模板及示范。财务和客户角度的战略目标，原则上可不设定行动方案，对于某些战略目标，如"客户关系管理"，由于客观原因难以建立衡量指标的，必须设定行动计划，（见表 17－1－3－12）。

表 17－1－3－12　　行动计划开展表

<table>
<tr><td colspan="5" rowspan="2">20××年目标展开计划</td><td colspan="2">月份</td><td colspan="2">1月</td><td>……</td><td colspan="2">12月</td><td colspan="5">说明</td></tr>
<tr><td colspan="2">周节点</td><td>4</td><td>25</td><td>……</td><td>2</td><td>9</td><td colspan="4">季度分析评价</td><td rowspan="3">评审</td></tr>
<tr><td colspan="5">制表日期：年 月 日</td><td colspan="2">工作周数</td><td rowspan="2">1</td><td rowspan="2">4</td><td rowspan="2">……</td><td rowspan="2">9</td><td rowspan="2">0</td><td rowspan="2">1</td><td rowspan="2">2</td><td rowspan="2">3</td><td rowspan="2">4</td></tr>
<tr><td>序号</td><td>支持指标项</td><td>支持指标值</td><td>主要工作</td><td>要求/交付</td><td>负责人</td><td>支持人</td></tr>
<tr><td>1</td><td>市场占有率</td><td>×%</td><td>制定策略及营销售监控</td><td>策略及报告</td><td>张三</td><td>李四</td><td></td><td></td><td></td><td></td><td></td><td></td><td></td><td></td><td></td><td></td></tr>
<tr><td>2</td><td>产品品牌溢价</td><td>×××</td><td>提升产品牌认知度、提高产品溢价能力</td><td>达标评估</td><td>王五</td><td>××</td><td></td><td></td><td></td><td></td><td></td><td></td><td></td><td></td><td></td><td></td></tr>
<tr><td>3</td><td>在研项目通过里程碑节点</td><td>××产品：年 月 日</td><td>产品达成情况监控，产品开发进度跟踪</td><td>各节点方案</td><td>××</td><td>××</td><td></td><td></td><td></td><td></td><td></td><td></td><td></td><td></td><td></td><td></td></tr>
<tr><td>4</td><td>……</td><td>……</td><td>……</td><td>……</td><td>……</td><td>……</td><td>……</td><td>……</td><td>……</td><td>……</td><td>……</td><td>……</td><td>……</td><td>……</td><td>……</td><td>……</td></tr>
</table>

（4）定义行动计划及示范。

①行动计划定义方法。为确保行动计划的执行性，需对每一个行动方案进行定义，包括：负责人和参与人、开始与结束日期、获取的收益与影响、具体的时间节点。其中，如果行动计划持续时间超过 3 个月，时间节点至少需按季度设定；如果持续时间为 3 个月以内的，时间节点至少需按月设定。

②行动计划定义模板及示范见表 17 －1 －3 －13。

表 17 －1 －3 －13　　行动计划定义模板及示范编制方法

行动方案名称	产品卖点、亮点达成情况监控，产品开发进度跟踪				
所支撑的公司战略要素名称	重大在研项目按期通过里程碑节点				
项目负责人	张××	项目牵头部门	销售部门等	项目参与部门	无
项目开始时间	20××年 月 日	项目结束时间	20××年 月 日	项目持续总时间	持续
具体方案	通过全面监控产品从卖点、亮点达成到项目最终的量产和上市准备，确保产品项目的进度，形成对公司目标的有效的产品支持				
风险	公司的整体管理水平，如产品设计变更率高，设计变更流程没按规范执行，使产品节点达成存在风险				
里程碑日期	里程碑描述				
20××年 1 月	量价配置组合				
20××年 3 月	市场跟踪报告				
20××年 7 月	卖点跟踪				
20××年 10 月	产品质量描述				
20××年 11 月	售后服务评价				
20××年 12 月	节点评审				

（二）编制业务单元战略图，建立业务单元计分卡

企业平衡计分卡确定后，需将战略目标、指标和行动计划分解至业务单元/职能部门，并建立其相对应的战略图、指标和行动计划。

业务单元下属单位/企业职能部门（处级）依据上级单位的平衡计分卡制定相应的计分卡。

业务单元下属单位/企业职能部门下属员工，依据所在单位的计分卡，结合本岗位实际，分解制定岗位计分卡。

按照上述方式，实现层层分解，分解过程见图 17 －1 －3 －11。

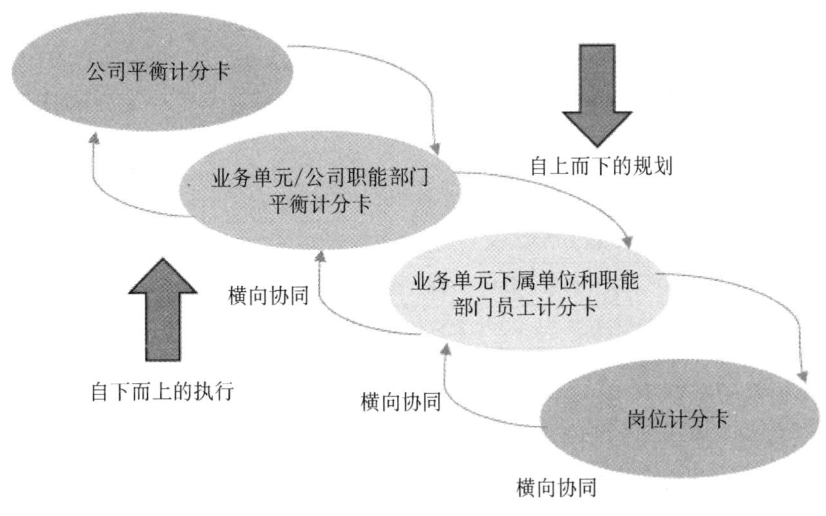

图 17 －1 －3 －11　行动计划分解过程

1. 编制业务单元/职能部门战略图。

(1) 战略图的编制。

①编制流程及方法。业务单元/职能部门战略图编制基本流程与企业战略图编制相同，不同之处在于需要考虑对企业战略的承接、支撑，业务战略、职能战略的特殊要求等。

编制业务单元战略图需要着重考虑的内容见表17-1-3-14。

表17-1-3-14　　编制业务单元战略图考虑因素

部门名称	单元战略	考虑因素
财务	F1 为股东创造高经济附加值 F2 提高净收入 F3 实施利润 F4 开发/实施全球增长战略 F5 优化运营资产	财务目标如何转化到业务单位
客户	C1 提供超额价值 C2 和客户合作 C3 差异化/创新	外部内部客户分别是谁； 客户的具需求和目标是什么
内部	I1 认识和选择目标市场 I2 通过技术开发推动增长 I3 优化动作 I4 管理运营资产 I5 关注环境保护和员工职业健康	企业经营取得成功，哪些业务流程最重要； 企业目标如何应用于业务，在哪应用
学习成长	L1 形成/沟通清晰的愿景战略 L2 聚集客户 L3 保持和开发战略技能和竞争力 L4 鼓励知识分享	什么技能、文化和信息的要求最重要

编制企业职能部门战略地图需要着重考虑的方面见表17-1-3-15。

表17-1-3-15　　编制企业职能部门略图考虑因素表

平衡计分卡分解考虑的问题	
考虑角度	考虑内容
财务角度×××	支持单位如何对成本、收入或是资产利用做出贡献？
客户角度×××	谁是我们的客户，他们的需求和期望是什么？
内部角度×××	为了支持客户需求和期望，我们本身的内部目标是什么？
学习角度×××	我们应该开发哪种技能/技术？我们应该如何对企业文化方面的目标做出贡献？

②编制模板及示范。

第一，业务单元战略图编制示范。以×××业务单元为例，按照以下方法制定财务维度的目标，方法扩展至其他维度形成完整的战略图。

承接企业战略：承接企业战略图财务角度“持续提升盈利能力”目标，形成×××业务单元战略目标“盈利优先，创造价值”。

考虑业务战略独特要求：根据×××业务单元产品消费升级的特点和公司对×××业务提出的总体销售目标提升的要求，将××作为业务单元独有的战略目标。

据此方法，从4个角度逐一编制×××业务单元的战略目标，汇集形成×××业务单元战略图（见图17－1－3－12）。

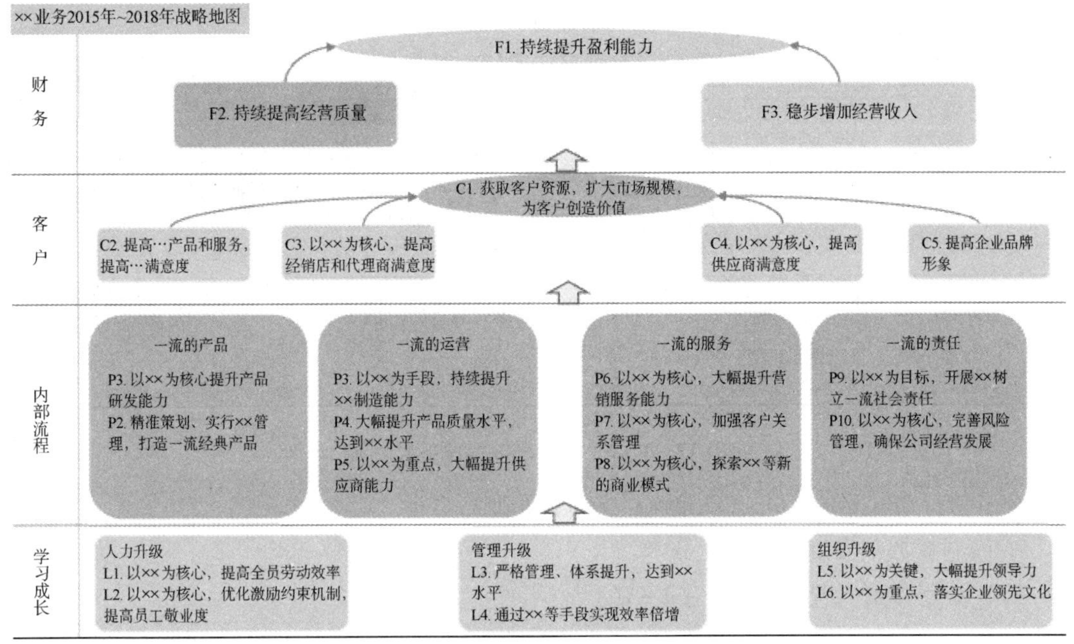

图17－1－3－12　业务单元战略图

第二，职能部门战略图编制示范。以战略管理部为例，按照以下方法制定财务维度的目标，方法扩展至其他维度形成完整的战略图。

支撑企业战略：承接企业战略图学习成长角度“提高员工满意度”目标，形成了战略管理部目标“开展培训，提升员工岗位胜任能力，提高员工敬业度”目标。

考虑职能战略特殊要求：根据战略管理部职能战略的特殊要求和“持续提升公司盈利能力”的要求，将“积极争取政策支持，为企业创造价值”作为战略管理部特殊的战略目标。

据此方法，从4个角度逐一编制战略管理部职能战略目标，汇集形成战略管理部战略图（见图17－1－3－13）。

（2）定义战略目标。业务单元/职能部门战略目标定义的方法、模板与企业战略目标定义方法、模板一致，可参考企业战略目标定义。

2. 编制业务单元/职能部门计分卡。编制业务单元/职能部门计分卡的方法、模板与企业计分卡定义方法、模板一致，可参考企业计分卡定义。

（二）编制业务单元下属单位及职能部门岗位计分卡

由于业务单元下属单位和职能部门所属处、室以及具体岗位均处于执行层，其核心业务完全覆盖财务、客户、内部流程和学习成长4个维度的情况较少，一般无须编制战略图，采

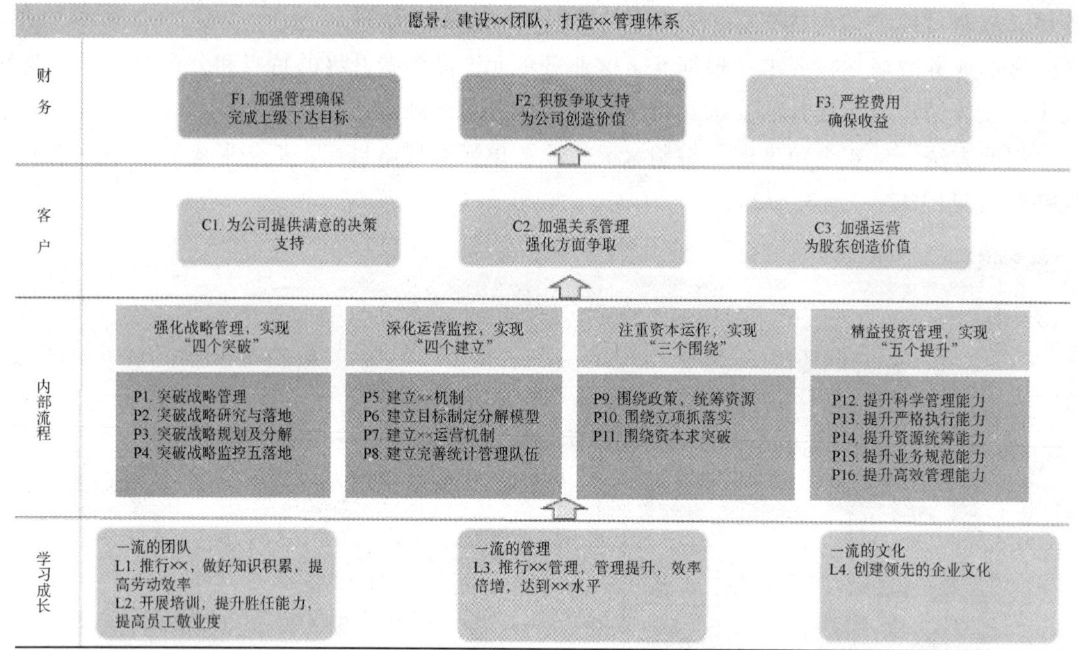

图 17－1－3－13 战略管理部战略图

用计分卡和行动计划的形式逐级分解、支撑企业战略目标。

1. 编制业务单元下属单位计分卡。

（1）编制方法（见表 17－1－3－16）。

表 17－1－3－16　　　　业务单元下属单位计分卡编制方法

步　骤	方　法
步骤一：分解上级单位平衡计分卡	按照相关性原则，将部门平衡计分卡分解，梳理与本处或室相关的衡量指标
步骤二：设立业务单元下属单位和职能部门处、定特有的指标和行动方案	从纵向支撑、横向协同的关系出发，根据处或室关键职能和重点目标，设立特有的指标和行动方案
步骤三：编制计分卡	确定目标值、重大里程碑节点、责任岗位

（2）编制模板及示范。

①分解上级单位平衡计分卡，如战略管理部承担的“计划准确率”和“完成上级下达目标（收入、利润）”两个指标，由具体负责营运管理的处或室承担，并作为该处或室的指标组成部分。

②设立本单位（下属单位、处、室）特有指标和行动计划，如负责营运管理的处或室主要职责之一为营运监控分析，确保战略落地，依据处、室特有指标，并考虑对战略的支撑，设立“分析完成率”指标。

③编制计分卡。对上述指标/行动计划逐一确定其目标值、重大里程碑节点及责任岗位，形成计分卡（见表 17－1－3－17）。

表 17-1-3-17　　企业中层管理人员 20××年个人绩效目标计划表

<table>
<tr><td>姓名：</td><td>×××</td><td colspan="2">部门：</td><td colspan="2">战略管理部</td><td>名称：运营管理室</td><td colspan="2">职级：</td><td>M3B</td><td>所属版块：</td><td colspan="2">职能部门</td></tr>
<tr><td rowspan="2">序号</td><td rowspan="2" colspan="3">指标版块</td><td rowspan="2">指标</td><td colspan="2">年度计划</td><td colspan="4">季度工作开展计划</td><td rowspan="2">权重</td><td rowspan="2">考核周期</td></tr>
<tr><td>目标/工作要求</td><td>评价标准</td><td>第一季度</td><td>第二季度</td><td>第三季度</td><td>第四季度</td></tr>
<tr><td>1</td><td rowspan="3">组织业绩
20%</td><td colspan="2">公司层面指标 20%</td><td rowspan="3" colspan="7">目标及评价标准以战略管理部制定的公司 20××年的平衡计分卡指标为准，季度及年度评估得分以战略管理部评估结果为准。</td><td>20%</td><td>季度</td></tr>
<tr><td>2</td><td colspan="2">部门层面指标 30%</td><td>30%</td><td>季度</td></tr>
<tr><td>3</td><td colspan="2">所在单位劳动效率指标 50%</td><td>50%</td><td>季度</td></tr>
<tr><td>4</td><td rowspan="9">个人业绩
80%</td><td rowspan="5" colspan="2">个人 KPI80%</td><td>完成上级下达目标</td><td>100%</td><td>完成率每差 1% 扣 1 分，每高 1% 加 1 分，低于 80% 不得分</td><td>销量、收入：100% 利润年度考核</td><td>销量、收入：100% 利润年度考核</td><td>销量、收入：100% 利润年度考核</td><td>销量、收入：100% 利润年度考核</td><td>15%</td><td>季度</td></tr>
<tr><td>5</td><td>计划准确率</td><td>90%</td><td>准确率每差 1% 扣 1 分，每高 1% 加 1 分，低于 70% 不得分</td><td>90%</td><td>90%</td><td>90%</td><td>90%</td><td>15%</td><td>季度</td></tr>
<tr><td>6</td><td>建立完善目标制定分解模型</td><td>×××之前完成</td><td>延期一个工作日扣 0.1 分，延期 30 个工作日以上不得分</td><td>完成模型思路和初稿</td><td>完成模型思路终稿</td><td>—</td><td>—</td><td>10%</td><td>季度</td></tr>
<tr><td>7</td><td>分析完成率</td><td>100%</td><td>准确率每差 1% 扣 0.1 分，低于 80% 不得分。</td><td>100%</td><td>100%</td><td>100%</td><td>100%</td><td>10%</td><td>季度</td></tr>
<tr><td>8</td><td>统计数据准确率</td><td>95%</td><td>准确率每差 1% 扣 1 分，低于 80% 不得分。</td><td>95%</td><td>95%</td><td>95%</td><td>95%</td><td>10%</td><td>季度</td></tr>
<tr><td>9</td><td>质量</td><td>5%</td><td>工作红黄数</td><td>全年红牌数为 0；黄牌数 8 个以下</td><td>红牌 1 个及以上此项不得分；黄牌 1 个扣 20 分，两个扣 50 分，两个以上此项指标不得分。</td><td>红牌 =0
黄牌 = <2</td><td>红牌 =0
黄牌 = <2</td><td>红牌 =0
黄牌 = <2</td><td>红牌 =0
黄牌 = <2</td><td>5%</td><td>季度</td></tr>
<tr><td>10</td><td>担当</td><td>5%</td><td>优化工作流程</td><td>完成 3 个工作流程优化</td><td>少 1 个此项不得分</td><td>—</td><td>—</td><td>—</td><td>—</td><td>5%</td><td>季度</td></tr>
<tr><td>11</td><td>团队</td><td>5%</td><td>民主测评平均值</td><td>不低于 C</td><td>低于 C 不得分</td><td>—</td><td>—</td><td>—</td><td>—</td><td>5%</td><td>季度</td></tr>
<tr><td>12</td><td>成长</td><td>5%</td><td>授课学时</td><td>8 学时以上</td><td>少 1 个学时扣 5 分，少 4 个学时以上不得分</td><td>—</td><td>—</td><td>—</td><td>—</td><td>5%</td><td>季度</td></tr>
<tr><td colspan="6">员工签字：　　　　　　年　月　日</td><td colspan="7">主管领导签字：　　　　年　月　日</td></tr>
</table>

2. 编制企业职能部门岗位计分卡。

（1）编制方法（见表 17－1－3－18）。

表 17－1－3－18　　业务单元下属单位计分卡编制方法

步　骤	方　法
步骤一：分解上级单位平衡计分卡	按照相关性原则，将部门平衡计分卡分解，梳理与本处或室相关衡量指标
步骤二：设立业务单元下属单位和职能部门处、室特有的指标和行动方案	从纵向支撑、横向协同关系出发，根据处或室关键职能和重点目标，设立特有的指标和行动方案
步骤三：编制计分卡	确定目标值、重大里程碑节点、责任岗位

（2）编制模板及示范。

①分解上级单位平衡计分卡，如战略管理部“计划准确率”可分解月计划准确率和季度计划准确率，由运营分析具体岗位负责。

②设立岗位特有衡量指标/行动方案，如运营分析具体岗位根据“直观、链接、特色、聚集”原则，设立行动计划“建立‘1＋3’计划滚动预测模型”。

③编制计分卡，明确目标值、行动计划推进计划、责任人等（见表 17－1－3－19）。

表 17－1－3－19　　20××年个人绩效承诺（PBC）评估表

姓名：×××　　大部门：战略管理部　　处（室）：　　岗位：经营计划　　评估期间 20××

计划绩效目标/计划重点工作任务				PBC 达成情况评估			
序号	岗位 KPI 目标/重点工作任务	任务描述/目标设定（完成时间、完成方式及交付品等）	计算公式/打分标准	权重（90%）	PBC 达成情况	直接主管评估	
						评分	加权得分
1	建立目标制定分解的模型，计划准确率 90%	目标制定分解模型	未达到任务目标扣 0.5 分/次	10%			
2	牵头进行公司年度方案编制	年度经营目标方案	未达到任务目标扣 0.5 分/次	10%			
3	牵头组织开展关键绩效指标（KPI）编制工作	按要求下达公司及各单位 KPI，组织各单位进行目标的层层分解	未达到任务目标扣 0.5 分/次	10%			
…	……	……	……	……			
序号	能力素质	行为表现评估标准			打分标准	评估得分	
1	高效执行	……					
2	客户为尊	……					
3	……	……					
PBC 确认：					员工签字：		
员工签字：	直接主管：　　年　月　日				日期：　　年　月　日		

续表

<table>
<tr><td colspan="5">计划绩效目标/计划重点工作任务</td><td colspan="3">PBC 达成情况评估</td></tr>
<tr><td rowspan="2">序号</td><td rowspan="2">岗位 KPI 目标/重点工作任务</td><td rowspan="2">任务描述/目标设定（完成时间、完成方式及交付品等）</td><td rowspan="2">计算公式/打分标准</td><td rowspan="2">权重（90%）</td><td rowspan="2">PBC 达成情况</td><td colspan="2">直接主管评估</td></tr>
<tr><td>评分</td><td>加权得分</td></tr>
<tr><td colspan="2">直接主管评估分值</td><td></td><td colspan="2"></td><td colspan="2">直接主管签字：</td><td></td></tr>
<tr><td colspan="2">上一级主管评估档次</td><td></td><td colspan="2"></td><td colspan="2">上一级主管签字：</td><td></td></tr>
<tr><td colspan="2">所属 PDC 审定档次</td><td></td><td colspan="2"></td><td colspan="2">所属 PDC 负责人签字：</td><td></td></tr>
</table>

第四节 工具方法评价

一、优点

应用平衡计分卡的优点在于：

第一，平衡计分卡的制作加强了战略业务单元、职能部门内部及业务单元/职能部门之间的交流，促进信息共享。

第二，平衡计分卡设定的目标全部以量化方式表现，进一步排除了管理上模糊性。

第三，平衡计分卡的推行使“三基于”“三导向”文化得到较好落实。

第四，平衡计分卡的推行进一步形成了上下同心同向的氛围，聚焦战略目标，增强了战略执行的协同性。

二、缺点

应用平衡计分卡的缺点有：

第一，执行平衡计分卡的条件门槛要求较高。

第二，在信息技术方面和管理方面难度较大。

第三，指标修订难度大，一旦竞争环境发生激烈变化，原来的战略及与之适应的评价指标可能会丧失有效性，从而需要花大量精力和时间修订。

第四，在绩效考核认识方面有很多局限性。

三、关注平衡计分卡的成功要素

有效利用平衡计分卡要注意以下几个方面：

第一，不能割裂平衡计分卡与战略地图的逻辑关系。平衡计分卡是对公司战略地图的进一步演绎，不能割裂两者之间的这种递进关系。

第二，平衡计分卡的衡量指标目标值要有一定突破性。平衡计分卡能帮助企业实现突破性财务目标，因此目标的设置应该有一定挑战性，否则企业的平衡计分卡就会变得非常平庸。

第三，平衡计分卡需要各部门、各岗位的有效协同。平衡计分卡是集体的决策，而不是某个部门、某个岗位的独创。

第四，不能忽略平衡计分卡自身的因果关系。平衡计分卡的4个维度（财务、客户、内部运营、学习与成长）是结果和驱动的平衡，在设定衡量指标值的时候，需要从整体角度考量。

第五，按照“无管理即偏差”原则，平衡计分卡需要有配套的战略行动计划，通过战略行动计划达成平衡计分卡设定的目标。

第六，平衡计分卡需要定期修订，在执行过程中需要经常回顾、审视。

第二章　管理会计案例——平衡计分卡

案例一　长安汽车——深化运用管理会计工具，全面提升价值创造能力

平衡计分卡是基于企业战略，从财务、客户、内部业务流程、学习与成长4个维度将战略目标逐层分解转化为具体的、相互平衡的绩效指标体系，并据此进行绩效管理的方法。平衡计分卡适用于战略目标明确、管理制度比较完善、管理水平相对较高的企业。

企业应用平衡计分卡工具方法，应有明确的愿景和战略。平衡计分卡应以战略目标为核心，全面描述、衡量和管理战略目标，将战略目标转化为可操作的行动。企业应用平衡计分卡工具方法，一般按照制定战略地图、制定以平衡计分卡为核心的绩效计划、制定激励计划、制定战略性行动方案、执行绩效计划与激励计划、实施绩效评价与激励、编制绩效评价与激励管理报告等程序进行。重庆长安汽车股份有限公司（以下简称“长安汽车”）得益于历届高层领导对公司战略的高度关注和指导，目前已形成年度300万辆产销规模，盈利赶超200亿元的实力，行业第一阵营地位得到夯实。长安汽车持续保持战略科学规划，发挥战略牵引定位作用，但在战略管理执行和推进中也存在一些问题，表现为：战略与运营、预算、人力、绩效等体系未能充分贯通；战略管理专业化水平还需精益提升；信息化、标准化能力和效率还有待提高。

为适应新经济时代下传统制造企业向现代制造服务型企业转型趋势，迎接“互联网+汽车”带来的机遇和挑战，实现打造世界一流汽车企业的愿景，长安汽车通过建立平衡计分卡体系，强化战略管理能力，贯通战略与预算、资源、绩效体系，提高战略专业化水平势在必行。

一、背景描述

（一）单位基本情况

经过30年的发展，长安汽车已经从单一的微型汽车生产企业发展为包含乘用车、商用车、轻型车、发动机在内的多谱系产品序列生产企业，成功跻身中国汽车第一阵营，连续8

年实现自主品牌销量第一，成为中国最大的自主品牌汽车企业，更是唯一一家自主品牌汽车产销累计突破1 000万辆的车企，成为中国汽车品牌领导者。

长安汽车积极配合兵装集团价值创造行动，以“2025愿景”战略为牵引，以“改革、品牌、质量、体系”为关键，通过导入和强化平衡计分卡工具应用，实现战略、财务、运营和绩效体系贯通，战略管理能力得到大幅提升，促进了公司战略高效落地。

长安汽车于2008年引入平衡计分卡，围绕战略的落地实施，相继开发了战略地图、计分卡和行动计划表，基本建立起平衡计分卡管理体系。2014年，长安汽车启动第四阶段事业领先计划，进一步强化了“打造世界一流汽车企业”的战略愿景，并运用平衡计分卡分解战略形成2015～2017年的图、卡、表。虽然长安汽车应用平衡计分卡取得初步成效，但如何使平衡计分卡工具应用更高效、更科学、更接地气，尚需做出巨大提升和努力。长安汽车在2014年提出全面深入应用平衡计分卡，旨在通过平衡计分卡提升战略管理能力，实现战略、运营、预算、绩效体系的全面贯通，促进战略落地。

（二）单位管理状况分析和存在的主要问题

长安汽车通过平衡计分卡管理咨询和信息化项目的推进，完成对长安战略管理状况的全面系统调研，针对访谈和交流中出现的问题综合得出管理诊断报告，根据诊断报告中战略管理呈现的问题，即体系孤立（平衡计分卡体系与其他业务职能体系未能有效贯通），专业化水平不高，信息化、标准化水平待精益，效率有待提升进行系统梳理和完善，建立长安汽车战略与运营管理信息化系统，实现战略关联业务体系的贯通，建立战略分解、落地至评估的指标体系，提升战略管理效率。

（三）选择平衡计分卡的主要原因

当前汽车行业面临全球经济微增长，汽车市场饱和竞争，互联网企业强势挑战汽车产业生态链的新常态。在大环境变化条件下，长安汽车加快战略调整和战术决策尤显迫切。

平衡计分卡作为当前世界最具影响力的战略管理工具，已广泛应用于企业战略管理，并得到高度认同和发展。《财富》杂志公布的世界前1 000位公司中有70%的公司采用了平衡计分卡系统，《哈佛商业评论》更是把平衡计分卡称为75年来最具影响力的战略管理工具。在国内，联想、宝钢、上汽通用、一汽、福田、神龙等集团都在应用平衡计分卡进行战略管理。

二、总体设计

（一）目的

针对当前BSC应用呈现的体系孤立、专业化水平不高和信息化水平低三大问题，长安汽车进行了全面的体系梳理和专业能力提升活动，并上线长安汽车战略IT系统，实现了战略关联业务体系的贯通，建立了战略分解、落地至评估的标准、指标和工具库，提升了战略管理效率和专业化水平。

（二）总体思路

在领导大力支持和专责组人员全体协同努力下，平衡计分卡得到高效推进，总体思路如下：

1. 顶层设计、组织保证。专责组成立之初即请示公司领导，成立以公司总裁为组长的“长安战略管理驾驶舱项目组”，通过责任分组制推进，形成高效的双向沟通和反馈机制，确保项目得到支撑保障。

2. 充分准备、目标明确。平衡计分卡应用阶段进行了多次完善讨论，结合长安汽车现有体制机制和文化评估平衡计分卡推广模式，基于应用需求展开 13 次专业公司询标交流，最终形成清晰明确的方案和目标。

3. 多维调研、综合诊断。在平衡计分卡管理能力提升活动过程中，诊断调研方式涵盖系统问卷、纸质问卷、定向访谈和专项咨询，体现了调研方法的系统性。调研对象覆盖公司领导、27 个部门一把手、处所领导和各单位执行专员，体现了调研对象的全面性。调研过程信息完全保密，并针对典型问题提出方案后进行回访交流，调研结果安全高效，体现了调研的专业性。

4. 分项并进、严格管控。各专责小组同时推进、相互协同支持，通过矩阵责任表、KTM 表和例会确保了平衡计分卡推进责任明确、沟通高效、完善及时。

5. 实践应用、优化创新。平衡计分卡充分融合应用与战略管理，并牵引财务预算和绩效体系的完善，得到高效应用。基于应用结果反馈和回访，再次完善体系、优化标准，形成健全的平衡计分卡应用机制。

（三）内容

1. 成立公司平衡计分卡工作组。

（1）设立公司、业务、职能三级组织架构。总裁任公司 BSC 体系管理领导小组组长，成立公司 BSC 办公室挂靠战略规划部，并成立 7 个业务 BSC 工作组和 18 个主要职能 BSC 工作组。

（2）明确各级组织及人员的工作职责。主要工作有战略图、卡、表的编制更新，季度战略监控，考核指标选取，指标任务分解落实等。

2. 强化专业技能。

（1）编制平衡计分卡体系操作手册和培训教案。提升工作组成员对平衡计分卡的认知和操作水平。

（2）组织开展平衡计分卡培训答疑。合计开展 11 次专题培训，帮助各级人员解决存在的疑问，提升专业化能力。

3. 积极推进季度回顾工作。运用平衡计分卡工具，组织实施季度回顾工作，以“找差距、找原因、找措施”为核心，找出公司发展中的不平衡，为领导决策和公司的下一步发展提供支撑。

4. 组织战略图、卡、表编制更新工作。

（1）提早策划。8 月份启动平衡计分卡年度编制更新工作，并制定工作推进计划。

（2）承接规划。基于公司发布的新版 T13612 战略规划，用战略图、卡、表的形式描述和分解，确保战略的可量化、可评价、可管控，完成公司、业务、职能合计 33 份战略图、卡、表的编制开发。

（3）沟通评审。组织多次讨论会，反复修订，确保各级战略“图、卡、表”的科学性和逻辑性，有效分解公司战略。

（四）平衡计分卡管理工具方法的创新

1. 高层领导推动。公司领导多次组织平衡计分卡工作推进会，积极参加公司战略地图与衡量指标讨论，并要求各单位围绕平衡计分卡开展工作和分析报告。

2. 开展专家讲堂。组织普华永道、上海佐佳咨询公司的平衡计分卡专家到长安汽车开展 4 场主题培训交流，提升公司上下对平衡计分卡的认知和运用水平。

3. 深化 BSC 组织架构。除了成立公司级的 BSC 工作组，为进一步推动平衡计分卡工作的落实，各单位分别建立内部平衡计分卡工作团队，制定工作计划，领导全部参与，而不再局限为某个专员的工作。

4. 开发公司级行动计划。在公司计分卡中，增加行动计划的编制开发，优化行动计划编制模板，设立关键节点和完成标志，确保计划的可操作、可评价。

5. BSC 评审与考核指标相融合。将各单位平衡计分卡评审与年度考核指标讨论工作融合，促进各部门一把手的重视程度。

6. 试点标杆。发挥标杆作用，参加兵装集团和中国长安汽车集团股份有限公司的交流培训会，积极准备报告材料并做主题演讲，分享经验与成果，帮助兄弟单位提高平衡计分卡的认知水平。

7. 强化公司平衡计分卡办公室的指导和督导作用。平衡计分卡作为一种战略管理工具体系，要求各级人员对其有充分的学习理解领悟后才可以有效保质开发出图、卡、表，平衡计分卡办公室人员加强自身理论学习，不断提升平衡计分卡专业水平后，一方面与各级计分卡人员分享经验，交流心得，另一方面，针对各部门图、卡、表存在的问题逐个反复对接，确保各级部门的图、卡、表在内容质量上不断提升，形式基本达到标准模板要求。

三、应用过程

（一）组织机构及方式

建立高效的组织机构是推进平衡计分卡的基本保障。长安汽车结合自身特色，成立“长安战略管理驾驶舱项目组”（见图 17－2－1－1），全力推进平衡计分卡应用。

（二）参与部门和人员

1. 长安汽车集团层面平衡计分卡实施小组包括：集团领导、集团职能部室负责人、分公司和子公司高层。

2. 分公司、子公司平衡计分卡实施小组包括：分公司、子公司高层，分公司、子公司部门负责人。

3. 长安汽车集团职能部室平衡计分卡实施小组包括：职能部室负责人、部室主管等。

平衡计分卡体系管理组织，简称 BSC 办公室，隶属于公司战略管理办公室，为公司平衡计分卡组织制定、运行管控的机构，其机构人员设置和职能职责见图 17－2－1－2。

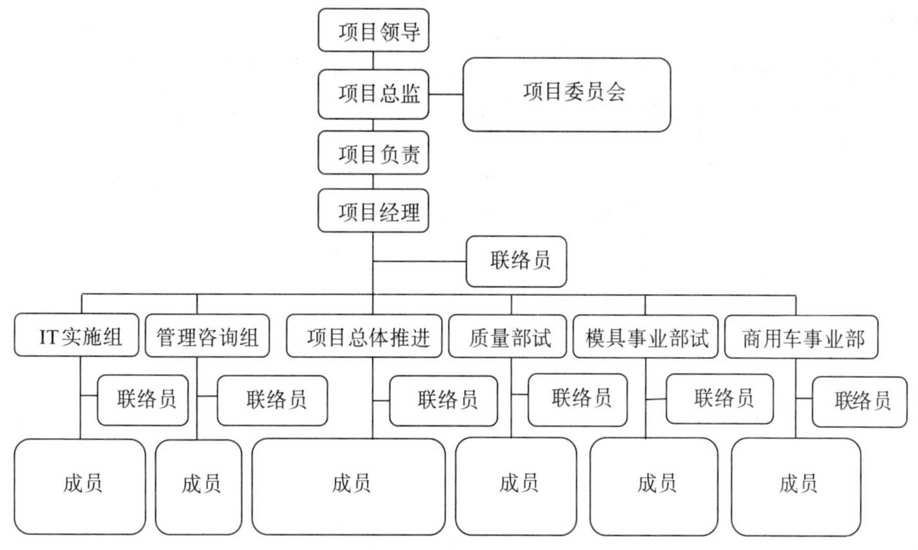

图 17－2－1－1 长安战略管理驾驶舱项目组架构图

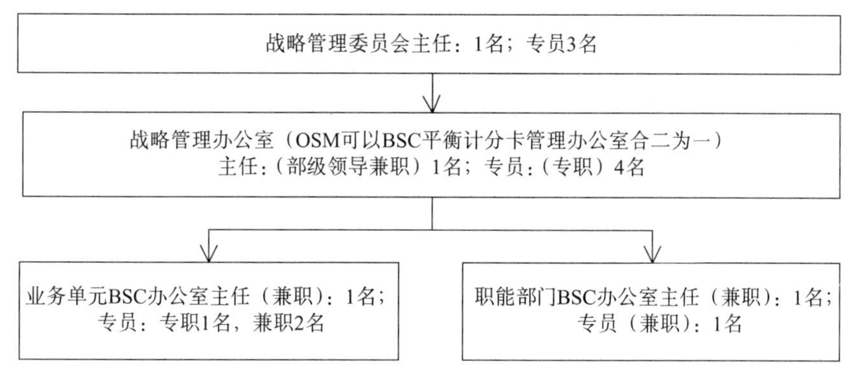

图 17－2－1－2 BSC 机构人员设置

（三）平衡计分卡实施情况（涵盖模式、资源、环境、流程、信息化等）

平衡计分卡实施主要开展了问题诊断、体系贯通、完善标准及方法、构建指标逻辑和建立 IT 支撑系统 5 个方面的工作。

1. 问题诊断。

（1）思路。通过访谈、问卷、回访等方式全面调研公司及所有单位不同层级领导和专员，充分发现战略管理各环节问题，提出解决方案，为战略管理能力提升做出决策支持。

（2）目标。

①调研和诊断战略管理与财务预算、运营管理、人力资源、组织绩效之间的融合关系，并提出完善方案。

②调研和诊断战略制定、分解、监控、评估全过程专业化和标准化水平，并提出优化方案。

③调研和诊断现有指标评价体系并提出完善及优化方案。

④调研 IT 支撑系统功能需求。

(3) 做法。

①调研准备。调研准备阶段主要完成收集资料，准备 IT 调研系统，编制公司高层访谈提纲和调研问卷等工作，并确定战略中心组织五项原则为诊断模型。战略中心型组织模型五项原则见表 17-2-1-1。

表 17-2-1-1 战略中心型组织模型五项原则

原则	内容
原则 1. 高层领导推进变革	1.1 推动战略执行 1.2 坚定变革决心 1.3 明晰愿景、使命和战略规划 1.4 达成战略共识 1.5 学习和应用新的管理方法 1.6 建立战略管理的机制
原则 2. 将战略转化为可操作的行动	2.1 简明描述战略重点 2.2 开发平衡计分卡 2.3 设立目标值 2.4 确定行动方案 2.5 建立责任机制
原则 3. 围绕战略整合组织目标	3.1 确定公司定位 3.2 公司与业务单元的协同 3.3 业务单位与支持部门的协同 3.4 与外部合作伙伴协同 3.5 与董事会协同
原则 4. 使战略成为每个人的工作	4.1 建立员工战略意识 4.2 与个人目标链接 4.3 与个人激励链接 4.4 与能力发展链接
原则 5. 使战略成为持续性流程	A. 资源配置 5.1 建立预算与战略的关联 5.2 与人力资源规划链接 5.3 与 IT 规划链接 B. 主要流程管理 5.4 与流程改进链接 5.5 最佳实践共享 C. 学习与控制 5.6 建立 BSC 报告系统 5.7 召开战略绩效回顾会议

②调研和访谈。调研方式包括网络问卷、纸质问卷、内部研讨、专访和回访。访谈对象为公司总裁、副总裁、部门长、各分管处所长、执行专员。调研内容共五大项：一是调研长安汽车现行战略管理、运营计划管理、财务预算管理、绩效管理等体系融合状况；二是调研

现有平衡计分卡体系，厘清平衡计分卡操作使用情况并发现具体问题。三是提出运营调研与管理诊断、运营问题管理机制建议。四是提出战略管理体系诊断调研与建议。五是对现有公司级、部门级、事业部级（含分子公司）图、卡、表进行调研。

③调研诊断结果。

原则 1：高层领导推进变革。

评价小结：原则 1 总体良好，但高层领导需提高 BSC 应用阶段关键环节的参与度（见表 17－2－1－2）。

表 17－2－1－2　　高层领导推进变革

评价要素	要素详述	状态	诊断结论	建议改进方向
推动战略执行	高层管理团队是否有对战略执行重要程度的预见性，并通过创新管理工具推进该项工作		最高领导在战略执行推动方面具有很高的预见性	—
坚定变革决心	高层管理团队对管理变革支持度与参与度		高层领导对 BSC 创新持有十分积极的态度	高层领导需提高 BSC 应用过程关键环节的参与度
明晰愿景、使命战略规划	公司愿景、使命与战略规划是否清晰		长安汽车有十分明确的战略任务系统和事业领先战略架构	公司总体战略建议关注产业协同分析
达成战略共识	高层管理团队是否对公司的发展方向和战略重点已经达成共识		长安汽车目前按照“事业领先计划”分阶段实施，高层达成一致	—
学习和应用新的管理方法	高层管理团队是否善于学习和应用新的管理方法		高层领导比较重视并善于学习、应用新的管理方法	—
建立战略管理机制	是否有很好的机制对于战略执行过程进行有效的监控、分析、评价		拥有规范战略管理机制	战略管理流程需重点考虑战略、计划预算与考核在时间点上的联动等

原则 2：战略转化成为可操作的行动小结。

评价小结：原则 2 总体评价偏差，在“战略地图科学性”以及“高层 BSC 责任落实”两个方面做得不足（见表 17－2－1－3）。

表 17－2－1－3　　战略转化成为可操作的行动表

评估指标	要素详述	状态	诊断结论	建议改进方向
简明的战略重点（战略地图科学性）	是否运用战略地图实现了战略的简单、集成，战略地图是否与战略规划契合		部门级战略地图水平参差不齐，改进空间较大	可逐步运用标准化开发步骤提高战略地图应用级别
开发平衡计分卡	开发了与战略地图对应的平衡计分卡； 平衡计分卡是否包含了必要的指标		各层级战略地图与平衡计分卡中各要素是一一对应关系，结构合理；但很多部门 BSC 中战略目标与衡量指标对应关系有待梳理	运用五因素分析法提高 BSC 中战略目标与衡量指标的对应关系

续表

评估指标	要素详述	状态	诊断结论	建议改进方向
设立目标值（财务与非财务平衡；目标值合理性）	财务与非财务目标值是否设定； 目标值设定是否符合实际		已经在财务与非财务指标方面进行了目标值的平衡设计	目标值确定中加强高层与中层沟通； 运用市场细分等工具，提高沟通效果
确定战略行动方案	有明确的战略行动方案，并设定优先级		明确了战略行动方案并设定优先级	运用交叉矩阵对战略行动方案与战略目标逻辑关系进行检验
战略行动方案指定高层责任人	对每一项战略性行动方案都指定了来自高层管理团队的责任人		目前仅指定了部门责任人	公司级 BSC 中战略行动方案指定高层责任人

原则 3：围绕战略协同组织目标。

评价小结：原则 3 总体评价一般，“业务单位与支持部门协同”以及“与外部合作伙伴协同”两个方面需要加强、提升（见表 17－2－1－4）。

表 17－2－1－4　　围绕战略协同组织目标

评估指标	要素详述	状态	诊断结论	建议改进方向
确定总部定位——公司在战略中功能定位是否明确	公司在战略管理中的功能定位是否明确		重庆长安、各单位（子公司、事业部、部门）在战略中功能定位是明确的	—
公司与业务单位协同（业务单位战略图是否与公司层面保持一致）	业务单位是否根据公司战略分解自身的战略（战略图目标与计划）		公司与各业务单位在战略地图纵向协同关系较差，需要理顺逻辑关系	运用专业工具理论纵向逻辑关系：价值树模型、战略目标分解矩阵
业务单位与支持部门协同（横向能很好地支持业务单位战略目标实现）	职能单位是否与业务战略保持匹配（战略图目标与计划）		不仅仅战略地图开发缺乏横向战略协同思考，而在实际工作中长安汽车部门横向协同也需要加强	开展“部门横向协同分析”； 识别 行动方案横向协同； 协同 KPI 与考核链接； 战略管理部门建立横向协同管理与监督机制
与外部合作伙伴协同	公司外部合作伙伴（供应商、分销商等）是否能很好地与公司保持战略上的协同		供应商管理相对较弱：体系没有固化；供应商资质认证体系 QCA 没有效执行	加强供应商管理，长安汽车应起到监、帮、促、评的作用，提高供应商与长安汽车在战略目标上协同
与董事会协同（实际推进战略与董事会关注以致）	公司实际推进战略目标与董事会关注战略目标是否一致		最高领导持续关注战略，亲自组织战略规划，检查执行	—

原则 4：使战略成为每个人的工作

评价小结：总体评价良好，在员工战略意识、个人目标、个人激励链接方面仍需再接再厉（见表 17－2－1－5）。

表 17－2－1－5 使战略成为每个人的工作

评估指标	要素详述	状态	诊断结论	建议改进方向
建立员工战略意识	是否大多数员工都知晓和理解公司的发展方向和战略重点		长安汽车战略宣传（同时包括企业文化）力度很大	基层员工宣传力度可适度加强
与个人目标链接	员工个人目标是否与公司战略目标一致		长安汽车各单位（子公司、事业部、部门）基本遵从经营 KPI 和重点工作要求分解员工个人目标	注意结果指标与过程指标的平衡； 注意指标数据来源的真实性； 横向协同指标分解
与个人激励链接	是否有相关的薪酬激励体系也战略执行做驱动保障； 激励措施能否被落实，且做到多劳多得		长安汽车已经建立了个人激励机制	长安汽车应多以正向激励为主，负向激励为辅的方式进行操作
与个人能力发展链接	是否以战略需求为导向对各级员工开展培训、制定培训计划		以战略需求为导向对各级员工开展培训，制定能力提升培训计划	—

原则 5：使战略成为持续性流程

评价小结：总体偏差，“建立战略与计划、预算的关联”“与人力资源规划链接”“最佳实践共享方面”需要提升（见表 17－2－1－6）。

表 17－2－1－6 使战略成为持续性流程

评估指标	要素详述	状态	诊断结论	建议改进方向
建立战略与计划、预算的关联	运营计划与中长期战略规划是否有效衔接； 财务预算与战略、运营计划是否有效的链接		战略、运营计划与预算体系孤立	编制《平衡计分卡操作手册》，战略、运营、财务等部门根据要求统一梳理相关流程
与人力资源规划链接	人力资源规划是否依据公司战略制定		人力资源部依据公司战略规划制定人力资源规划思路非常清晰，但是执行差	提高人力资源规划实际执行水平
与 IT 规划战略链接	公司的信息系统战略是否与其他战略系统相结合		各模块的信息化系统已经完成初步建设，但目前的主要问题是各模块之间相互独立	从技术上建立起模块之间的管理数据链接、共享

续表

<table>
<tr><th>评估指标</th><th>要素详述</th><th>状态</th><th>诊断结论</th><th>建议改进方向</th></tr>
<tr><td>与流程改进链接</td><td>流程改进是否与公司战略关连</td><td></td><td>流程管理水平方面在中国汽车行业中处于优秀水平，同时也结合战略制定了未来管理提升计划（含流程）</td><td>部分管理流程（尤其涉及总部与子公司、事业部之间的管理流程）效率提高值得关注、改善</td></tr>
<tr><td>最佳实践共享（知识管理体系建设）</td><td>知识管理是否与公司战略紧密相连</td><td></td><td>高层领导对最佳实践知识共享重视，但是知识管理处于初级阶段，不成系统</td><td>建议长安汽车在公司层面统一开展知识管理体系建设，建立知识管理统一信息平台</td></tr>
<tr><td>建立 BSC 报告系统</td><td>是否建立有规范的战略性的绩效信息分析报告系统；
是否依据报告分析结果检验和修订战略的目标和途径</td><td></td><td>月度运营分析报告按照 BSC 要求初步建立；季度战略地图、BSC 红黄绿灯管理资料未收集（未见）</td><td rowspan="2">战略地图开发、年度战略回顾由战略规划处主导，运营管理处参与；季度战略回顾、监督由运营管理处负责，战略规划处保留战略审计职能</td></tr>
<tr><td>召开战略回顾会议</td><td>是否召开战略回顾会议，并对战略执行和战略本身实行动态管理</td><td></td><td>战略回顾不是惩罚与指责；指标红灯后不能消极地要求降低目标值，而应当考虑弥补；战略回顾会议决议落实尤为重要；战略回顾会议与当月运营回顾会议可以合并</td></tr>
</table>

（4）战略地图、平衡计分卡、行动计划表诊断（见表 17－2－1－7）。

表 17－2－1－7　　战略地图、平衡计分卡、行动计划表诊断

序号	总体诊断问题	建议解决方向
1	战略地图与 BSC 应关注母合效应分析	目前的结构不一定要作大幅度调整，可以把“产业协同管理”思考结论融入 F3 等战略目标中，运用三层面业务规划法对各个产业角色进行定义；将“管控监督”“共享资源服务”思考结论融入其他维度战略目标；未来对 BSC、战略行动计划可能会有大幅度调整； 未来考虑运用战略地图开发八步法开发公司战略地图，融入母合效应的战略思维
2	BSC 目标值建议至少分解到季度	2015 年战略图与 BSC 滚动开发时，直接在 BSC 中将各战略目标值分解到季度或月度
3	战略目标用词结构可以更加规范	战略目标用词结构建议使用：“动词＋目的”的句型； 《平衡计分卡应用操作手册》中统一操作标准

续表

序号	总体诊断问题	建议解决方向
4	BSC 战略行动计划责任人建议为高层	在公司 BSC 与战略行动计划中将第一责任人改为公司高层
5	战略行动计划编写有待进一步规范	关键节点与完成标志需按照五因素分析法要求进行描述，除时间外，还需要考虑成本费用、数量、质量与风险控制要求； 需增加关键节点的责任人、协同单位等责任分解； 部分战略行动计划如属于日常工作任务，不一定要单独列战略行动计划； 公司级战略行动计划牵头人一般为公司高层； 《平衡计分卡应用操作手册》中统一操作标准
6	运用工具对公司战略目标与计划分解	运用价值树模型、分解矩阵等工具实现公司与部门战略图、BSC 纵向支持； 《平衡计分卡应用操作手册》中统一操作标准

2. 体系贯通。

（1）思路。将平衡计分卡工具融入各管理模块之（如实现平衡计分卡与战略规划的融合），同时结合平衡计分卡体系构建要求，梳理和贯通六大模块的管理流程。

（2）目标。以支撑确保战略落地为中心，明确战略分析、制定、实施、监控、修订所涉及的其他业务板块和体系机制，分析理清各业务板块与战略推进各阶段的相互逻辑关系，进行系统梳理、优化和固化，并最终融合为以战略的系统管理为中心的管理机制，形成战略推进衔接机制。

（3）做法。建立战略管理体系架构。长安汽车平衡计分卡实践特别强调体系融合，在理顺战略规划、年度商业计划、战略执行监督、战略评估、战略审计、领导力六大模块逻辑关系基础上，建构体系如图 17－2－1－3 所示。

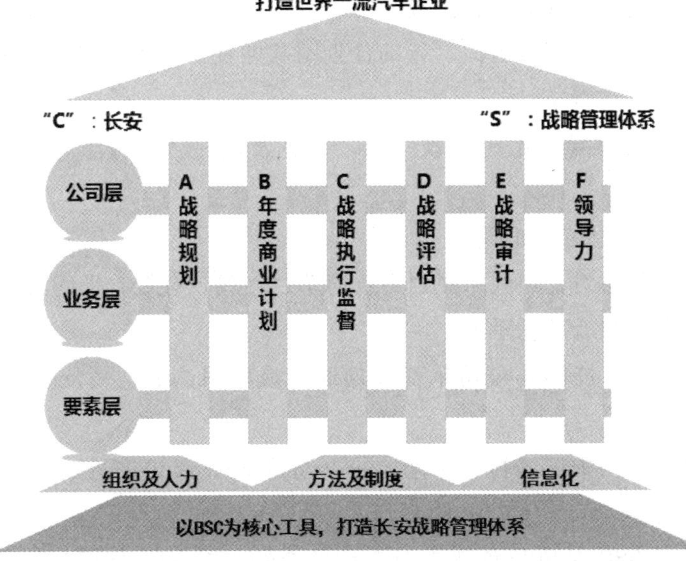

图 17－2－1－3 长安汽车战略管理体系

长安汽车战略管理体系中的六大模块均以战略为主线，具有很强的整体一致性，最终形成闭环，成为一个密不可分的有机整体（见图 17 –2 –1 –4）。

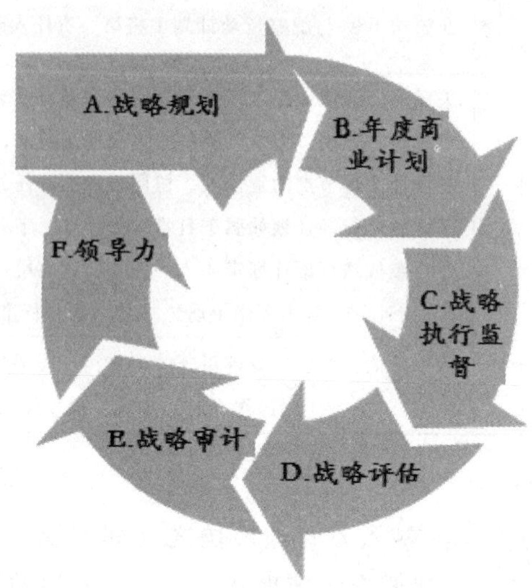

图 17 –2 –1 –4 战略管理体系闭环

六大模块均以战略为主线，保持整体一致性。

①战略规划：通过对公司战略环境进行扫描分析确定长安汽车中长期战略目标和重大战略举措，并对目标进行分解。

②年度商业计划：对战略举措进行年度分解与落实，并实现与长安汽车财务预算的联动。

③战略执行监督：对战略执行过程和结果进行监控和分析。

④战略评估：对管理者战略执行过程和结果进行考评，旨在驱动战略的有效执行。

⑤战略审计：对战略执行的方向、行动计划与战略的一致性、战略执行结果的真实性、责任经济、内控体系等进行审计。

⑥领导力：对公司领导的组织绩效（图、卡、表）、战略审计以及领导力素质的综合评价。

平衡计分卡与各模块关系如下。

战略规划：BSC 能够对公司战略规划进行简单、直观、有效、平衡的描述；确保业务单位、职能单位对公司战略有效的承接。

年度商业计划：BSC 能够将公司年度计划通过战略图、卡、表分解到月度，确保可执行性。

战略执行监督：运用季度监控、年度监控，通过 BSC 形式进行汇报或召开会议，实现战略沟通的统一语言。

战略评估：通过 BSC 对单位负责人设定绩效合约，对 KPI 及战略行动计划有效监控，确保战略有效落地。

战略审计：审计 BSC 中的各项战略主题、目标、核心衡量指标、目标值的可行性；审计平衡计分卡数据的真实性；审计内控管理体系；审计管理人员的经济责任等。

领导力：领导力考评主要通过 3 个方面进行评价，即 BSC 的组织绩效、战略审计、领导力素质测评。

3. 完善标准及方法。

（1）思路：依托战略管理体系，梳理战略规划、年度商业计划、战略执行监督、战略评估、战略审计、领导力六大模块涉及的评价标准、流程和工具。

（2）目标：完成编制六大模块所涉及的评价标准、流程和工具。

（3）做法：以战略规划模块为例。

战略规划主要包含战略研究、战略制定、战略分解三大内容，具体的评价标准、工具、流程、模板如表 17－2－1－8、表 17－2－1－9、图 17－2－1－5、表 17－2－1－10 和表 17－2－1－11 所示。

表 17－2－1－8　　战略规划评价标准和工具

模块 A：战略规划			
内容	评价标准		涉及主要工具
战略制定	战略规划制定	公司层面战略制定	杜邦财务模型、EVA、利益相关者分析、三层面业务规划法、业务协同分析、战略目标分解矩阵、市场细分图、产品—市场分析矩阵、内部运营战略举措分析等
		业务层面战略制定	
		职能层面战略制定	
	3 年滚动修订	3 年滚动每年编制一次	市场细分图、产品—市场分析矩阵、企业资源与能力分析
战略分解	战略图卡表制定	公司层面战略图卡表制定	战略地图问题清单、战略地图、平衡计分卡、战略行动计划分析矩阵、战略行动计划、价值树、五因素分析、职责推导
		业务层面战略图卡表制定	
		职能层面战略图卡表制定	

表 17－2－1－9　　战略规划流程

序号	内容	任务	1 月	2 月	3 月	4 月	5 月	6 月	7 月	8 月	9 月	10 月	11 月	12 月
1	战略研究	制定次年战略研究计划（关重课题纳入次年管理创新项目），按照研究计划组织开展课题的研究、评审、论证、成果的落地、使用等相关工作												

续表

序号	内容	任务	1月	2月	3月	4月	5月	6月	7月	8月	9月	10月	11月	12月
2	战略制定	依据公司规划目标，进行开展产品规划，组织产能、人力、资源等进行综合分析，确定公司战略目标，组织相关单位制定战略规划												
3	战略分解	各相关单位战略规划人员，依据单位战略规划编制本单位战略地图、平衡计分卡、战略行动计划表												

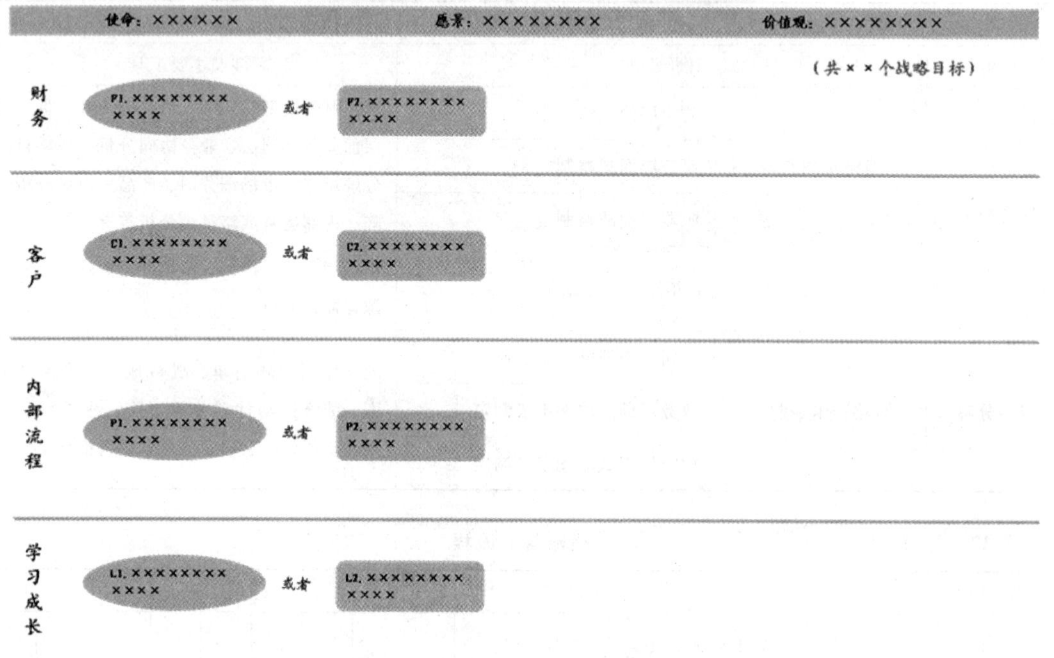

图 17-2-1-5 战略地图模板

4. 构建指标逻辑。

（1）思路。通过对公司战略地图中各战略目标的业务逻辑分解，建立公司年度平衡计分卡指标及指标体系，以此为鉴指导各业务和职能部门完成本部门战略目标的业务逻辑分解和指标体系。

（2）目标。建立公司和业务、职能部门业务逻辑关系图、指标体系。

（3）做法。

表 17－2－1－10　　　　长安汽车××××部 2014～2016 年平衡计分卡

维度	战略目标	衡量指标		计量单位	目标值			2014 年				数据更新周期	指标定义/计算公式	指标管控部门	指标责任部门	数据来源	战略行动计划		
					2014 年	2015 年	2016 年	Q1	Q2	Q3	Q4						序号	名称	负责人
财务		M1															K1		
		(1)																	
		(2)						－	－	－	－								
		M2															K2		
		M3															K3		
客户		M4															K4		
		(1)																	
		(2)																	
		M5															K5		
		M6															K6		
内部流程		M7															K7		
		M8															K8		
		★															K9		
学习成长		M9															K10		
		M10															K11		
		…															…		

1. 2014 年指标需要分解到 2014 年各季度，对于没有季度目标或无法分解到季度的请用“－”标识填充相应单元格；
2. 每一个战略目标可能对应多个衡量指标，但原则上不应超过 3 个，衡量指标序号前冠以“M”；
3. 对于无法用具体指标衡量的战略目标可以用行动计划代替，在衡量指标栏用“★”代替；
4. 行动计划序号前冠以“K”；
5. 指标和行动计划分别独自排序，即 M1，M2……和 K1，K2……，互不干涉。

原则上为处级单位

为具体牵头负责

表 17－2－1－11　　行动计划表模板

长安汽车×××部 2015～2017 年战略行动计划表		
（□公司级　■部门级）		
行动计划名称	×××××××××	
行动计划编号	K××	
牵头部门	××××部	
参与部门	××××部	
负责人	×××	
起止时间	××年××月～××年××月	
资源需求及预算	请填写开展次项行动需新增的人力、资金等资源需求	
时间	关键节点描述	完成标志
××年××月	在此时间段内，计划达成的工作目标是什么	如何评价此项工作完成；工作交付是什么

说明：

1. 2014 年指标需要分解到 2014 年各季度，对于没有季度目标或无法分解到季度的请用"－"标识填充相应单元格。
2. 每一个战略目标可能对应多个衡量指标，但原则上不应超过 3 个，衡量指标序号前冠以"M"；
3. 对于无法用具体指标衡量的战略目标可以用行动计划代替，在衡量指标栏用"★"代替；
4. 行动计划序号前冠以"K"；
5. 指标和行动计划分别独自排序，即 M1，M2……和 K1，K2……，互不干涉；
6. 纸张大小：A3；标题格式：黑体、加粗、18 号字；
8. 内容：楷体 GB2312、黑色加粗、10 号字，但是指标下的分项，如（1）（2）内容不用加粗；
9. 空白项：请用"—"标识。

①建立业务逻辑图。组织公司各部门从财务、客户、内部流程、学习成长 4 个维度梳理公司级业务逻辑，以及 6 个业务部门和 22 个职能部门业务逻辑图，经过 3 轮讨论最终定稿（见图 17－2－1－6）。

②建立平衡计分卡指标体系。对应业务逻辑图，从财务、客户、内部流程、学习成长 4 个维度建立公司平衡计分卡指标库，总计指标 107 项；建立业务部门和 27 个职能部门平衡计分卡指标体系。指标库的建立兼顾涵盖了战略愿景指标与当前运营监控指标，并制定了管理规则实现指标，保证及时更新和应用（见表 17－2－1－12）。

5. 建立 IT 支撑系统。

（1）思路。结合系统定位和功能需求，调研各层级业务人员对系统功能的认知和理解，综合确定系统功能，通过各功能模块设计优化和试用反馈，实现系统上线。

（2）目标。以提高工作效率为目的，把平衡计分卡工具、模板和流程融入信息化系统，实现企业数据共享和在线提取、关键重要信息形象展示和逐级问题跟踪、任务在线管理和资料信息库管理的功能。

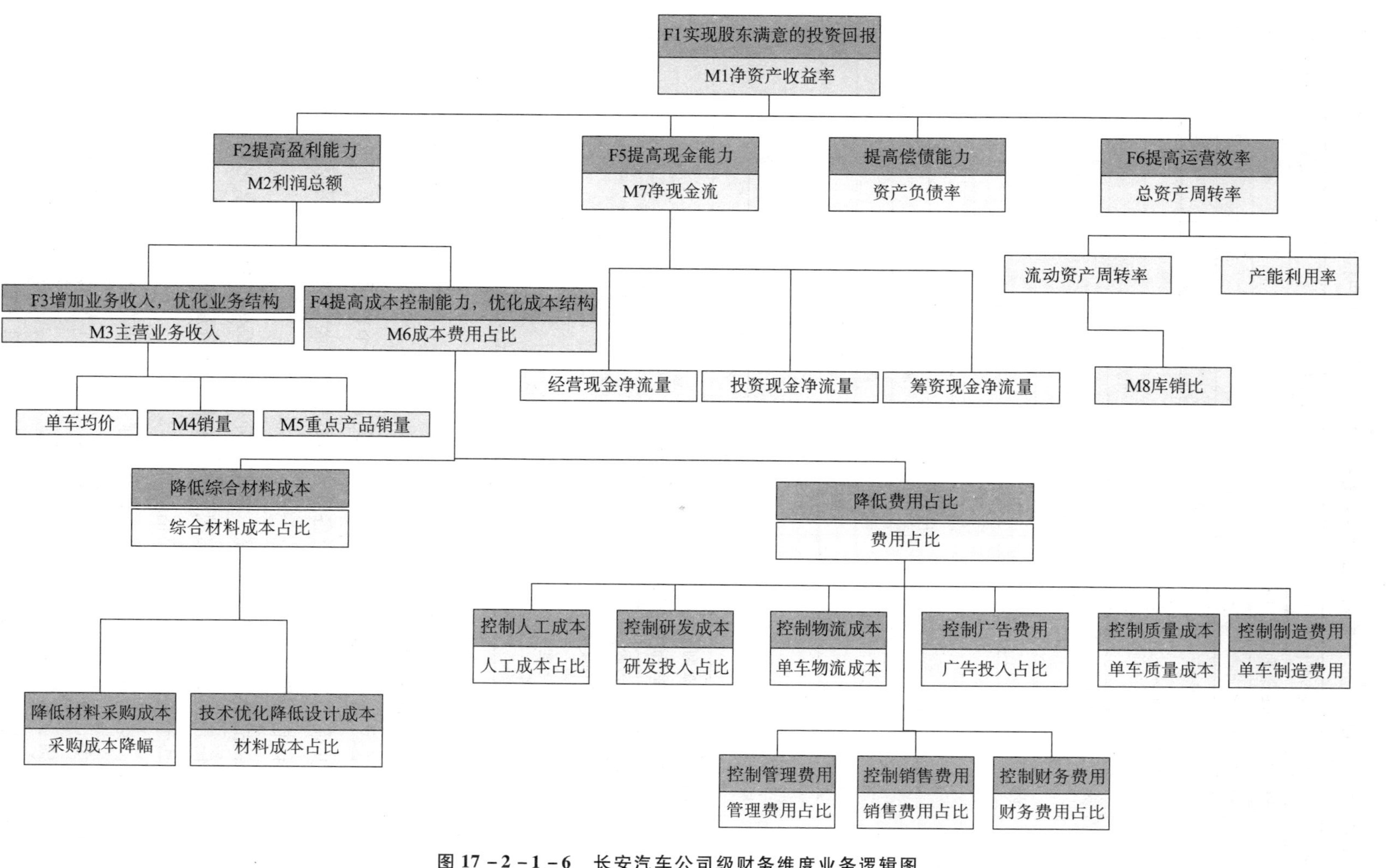

图17－2－1－6 长安汽车公司级财务维度业务逻辑图

表 17－2－1－12　　长安汽车公司级平衡计分卡——财务和客户指标

维度	战略目标	衡量指标		计量单位	数据更新周期
财务	F1. 实现股东满意的投资回报	M1	净资产收益率	亿元	季度
	F2. 提高盈利能力	M2	利润总额	亿元	季度
	F3. 增加业务收入，优化业务结构	M3	主营业务收入	亿元	年度
		M4	销量	万辆	年度
		M5	重点产品销量	万辆	月度
	F4. 提高成本控制能力，优化成本结构	M6	成本费用占比	%	年度
	F5. 提高现金能力	M7	净现金流	%	季度
	F6. 提高运营效率	M8	库销比	%	季度
客户	C1. 建立一流汽车品牌	M9	市场占有率	%	季度
		M10	品牌知名度	%	年度
		M11	品牌熟悉度	%	年度
		M12	品牌喜好度	%	季度
	C2. 客户服务 加强客户满意度提升	M13	售前：SSI	分	季度
		M14	售后：CSI	分	季度
		M15	客户保持率	%	年度
	C3. 增强经销商盈利能力： 帮助提高单店销量，提升经销商盈利	M16	经销商盈利面	分	季度
	C4. 培育战略供应商： 建立发展共赢伙伴关系	M17	A 级供应商占比	%	季度
	C5. 提高员工满意度： 提高员工敬业度	M19	员工敬业度（股份本部）	%	年度

（3）做法。结合系统功能需求调研，实现经营结果、战略管理、运营管理、基础管理 4 个模块上线应用（见图 17－2－1－7）。

①模块一，经营结果：信息展示和指标问题追溯；个性化定制排版展示关注信息，并随其他模块信息更新而实时更新；针对各项指标所呈现的状态，实现逐层原因分析追踪并对指标总体走向进行趋势性分析。

②模块二，战略管理：战略研究、制定、分解、监控标准化和信息化管理；实现战略研究和战略制定信息化数据库功能；实现公司、职能、业务层级的图、表、卡在线制定和审批功能；实现战略季报填报、监控、评估功能。

③模块三，运营管理：运营分析、监控、组织绩效标准化和信息化管理；实现运营计划日、周、月、季、年度运营监控和信息化管理；实现统计及数据库报表报送和审批；实现组织绩效定期考核、评估和关键事件信息化处理。

④模块四，基础管理：经营结果、战略管理、运营管理的基础功能管理；实现指标库和

图 17－2－1－7 长安汽车战略与运营信系统

指标数据的导入、导出、添加、权限设置管理；实现战略和运营基础人员权限、栏目设置及权限管理。

四、取得成效

通过建立“4 个一”系统（一套战略管理体系；一套标准、工具和模板 ；一套业务逻辑和指标体系；一套信息化系统），公司战略管理机制更为健全，战略管理能力得到大幅提升，战略规划更易落地。

建立一套贯通的战略管理体系，即建立起融会贯通的平衡计分卡战略管理体系、从体制上保障战略推进落实；确保战略得到系统科学制定，战略实施得到最优资源保障，战略和运营监控全面、及时、科学、合理，战略评估与组织绩效得到更合理的匹配。

建立一套专业化的标准、工具和模板，即通过系列的诊断、培训和指导，引导更精准、更科学推进战略；从公司各层面提高了对平衡计分卡的专业认知和理解，为平衡计分卡更好的实践应用打下基础。

建立一套业务逻辑和指标体系，即形成一套完整的可量化、可评估、可追溯的指标体系，系统性涵盖战略层面和运营监控层面全部指标，为公司战略评价、运营监控、绩效认证提供科学依据；业务逻辑的建立强化了业务因果和责任追溯，促进各部门责任担当和协同。

建立一套信息化系统，即实现了信息化战略分解、运营监控和绩效认证，以及战略和运营层面关键重要指标形象化图表展示，战略目标与指标和行动计划之间实现逻辑关联，可逐层级细分追踪到指标出现问题的源头；确保图、卡、表及各类运营统计表格的标准化和信息化应用，极大程度提高了工作效率，估计效率提升30%以上。

战略管理机制更为健全、战略管理能力得到大幅提升，即建立了战略管理全过程的管控机制，促进更专业、更高效推进战略；在提升战略管理专业水平的同时，也促进财务、预算、绩效管理体系的健全和管理水平的提升；培养一批战略管理专业化人才，沉淀了一套完整的战略管理知识体系，促进公司战略中心协同文化的形成。

五、经验总结

（一）高层重视是前提

平衡计分卡应用涉及公司各部门战略和经营管理，涵盖各部门的KPI和绩效评价，在导入公司时会触及各管理领域现有体系的变革，易引起部分人员的心理抵制。需要高层领导高度重视，强力支持，才能得到贯彻推进和有效应用。

（二）宣传贯彻和应用是关键

平衡计分卡应用需要较强专业水平，企业在导入平衡计分卡时应充分宣传贯彻和培训，让各层级领导和员工充分认识平衡计分卡方法理念和益处，从形式上认可平衡计分卡，再通过强化应用，把平衡计分卡完全融入企业管理，真真正正为企业带来科学规划、高效运营、资源优配的效益，让企业及员工从思想和行动上认可并主动应用。

（三）建立战略协同是核心

平衡计分卡本质在于以战略科学分解为切入点，实现战略与运营监控、预算管理、资源配置和绩效考核的融合贯通。只有建立高效的战略协同推进机制，才能调动和发挥企业各部门合力，实现战略落地。

（四）持续改善是保证

平衡计分卡广泛吸收目标管理、财务管理、绩效管理优势，是一套综合性的管理工具。但是，任何工具都不是万能的，也不是一成不变的，唯有结合企业自身管理环境和文化特色，持续应用完善平衡计分卡，持续优化平衡计分卡标准、流程和工具，才能保证平衡计分卡得到最佳实践和应用，最终达到战略持续落地的目的。

案例二　青山公司——深入推进平衡计分卡，确保战略执行落地

中国长安汽车集团股份有限公司重庆青山变速器分公司（以下简称“青山公司”）着力打造“世界一流汽车变速器企业”，确立了“行业先导、集团争先、员工满意”发展定位，以科学发展观为指导，全面提升技术创新能力、质量管控能力、成本控制能力和市场掌控能力，持续深入开展管理提升工作，企业发展战略管理、质量效益、成本管控、核心竞争力、管理能力和效益得到逐步提升，凝聚力和向心力也显著增强。但是，青山公司也存在产品市

场单一、性能提升缓慢、技术创新驱动效能发挥不足、体系和能力建设不适应公司发展要求等问题。

在此基础上，为确保认识和行动与战略的一致性，提高战略有效性，增强实施效果，减少“战略稀释”现象的发生，青山公司采用了平衡计分卡工具，作为从战略（5~10年）到实施（1年内）的衔接。青山公司分析管理现状和存在问题，深入应用平衡计分卡，成立平衡计分卡体系管理领导小组全面指导青山公司平衡计分卡的管理活动，并以流程、制度为保障，采用科学、合理的经营预测方法确定公司年度经营预算目标，并通过对收入、成本、投资、利润、资金等监控实施，为顾客创造价值的同时达成战略及全面预算管理目标。

一、背景描述

（一）基本情况

青山公司是中国最大的专业变速器生产企业和世界最大的微型汽车变速器生产企业之一，主要从事各类汽车变速器的研发、生产和销售，经过多年的发展建设，逐步形成了重庆、成都、柳州、郑州四大生产基地，是中国产销规模最大、产品谱系最全的乘用车变速器专业企业。青山公司始建于1965年1月，经过50余年的发展，已拥有土地面积70余万平方米，各类设备2 000余台（套），资产20余亿元，员工2 000余人。

青山公司管理运作规范，技术力量雄厚，检测手段齐全，自主研发能力较强，拥有多项国家专利。2004年，公司顺利通过ISO/TS16949质量管理体系认证，2005年通过环境与职业健康安全管理体系认证。公司坚持自主开发、国际合作，全面打造出满足3.0L以下乘用车的MT、AMT、DCT、新能源四大产品平台，形成20个系列，近300种产品的产品谱系，产品覆盖轿车、SUV、MPV、轻卡、微客等车型。

（二）管理状况分析和存在的主要问题

1. 管理状况分析。战略管理日益增强，战略牵引作用凸显。在战略的牵引下，产品、市场、技术创新能力、管理能力等有了进一步提升。产品结构调整成效明显，市场认可度进一步提高，搭建完成MT四化平台并全面实现定点和量产，双离合器自动变速器实现批量生产和销售，新能源变速器进入产业化开发；新增一汽、北汽福田、东风乘用车、国机智骏、奇瑞汽车等市场，市场认可度得到进一步提高。技术创新能力稳步提升，项目建设扎实推进，建设完成CMMI 3级能力、TDM信息化系统等，研发体系能力和信息化水平得到进一步提高；开展NX参数化二次开发、CAE及NVH数据库建设等工作，设计分析能力得到进一步提高；重构新能源研发机构，启动了电机电控自主研发工作。管理提升纵深推进，质量成本效率改善，强力推进“6112工程”，质量、成本、效率得到较大改善。

“四能”改革不断深化，完成了以组织、职责、流程、“三定”设计为主要内容的体制改革，部门减幅34%，中层领导减幅30%，从业人员减幅14%，管理人员减幅11%。打造优秀的3级管理和3类人才队伍，重构薪酬管理体系，优化绩效管理体系，重塑文化为核心的机制改革，完成了技术系统薪酬绩效改革工作。

2. 存在问题。

（1）市场环境变化快，战略调整不及时。青山公司产品集中在手动平台上，自动变速器未打开市场。随着汽车行业的结构调整，自主品牌占有率下降，合资品牌占有率上升，青山公司生存的空间越来越小。目前公司产品基本集中在自主品牌上，产品几乎全部集中在国内市场上，随着中国市场的逐渐饱和以及合资品牌对中国市场的不断蚕食，国内市场留给中国企业的空间越来越小。

随着汽车行业的发展，自动变速器、新能源变速器需求日益增强，公司战略需要进一步跟进市场变化，及时调整。

（2）产品、质量竞争力不足，没有有效支撑战略落地。一是产品性能提升缓慢，市场竞争力不足：产品仍存在 NVH、换挡等问题；AMT 市场接受度低；DCT 产品外部市场推广困难；新能源产品技术单一，缺乏市场竞争力。二是技术创新驱动效能发挥不足。青山公司设计、分析、试制、匹配、试验验证能力不足，核心技术掌握不够，车机器一体化开发能力不强，技术领军型人才缺乏，离国际领先变速器企业还有较大差距。三是产品质量竞争力不足。青山公司质量水平虽然已基本达到顾客要求，但与国际顶尖变速器企业比较，还存在差距。

（3）供应链能力建设滞后，难以满足公司发展要求。青山公司重规模，忽视了制造水平和管理能力的提升；重交付，忽视了供应商的帮扶和支持；供应商体系难以满足发展要求。

（4）体系和能力建设不适应公司发展要求。青山公司“333”精益管理体系虽已基本成型，但研发、制造物流、质量、采购等管理地图及主要业务过程之间的逻辑性、贯通性还需进一步完善；与标杆福特比较，管理体系的“标准化、专业化、细致化、数字化”水平还有较大差距。

（5）盈利能力仍需提升。虽然青山公司的利润率在不断提高，但与国际先进变速器企业的盈利能力水平仍存在较大差距。

（三）选择平衡计分卡管理工具的主要原因

针对产品市场单一、性能提升缓慢、技术创新驱动效能发挥不足、体系和能力建设不适应公司发展要求等问题，青山公司深度剖析企业发展状况，开展对标和调研，发现在战略的实施过程中存在执行弱化和脱节现象，部分员工对公司发展战略不清晰，认识和行动与战略不一致，使得公司战略难以取得共识，战略实施效果不甚理想。平衡计分卡是基于战略，为了防止“战略稀释”现象的发生，青山公司开展大量培训，深入应用平衡计分卡，加强全员参与，上下联动，确保战略有效落地。

二、总体设计

（一）应用平衡计分卡的目标

青山公司应用平衡计分卡管理工具的目标是以平衡计分卡落实企业战略，通过分解战略目标、形成行动方案和各维度的绩效评价指标，将平衡计分卡融入业务工作，嵌入业务流程，确保企业按照战略目标长期健康发展。

（二）应用平衡计分卡的总体思路

青山公司深入开展平衡计分卡的运用，根据战略制定、战略地图、计分卡、KPI、行动计划5条业务主线编制公司、部门、班组、岗位4级战略目标管理体系，从组织、流程、制度等方面为平衡计分卡提供有力保障，将分解的绩效指标具体落实到业务流程、工作标准中，促进平衡计分卡的常态化管理。

（三）平衡计分卡的内容

平衡计分卡作为一种有效的战略管理工具，从财务、客户、内部流程、学习与成长4个维度，通过战略地图、平衡计分卡、行动计划表将战略落实为可操作的衡量指标、目标值及具体行动，确保战略落地。

（四）应用平衡计分卡的创新

青山公司根据公司及部门战略地图、平衡计分卡、行动计划，结合公司年度KPI指标及GS重点工作，分解建立部门（班组）KPI、GS体系，有效运用KTM、QTM、OPEN 3张表进行管理，实现月度滚动预算、业务预算与战略预算的有效衔接，确保战略落地。

三、应用过程

（一）组织机构及方式

青山公司成立了平衡计分卡体系管理领导小组全面指导青山公司平衡计分卡的管理活动，平衡计分卡体系管理办公室负责平衡计分卡相关工作。

体系管理领导小组组长由总经理担任，主要成员为公司分管领导。领导小组的职责为：全面指导青山公司平衡计分卡体系管理活动推进；审批公司及各职能战略、战略地图、平衡计分卡、行动计划表；审批公司平衡计分卡定期报告和战略执行总结汇报。

平衡计分卡体系管理办公室挂靠综合部，办公室主任由综合部部长担任。成员为各单位负责人，综合部、精益管理相关人员。平衡计分卡体系管理办公室主要负责青山公司战略规划与滚动更新；建立与完善青山公司平衡计分卡体系，编制与更新青山公司战略地图、平衡计分卡、行动计划并按时定期上报；组织公司战略回顾会议，跟踪落实公司战略回顾会议的决议；负责配合兵装集团和中国长安平衡计分卡督导检查、总结评价。

（二）参与部门和人员

平衡计分卡的参与部门与人员为公司所有部门及全体人员（重点人员：公司领导、各部门领导、班组长）。

（三）应用平衡计分卡的资源、环境、信息化条件等部署要求

1. 有完善的绩效管理制度，部门间有较强的协调能力。平衡计分卡从来都不是某一个部门可以单独制订的，需要企业各部门、各层级人员通力协作才能将工具的优点切实发挥出来，且需要一套有效的绩效管理机制监督各项工作落地。

2. 有较为健全的基础管理。平衡计分卡的落地需要使各项具体工作在各环节执行、落地，这就需要企业的管理较为科学、有效。

（四）具体应用模式和应用流程

1. 编制思路。青山公司平衡计分卡从公司、部门、班组和岗位4个层级，按战略制定、战略地图、计分卡、KPI、行动计划5个业务线进行编制（见图17-2-2-1）

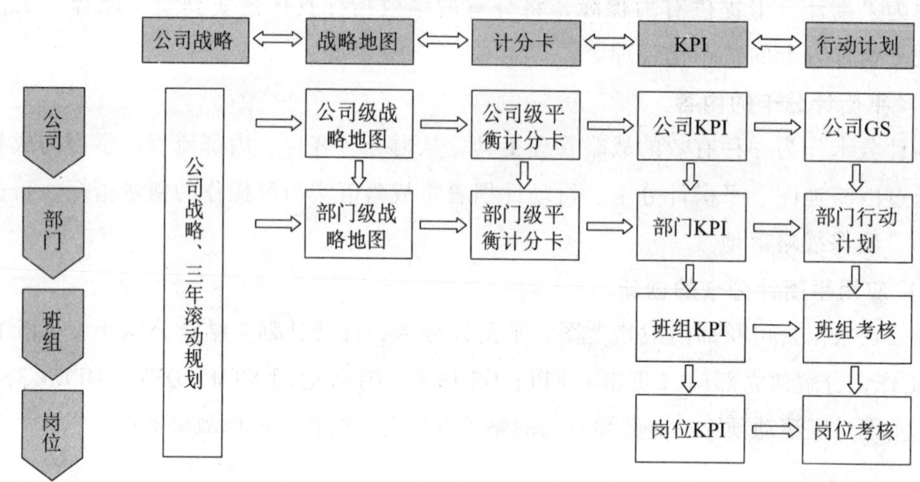

图17-2-2-1 青山公司平衡计分卡编制内容示例

2. 战略地图的编制。青山公司战略地图编制是平衡计分卡的起点，是对战略的总体描述，它从财务、客户、内部流程、学习与成长4个维度将战略目标在一张纸上呈现出来，反映了战略目标之间自下而上的逻辑关系，清晰展示出公司或部门未来几年"做什么""怎么做""做到什么程度"。

（1）公司战略地图编制方法。输入公司战略愿景、企业使命及最新战略规划，分别编制财务、客户、内部流程、学习与成长4个维度的战略目标，汇总形成公司战略地图，体现系统性、逻辑性及青山特色。

财务维度最直观的理解就是企业"做什么赚钱""怎么赚钱""赚多少钱"，它是其他3个维度的最终输出结果，企业所有的改善最终都将通过财务目标体现。青山公司主要通过规模效益、结构效益、管理效益"三驾马车"同步发力，确保企业的持续健康发展。

对客户维度最直观的理解就是，为支撑上述财务维度战略目标应有什么样的市场表现及结果，应提供什么样的产品与服务。青山公司主要思考在研发质量、制造质量、技术服务、市场响应及客户盈利能力管理等方面"做什么""怎么做""做到什么程度"。

对内部流程维度最直观的理解就是，要支撑上述财务维度及客户维度战略目标"必须做哪些事""怎么做这些事""形成什么样的能力"。青山公司重点关注在技术、研发、制造、服务、市场响应、基地发展、投资、社会责任等方面"做什么""怎么做""做到什么程度"。

学习与成长维度最直观的理解就是上述财务、客户、内部流程3个维度战略目标必须依靠"人"来实现。青山公司主要从提升产品研发及产业化能力、提升质量保证能力、加强制造及物流能力建设、提高供应商管理控能力、强化"两个中心"实现财务管理转型、强化体系和能力建设6个方面制定内部流程维度战略目标。

汇总4个维度的战略目标，明确战略目标之间的因果关系，形成青山公司完整的战略地图，如图17－2－2－2所示。

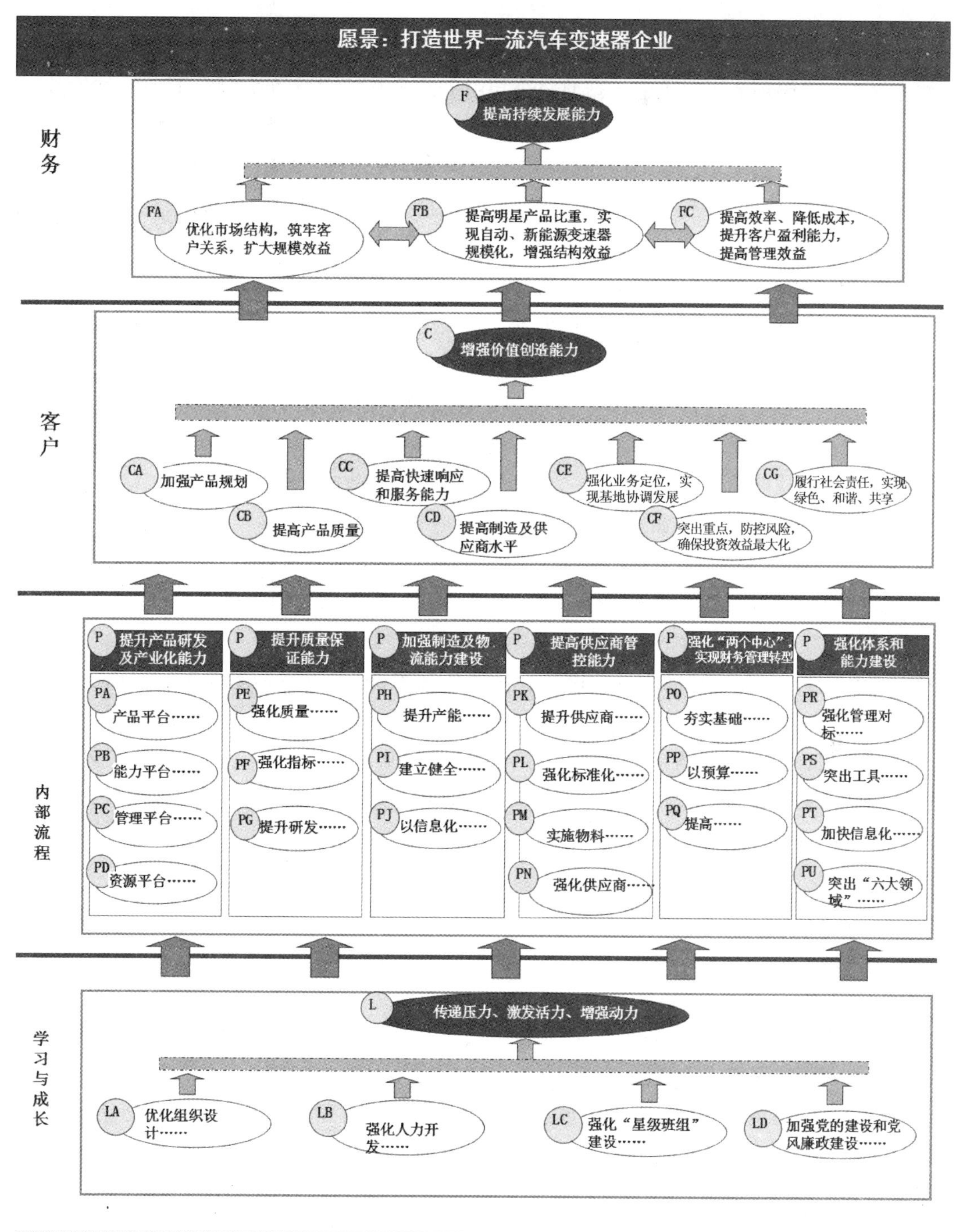

图17－2－2－2 青山公司的公司级战略地图示意

（2）部门战略地图编制方法。青山公司各部门战略地图的编制流程与公司战略地图编制相同，不同之处在于需要从公司战略地图承接分解关联的战略目标，兼顾部门业务特点。

各部门必须准确理解本部门职能职责，清楚本部门能为公司创造哪些价值，通过什么途径创造价值，能够创造多少价值，据此将公司财务维度战略目标（如规模效益、结构效益、管理效益）有效分解至本部门，从而制定本部门财务维度战略目标。为支撑上述财务维度战略目标，各部门必须掌握本部门外部和内部客户需求，清楚本部门通过哪些途径、措施，提供什么样的产品、服务或工作成果，并针对性承接分解公司客户维度战略目标，据此制定本部门客户维度战略目标。

为支撑上述财务维度、客户维度战略目标，各部门应结合本部门管理地图、业务流程，系统分析部门应具备哪些能力，做哪些事情，达到什么目标，并针对性承接分解公司内部流程维度战略目标，制定本部门内部流程维度战略目标。为支撑上述财务维度、客户维度、内部流程维度战略目标，各部门应基于本部门业务特色，清楚部门战略实现需要什么样的组织、团队、人才、技能及文化，汇总4个维度的战略目标，明确战略目标之间的因果关系，形成部门完整的战略地图。图17－2－2－3是变速箱一厂战略地图。

3. 平衡计分卡指标的编制。

（1）定义战略目标。每一个战略目标确定后，需对战略目标进行精简的定义，使战略目标涵盖的内容和意义更加具体明确，为衡量指标和行动方案的制定提供指引。

战略目标定义主要包含的内容有：对目标的概要解释（是什么）；实现目标途径的简要解释（怎么做）；目标实现的程度的说明（做到什么程度）；本目标支撑哪一层面的哪些战略目标（见表17－2－2－1）。

（2）确定衡量指标。衡量指标主要用来检验战略目标是否实现。衡量指标的表现形式可以是比率、绝对值、指数、百分比、名次排序、评分等级等，指标的选择要可量化，数据要易收集、可层层分解并能驱动期望的行为。BSC衡量指标的确定流程如图17－2－2－4所示。

（3）定义衡量指标和目标值。为战略目标设置相应衡量指标后，需对每一个指标进行定义，衡量指标必须包括：指标定义、计算公式、指标主管部门负责人、目标值（见表17－2－2－2）。

（4）编制行动方案。行动方案是平衡计分卡的核心内容之一，战略目标、衡量指标、行动方案三者形成跟踪企业绩效的统一体。行动方案不是日常工作，而是为数不多和对战略目标有重大意义的重点工作，必须形成里程碑计划，并且有预算的配备；对于没有设立指标的战略目标，一定要设立行动方案。行动方案在计分卡上仅仅体现为一个项目名称，必须制定详细计划。流程及方法如图17－2－2－5所示。

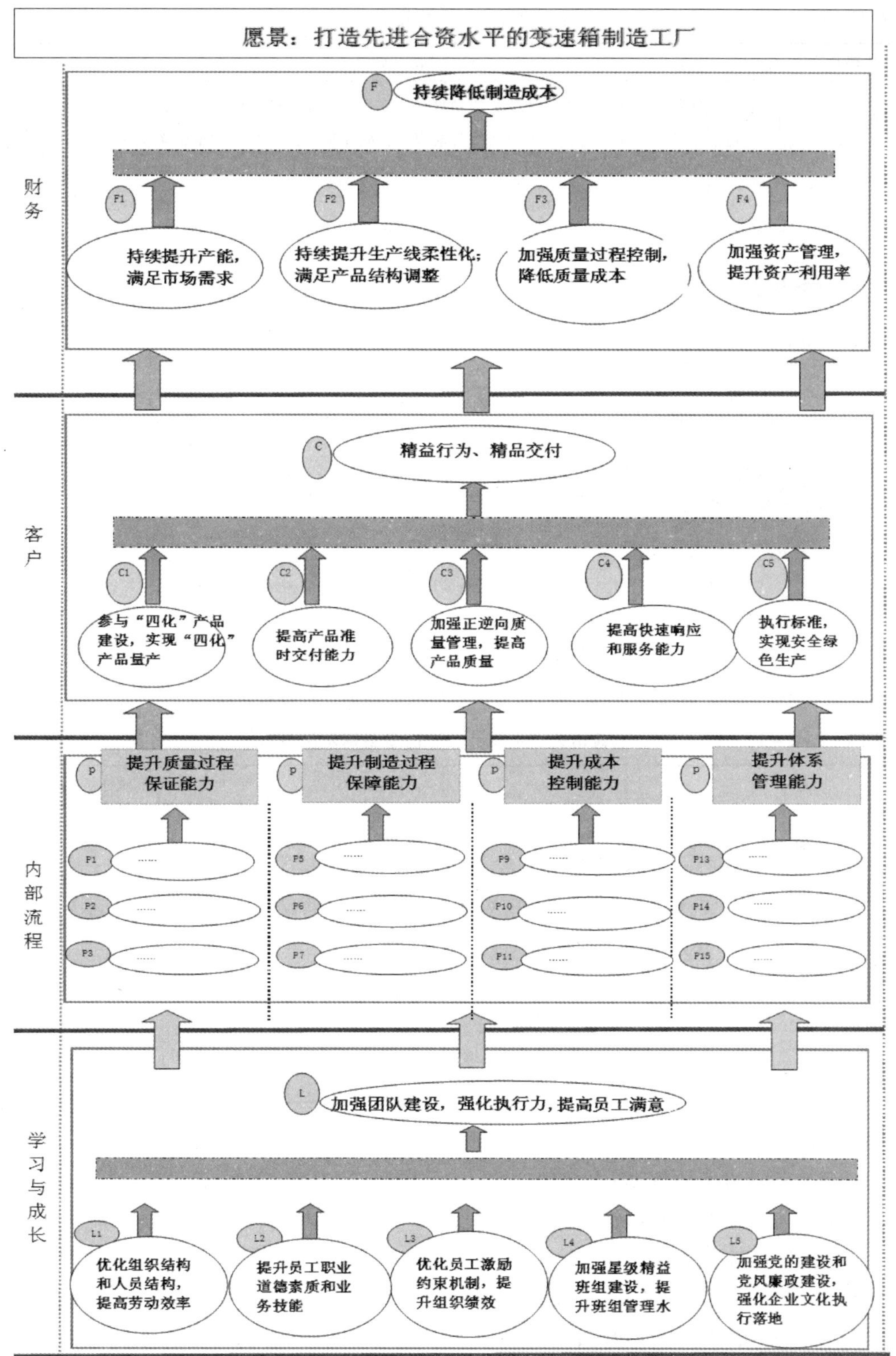

图 17-2-2-3 青山公司变速箱一厂战略地图示例

表 17－2－2－1　　青山公司战略目标定义示例

战略目标	目　标　定　义
FA：缩小内外比重，扩大市场规模，增强规模效益	规模效益是指通过扩大变速器总成销售规模来提高企业发展的质量和效益； 通过积极开拓新市场、扩大市场销售规模，在确保集团内部配套份额的前提下，每年集团外部市场配套比例增长1%以上，销售规模年均增长15%以上； 本目标支持“F”“FB”“FC”流程

通过头脑风暴的方式，尽可能全面地列举可以衡量战略目标的指标

主要考虑以下方面：
关键性：是否能够有效衡量战略目标，是否驱动所期望的行为；
衡量性：是否具备数据基础，测量结果是否可测量，测量成本是否低；
管控性：不易被被考核人操纵、便于管控；
聚焦性：各战略目标都要争取只设定一个结果指标；每个战略目标如果不止一个衡量指标可以选用，则选用最能传达此战略目标的意义的一个指标

将指标汇集，建立与战略目标的对应关系，并标明指标类型

图 17－2－2－4　青山公司 BSC 衡量指标的确定流程

表 17－2－2－2　　青山公司平衡计分卡衡量指标示例

战略目标	序号	衡量指标	指标定义/计算公式	指标主管部门	单位	目标值		
						2017 年	2018 年	2019 年
提高产品质量	M1	千台车维修频次（R/1 000 α3mis）	90 天内的变速器故障数/使用满 90 天的汽车总数 ×1 000	品质部	%	后驱，0.6 前驱：0.3	后驱：0.4 前驱：0.2	后驱：0.4 前驱：0.2
	M2	零公里保障率（PPM）	当月故障数/当月装机装车数量 ×1 000 000	品质部	PPM	50	50	20

确定了具体的行动方案后，为确保行动方案的可执行性，需对每一个行动方案进行定义，包括每个行动方案的负责人、参与人、开始日期、结束日期、预期的收益与影响以及具体的里程碑节点等。模板及示例如表 17－2－2－3 所示。

（五）流程与制度保障

1. 流程保障。根据平衡计分卡战略管理组织机构设置及职责，青山公司建立平衡计分卡体系运行管理主要流程，包括公司级平衡计分卡的编制、发布及应用，部门级平衡计分卡的编制、发布及应用，平衡计分卡的回顾，确保平衡计分卡的落地（见图 17－2－2－6～图 17－2－2－8）。

通过头脑风暴的方式，依据战略目标和衡量指标，尽可能全面地列举实现这些目标和指标的行动举措

主要考虑以下方面：
重要性：抓住公司经营的薄弱环节和紧迫的工作，抓住最能突破的关键事项；
关键性：对战略目标的提高和实现起到最大化的作用，且预期对目标达成和指标提升产生明显效果；
非常规性：选择非日常工作类、具备项目特征的行动项；
对于没有设立指标的战略目标，一定要设立行动方案

汇集行动方案，建立与战略目标、衡量指标的对应关系

图 17-2-2-5 青山公司 BSC 行动方案编制流程示意图

表 17-2-2-3 青山公司平衡计分卡行动计划

序号	行动方案名称	行动方案具体描述	支持战略目标及指标名称	行动方案责任人	行动方案牵头部门	参与/支持部门	行动方案开始日期	行动方案结束日期	具体行动计划（里程碑日期及描述）	所需资源概要	预期的收益与影响
K2	加强资产分析	建立资产管理常态化运行机制，加强资产基础数据的收集与统计，定期开展资产分析，为公司资产管理提出建设性改进建议	F2（M3、M4）	×××	财务会计部	公司各单位	2013 年 3 月 1 日	2015 年 12 月 31 日	2013 年 6 月建立资产月度盘存、月度分析例会等日常管理机制；2013 年 8 月修订资产管理相关制度；2013 年 12 月开展资产专题分析；形成资产分析报告；2014 年 1、4、7、10 月按季度开展资产专题分析；2015 年 1、4、7、10 月按季度开展资产专题分析	办公费	资产结构优化

2. 制度保障。青山公司建立了平衡计分卡定期诊断汇报机制，系统反映战略执行状况，使平衡计分卡的应用常态化、标准化，从而为平衡计分卡体系的运行提供基础。

青山公司通过年度平衡计分卡回顾会议，对当年平衡计分卡执行情况进行回顾、分析，修订、提出 3 年的计划。平衡计分卡报告中的分析步骤为：分析战略图中战略目标的达成情况，分析平衡计分卡指标的运行情况，分析行动方案的效果。

（1）战略地图状态标识（见图 17-2-2-9）。

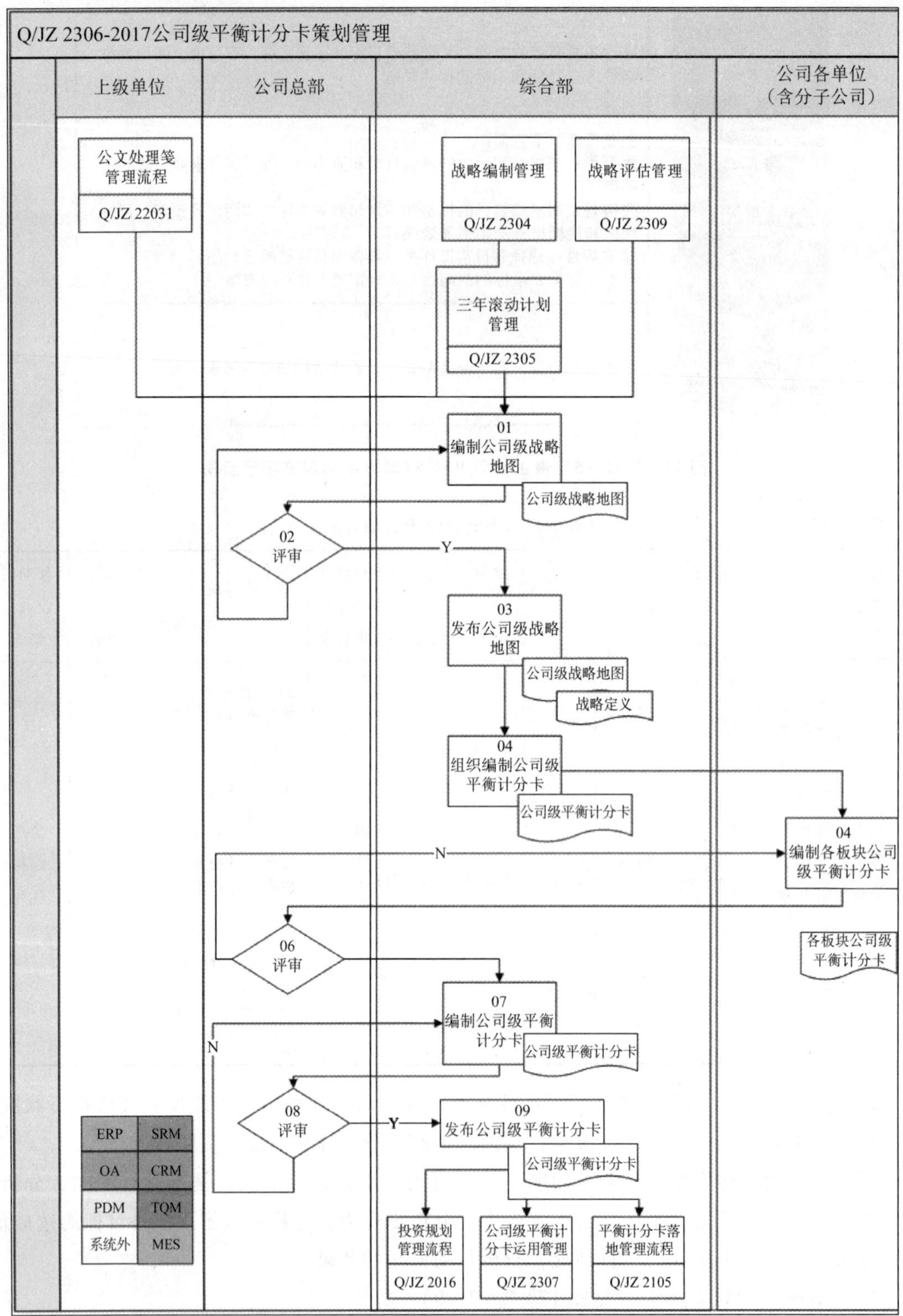

图 17－2－2－6 青山公司平衡计分卡策划管理流程

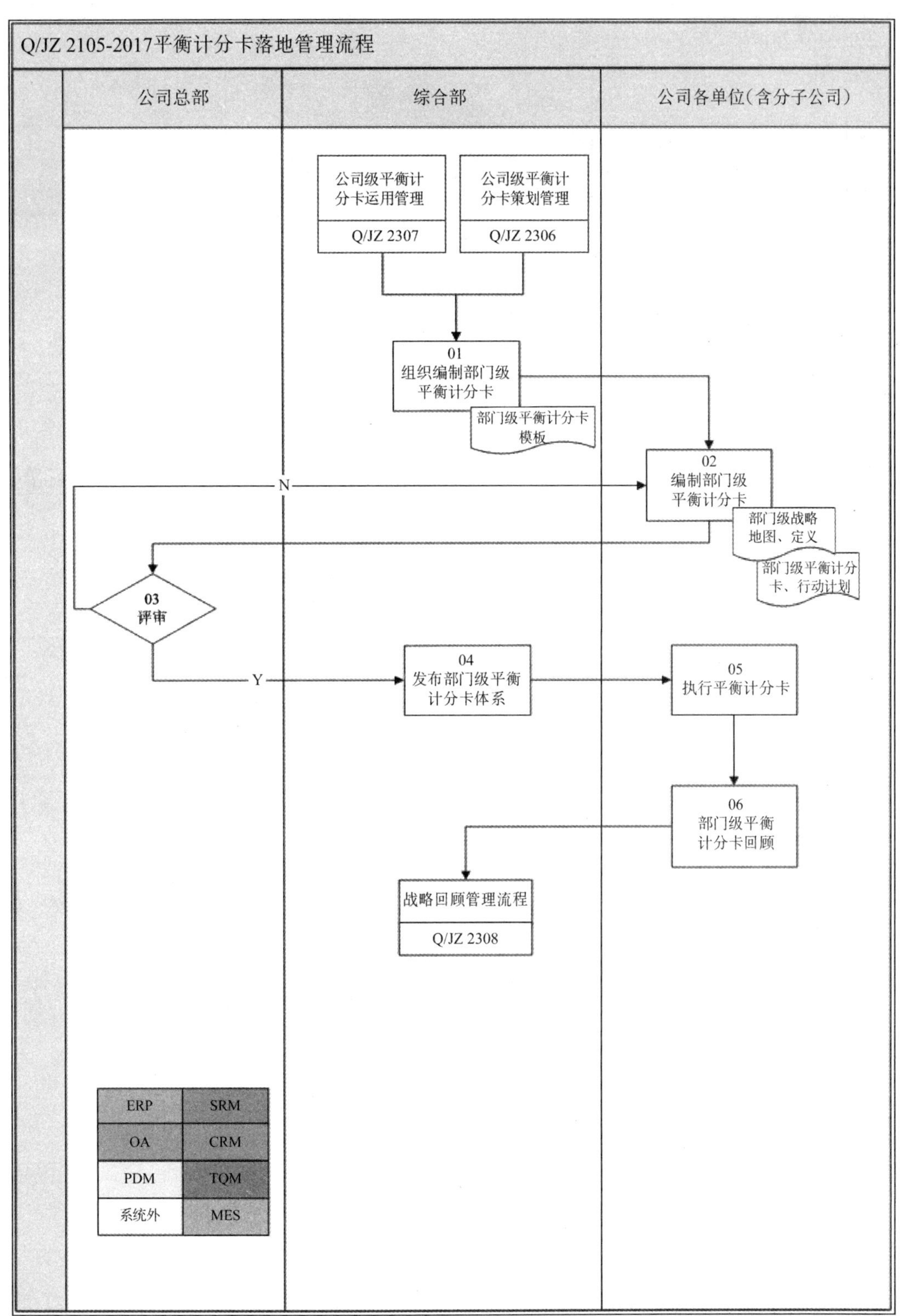

图 17－2－2－7 青山公司平衡计分卡落地管理流程

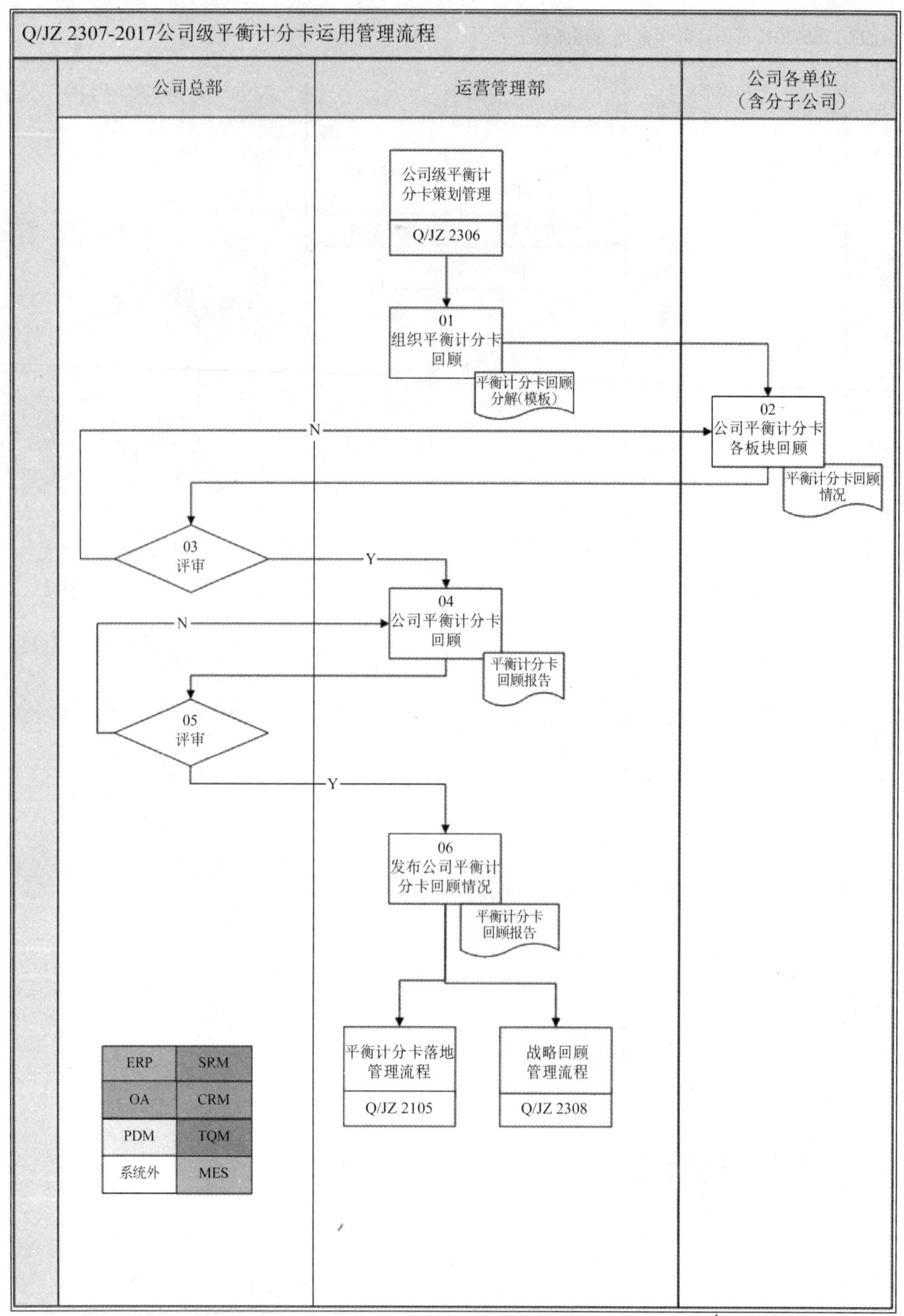

图 17-2-2-8 青山公司平衡计分卡体系运用管理流程

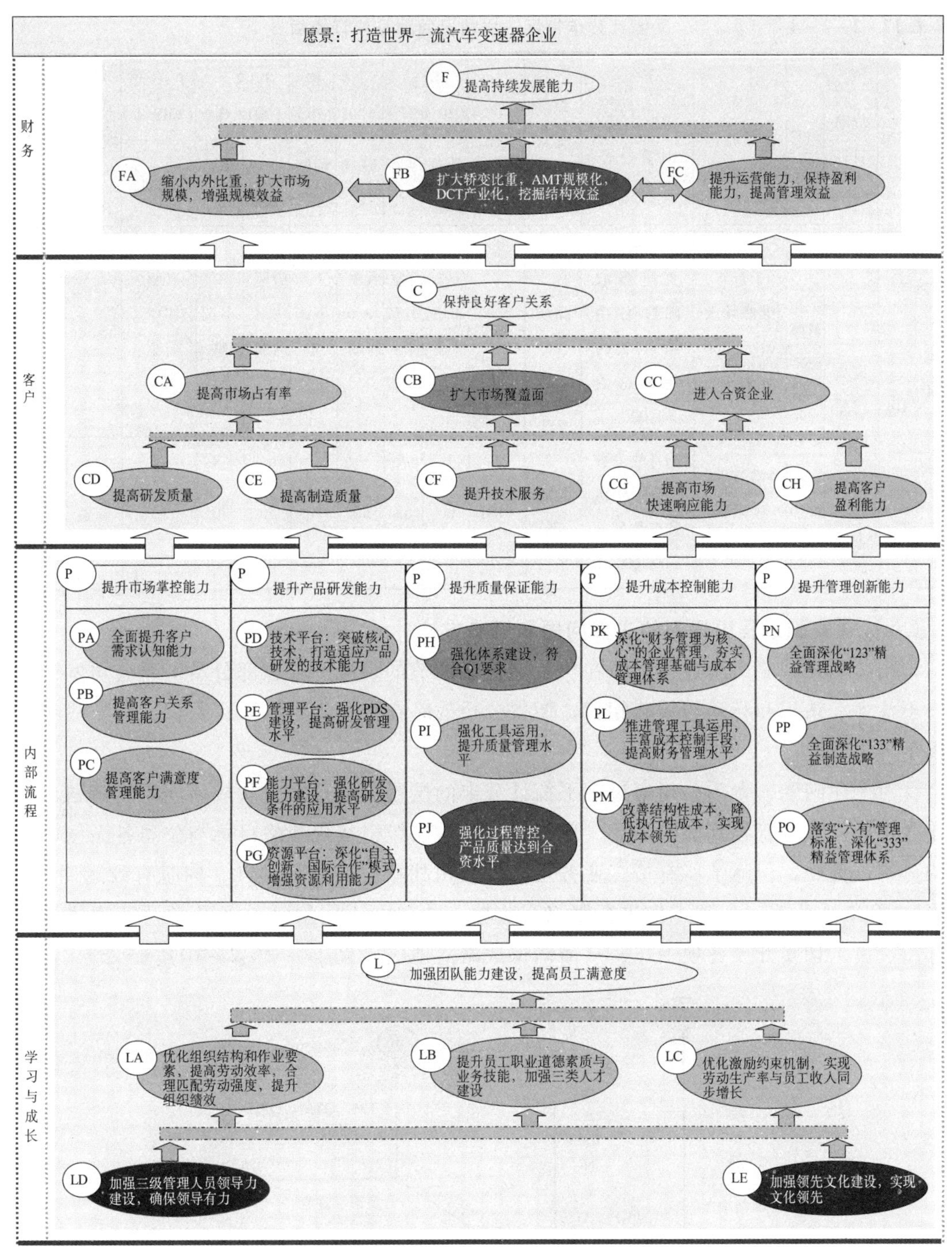

图 17－2－2－9 战略图状态标识

（2）平衡计分卡指标达到情况回顾及修订（见表 17－2－2－4）。

表 17-2-2-4　　平衡计分卡指标达成情况回顾及修订模板

战略主题	序号	战略目标	序号	衡量指标	指标定义/计算公式	指标主管部门	单位	T年(2016年)		T+1年(2017年)		T+2年(2018年)		T+3年(2019年)	调整方式(新增、取消或调整)	调整原因
								原规划	实际值	原规划	调整值	原规划	调整值	规划		
增强价值创造能力	CB	提高产品质量	M18	千台车维修频次(R/1 000 α 3mis)	90天内的变速器故障数/使用满90天的汽车总数×1 000	品质部	%	后驱：0.8 前驱：0.4	后驱：0.72 前驱：0.37	后驱：0.6 前驱：0.3	小调整	后驱：0.4 前驱：0.2	小调整	后驱：0.4 前驱：0.2		
			M19	零公里故障率(PPM)	当月故障数/当月装机装车数量×1 000 000	品质部	PPM	60	63	50	40	50	30	20	调整	预计产品质量有所提高

（六）在实施过程中遇到的主要问题和解决方法

青山公司在战略实施过程中存在执行弱化和脱节的现象，存在部分员工对公司发展战略了解不清晰，认识和行动与战略相背，使得公司战略在企业内难以取得共识，导致战略实施效果不理想情况。

针对上述问题，青山公司通过对平衡计分卡的层层分解落实，从战略到年度计划、到部门业务工作，从分管领到部门领导、班组长、个人层级，实现战略目标与公司各岗位业务工作的分解、关联，保障了所有员工业务工作与公司战略方向的一致性，同时有效运用 KTM、QTM、OPEN 3 张表对各项工作进行跟踪、监控，并建立不同层级的 KPI 考评管理体系，督促部门、员工切实开展各项工作，从而确保战略落地（见图 17-2-2-10）。

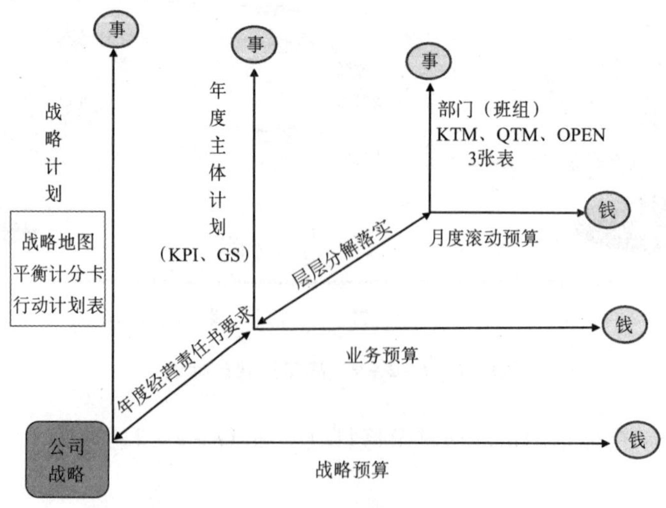

图 17-2-2-10　公司平衡计分卡逻辑关系

四、取得成效

青山公司通过平衡计分卡的运用，根据战略制定、战略地图、计分卡、KPI、行动计划5条业务主线编制公司、部门、班组、岗位4级战略目标管理体系。为了确保平衡计分卡的能有效运行，公司从组织、流程、制度等方面提供有力保障，并将平衡计分卡的建设融入业务工作，通过业务流程、工作标准来推进平衡计分卡的常态化管理。

平衡计分卡的运用提升了企业业务工作与公司战略目标的关联性，使得公司的战略得到逐级分解落实，提升了企业的战略贯彻力，大幅提升了企业的竞争力。

五、经验总结

（一）应用条件

平衡计分卡是针对战略落地和绩效管理的有效工具，适用于规模生产企业，需要有较好的管理基础，特别对于高层战略与基础管理脱节，员工职责目标不明确的企业，有着较好的指导意义。

（二）关键因素

平衡计分卡运用的关键因素：一是具有清晰明确的战略目标，保证平衡计分卡的编制基础是正确的；二是具有良好的沟通环境，保证公司高层、中层领导和普通员工在平衡计分卡制订过程中能够顺畅沟通；三是必须正确理解平衡计分卡4个维度的内涵及其相互递进关系，保障分解结果均围绕公司战略。

（三）优缺点

1. 优点。

（1）强调了绩效管理与企业战略之间的紧密关系，能够将部门绩效与企业、组织整体绩效很好地联系起来，使各部门工作努力方向同企业战略目标相结合。

（2）实现了企业长期战略目标与年度经营目标之间的衔接，能够避免企业的短期行为。

（3）实现了财务指标与非财务指标的结合，全面反映企业各方面的管理要求，能够更有效促进企业战略落地。

2. 缺点。

（1）对企业管理层的战略眼光及能力要求较高，各企业必须能够准确定位自身的长期战略目标，才能使得分解的各项工作“不走偏”。

（2）对企业经营管理层及员工的要求较高，企业各层级必须能够明白自身在企业的定位，并能识别哪些是影响公司战略目标达成的关键工作，才能真正使得战略落地。

（3）分解后用于考核指标的权重区分较为困难，可能存在关键指标被稀释、为了达成整体考核指标完成率而忽略核心关键工作的情况。

（四）推广发展和完善建议

平衡计分卡工具适合具有较好员工团队基础、执行力强、经营目标完成较好的企业。

企业在实施过程中应加强日常管控，确保平衡计分卡的落地，形成平衡计分卡的长效机制，同时应加强宣传，与员工充分沟通，统一员工思想，鼓励员工积极参与，调动员工积极性。

后　　记

兵器装备集团自1999年成立以来，持续推进管理会计体系建设，特别是2011年以来，兵器装备集团财务团队紧紧围绕企业战略，结合企业生产经营实践，推进以管理会计为核心内容的价值创造型财务管理体系建设，分阶段、系统性导入23个管理会计工具方法，深入推进管理会计工具在成员企业的推广和运用，搭建了体系完善、内容丰富的集团管理会计体系，有力支撑了集团不同时期发展战略的实现以及核心竞争力和价值创造能力的提升。

兵器装备集团价值创造型财务管理体系已基本建成。本着深入总结实践经验、广泛听取各界意见、不断巩固提升工作成果的目的，我们将近年来兵器装备集团价值创造型财务管理体系建设中，在推进管理会计应用方面的主要做法和实践经验进行总结提炼。在2015年出版的《管理会计实战工具》和《管理会计实战案例》和2016年出版的《管理会计工具手册》(第一册、第二册)、《管理会计案例（第二版)》的基础上，结合兵器装备集团最新管理会计探索，根据财政部下发的《管理会计基本指引》和各项《管理会计应用指引》重新修订的《管理会计工具与案例》，具体分为《战略与预算管理》《成本管理》《营运管理》《绩效管理》《投融资与风险管理》《报告、信息化与其他》共6册。希望能够借本套丛书的出版丰富兵器装备集团内部管理会计应用理论和实践，同时为其他企业推动管理会计的应用提供借鉴。

兵器装备集团价值创造型财务管理体系建设和《管理会计工具与案例》的成功出版得到了财政部、国务院国资委领导及有关司局领导的关心关注与大力支持。兵器装备集团董事长徐平、总经理龚艳德，原董事长唐登杰、徐斌，原总经理徐留平同志始终高度重视管理会计体系建设工作，均曾亲自担任价值创造型财务管理体系建设领导小组组长，直接领导并鼎力支持推进管理会计应用相关工作。在兵器装备集团，管理会计体系的建设与应用推广始终是“一把手”工程。兵器装备集团价值创造型财务管理体系建设和本套丛书的成功出版还得益于兵器装备集团价值创造型财务管理体系建设团队和参与丛书编写的全体同志的共同努力和无私奉献，得益于价值创造型财务管理体系建设之初和建设过程中清华大学夏冬林、于增彪，北京大学王立彦、陆正飞，厦门大学傅元略，中央财经大学孟焰、刘俊勇，北京工商大学谢志华、王斌，对外经济贸易大学汤谷良，上海财经大学潘飞，南京大学杨雄胜等高等学校著名教授、学者，浪潮集团执行总裁王兴山、元年科技股份有限公司总裁韩向东等管理会计信息化专家，以及中国会计学会、中国总会计师协会、美国管理会计师协会等专业机构知名专家的悉心指导，得益于中国财政经济出版社及本套丛书编辑出版发行团队的辛勤工作。

《管理会计工具与案例》是兵器装备集团财务管理团队集体智慧的结晶。《管理会计工具与案例》由兵器装备集团副总经理、总会计师李守武同志负责总体策划并主持编著，财务部主任王晓翔，副主任张博，主任助理武文杰负责组织编写，财务部原副主任冯长军、江红，副巡视员郭菲，陈景峰、王腊梅、冯凯、谢华、沈远鹏、蔡运隆、宋雪也先后参加了相关组织工作，兵器装备集团价值创造管理办公室李憨劼、王宇珍、廖倩文负责全书的具体编撰和统稿工作。原财务部负责同志邓腾江、黄埔、张德勇为早期管理会计推进及典型案例编选做了大量组织工作。书稿编纂完成后，又由吕来升、崔云江、李红源、王锟、叶宇昕、张东军、张德勇、顾长仁、万华、王家兴、王春阳、潘锡睿、石尧祥、张诗红、滕峰、薛刚毅、龚振宇、张德兵、吕志明、刘亮等组成专家组进行了认真负责的评审。徐海燕、宋龙龙、王泳欢、陈琦、杜理玢、王靖宇、郑兴涛、朱莹负责各分册的审核校订工作。

《战略与预算管理》分册中的战略地图工具由张德勇、陈剑锋、赵非、赵春艳、张小全、牟睿负责编写；长安汽车“深化运用管理会计工具，全面提升战略管理能力”案例由张宝林、朱华荣、张德勇、陈剑锋、赵非、赵春艳、张小全、牟睿负责编写；青山公司“增强战略指导，确保战略落地”案例由刘波、李培军、王春阳、马玲负责编写。全面预算工具由车连夫、叶文华、潘锡睿、张诗红、余晖、尹勤、陈晶负责编写；长江电工“运用五步法推进全面预算”案例由张能、胥明全、张德勇、龚华萍、潘锡睿、李进城负责编写；东安汽发“战略导向、基于作业、面向价值链的全面预算管理”案例由贾葆荣、严长云、张德兵、任纪刚、陆翔宇、李艳萄、宋俊丽负责编写。滚动预算工具由黄明东、曹亚洲、张贻孝负责编写；建设工业“月度滚动预算及弹性预算在企业管理提升中的应用”由车连夫、叶文华、潘锡睿、张诗红、余晖、尹勤、陈晶负责编写；东安汽发“以经营预测为起点的月度滚动预算”案例由贾葆荣、严长云、张德兵、任纪刚、陆翔宇、李艳萄、宋俊丽负责编写；南方天合“做好以经营预测为基础的滚动预算，助力企业运营管理”案例由高军、唐泽文、万莉负责编写；南方佛吉亚“滚动预算保障经营目标实现”案例由谢光、罗俊杰、黄明东、曹亚洲负责编写。

《成本管理》分册中的目标成本法工具由顾长仁、彭荣、李鑫、龙浩文负责编写；长安汽车“面向成本设计的成本管理工具的实践和推广”案例由张宝林、朱华荣、王锟、陈剑锋、莫方辉、杜剑勇、陈娜、梁华容、吴林、王宁、赵宇浩负责编写；长江电工“目标成本法助建企业竞价体系”案例由张能、胥明全、顾长仁、彭荣、李鑫、冉燕负责编写；嘉陵股份“目标成本法在新品开发上的运用与拓展”案例由李华光、张钊、周鸿彦、朱丹负责编写。标准成本管理工具由车连夫、叶文华、潘锡睿、张诗红、余晖、尹勤、文艳负责编写；长安工业“特种产品制造业标准成本体系的建立及应用”案例由张健、鲜志刚、张德勇、吕敏、张春艳负责编写；长江电工“机械加工企业的标准成本体系建设”案例由张能、胥明全、张德勇、蒋梅、龚华萍、刘颖负责编写；云箭公司“复杂装备系统标准成本体系的构建尝试”案例由岳曾敬、张琼、肖江波、刘长香、朱斌负责编写；华庆公司“标准成本法在华庆公司的应用”案例由向家云、王彦东、汤宗海、李兵、费明江负责编写；长江化工“推行标准成本助力企业精细化管理”案例由詹明哲、熊志杰、陈卫星、龚振宇、韦吉利、余燕、蒋文平、刘子成负责编写。变动成本法工具由顾长仁、马丹玲、涂强、印存明负责编写；长安工业“基于变动成本法在企业经营决策中的应用”案例由张健、鲜志刚、张德勇、沈江、廖伟负责编写；长江电工“变动成本法服务于企业短期决策”案例由张能、胥明全、顾长仁、马丹玲、涂强、霍敏怡负责编写。作业成本管理工具由李憖劼、王瑛玮、武文杰、中南财经政法大学王华教授负责编写；长安汽车“作业成本法在长安汽车的实践与运用”案例由张宝林、朱华荣、王锟、陈剑锋、何勇、吴丁、詹悦、周亚君、杨晓燕、康静梅、王宁、赵宇浩负责编写；建设空调“基于价值链成本管理，推行企业班组精益化改善提升”案例由李华光、吕红献、范爱军、薛刚毅、吴俊红、王安华负责编写；万友汽车“作业成本法在汽车服务业的应用”案例由吴雪松、蒲星川、任飞、赵传勇、许鹏程负责编写。

《营运管理》分册中的经营预测工具由龚振宇、王宇珍负责编写；云箭公司“构建以战略为导向的经营预测模型”案例由岳曾敬、张琼、徐夏薇、魏艳负责编写；长江化工“全面开展经营预测，促进企业健康发展”案例由詹明哲、熊志杰、陈卫星、龚振宇、韦吉利、郑红、刘子成负责编写。本量利分析工具由车连夫、叶文华、潘锡睿、张诗红、余晖、尹勤、郭小丽负责编写；大江工业“本量利分析的应用”案例由贾立山、董文波、单俊、叶泠、陶应娟、邹瑶负责编写；华中药业“运用本量利工具支撑企业经营决策”案例由刘玉婷、王勇、刘久斌、申军、张丽负责编写。敏感性分析工具由车连夫、叶文华、潘锡睿、张诗红、余晖、尹勤、姜云凤负责编写；建设工业“敏感性分析在投资决策中的应用”案例由车连夫、叶文华、潘锡睿、张诗红、余晖、尹勤、张豪奇、姜云凤负责编写；万友汽车“敏感性分析在汽车服务业利润预测中的应用研究”案例由吴雪松、蒲星川、任飞、胡勇、许鹏程负责编写。边际分析工具由车连夫、叶文华、潘锡睿、张诗红、余晖、尹勤、张力革负责编写；望江工业“基于价格决策和产品结构调整的边际分析应用”案例由耿志勇、李光福、张博、陈文毅、陈玲、刘翔负责编写；建设工业“边际贡献在企业经营决策中的分析与应用”案例由车连夫、叶文华、潘锡睿、张诗红、余晖、尹勤、张力革负责编写。现金流管理工具由万华、谢俊杰负责编写；望江工业“构建动态资金管控体系，提升企业资金抗压能力”案例由耿志勇、李光福、张博、彭杰、曾小俐、戴俊负责编写；嘉陵股份“完善企业现金流管理”案例由李华光、张钊、周鸿彦、周秋莲、陈亚群负责编写。客户盈利能力管理工具由王锟、陈剑锋、赵宏鹏、唐涵林、何琳佳、王浩、魏恺负责编写；长安汽车“基于共赢理念的客户盈利能力管理”案例由张宝林、朱华荣、王锟、陈剑锋、赵宏鹏、唐涵林、何琳佳、王浩、魏恺负责编写；南山公司“客户盈利能力管理提升公司营运质量”案例由张能、胥明全、张德勇、彭荣、马丹玲、刘大碧负责编写；长江化工“运用客户盈利能力分析，精耕客户差异化管理”案例由詹明哲、熊志杰、陈卫星、黄永梅、谢阳负责编写；财务公司“利率市场化推动下财务公司盈利能力分析工具的应用探索”案例由崔云江、江红、马洪、荆琼、张静负责编写。

《绩效管理》分册中的企业绩效管理工具由高培正、赵将、杨立负责编写；长安工业“变革基于 BSC 的绩效管理体系”案例由张健、鲜志刚、高培正、赵将、杨立负责编写；建设工业“应用管理会计工具实施‘建设特色’经营绩效管理”案例由车连夫、叶文华、潘锡睿、张诗红、李岩、尹作琴、程燕负责编写；成都光明“基于管理标准、价值创造的绩效管理变革”案例由李小春、刘晓东、万华、宋龙龙、王刚、杨军负责编写；北方工具“资产经营绩效考评体系的构建与应用”案例由张跃华、边玉生、孙岩、王光伟、张英波、闫迎久、王宇珍、孙刚负责编写。关键绩效指标法工具由潘凯负责编写；嘉陵特装“关键绩效指标在企业的应用”案例由黄艳、简然、鞠轶梅、陈挺负责编写；青山公司“切实运用关键绩效指标，提高管理针对性、有效性，保障战略落地”案例由刘波、李培军、王春阳、陈海伶负责编写。EVA提升工具由石尧祥、王华娇负责编写；望江工业“风电齿轮箱EVA中心建设与探索”案例由耿志勇、李光福、刘翔、戴俊、曾小俐负责编写；长江特装“EVA提升引领企业价值创造方向”案例由王绍慧、刘启光、唐志春、李浩渝负责编写。平衡计分卡工具由王锟、陈剑锋、赵非、赵春艳、张小全、牟睿负责编写；长安汽车“深化运用管理会计工具，全面提升价值创造能力”案例由张宝林、朱华荣、王锟、陈剑锋、赵非、赵春艳、张小全、牟睿负责编写；青山公司“深入推进平衡计分卡，确保战略执行落地”案例由刘波、李培军、王春阳、马玲负责编写。

《投融资与风险管理》分册中项目财务管理工具由龚振宇、韩艺负责编写；秦变公司“±1 100千伏特高压变压器基地建设项目投资决策分析”案例由薛桓、刘淑娟、王立伟、何光盛、肖春华、苏宏涛负责编写；昆仑公司“强化项目财务管理，提升项目管控水平”案例由刘亚北、陈智强、刁立社、师爱萍、赵力负责编写；云箭公司“特种产品生产线综合技术改造项目管理”案例由岳曾敬、张琼、乔国安、肖大旺、曾丹负责编写；光明派特“TFT加工制作技术项目财务管理”案例由李小春、刘晓东、万华、宋龙龙、王刚、李霞负责编写。贴现现金流法工具由张德勇、陈军、王泳欢负责编写；B公司“贴现现金流法在企业价值评估中的运用”案例由张健、鲜志刚、张德勇、陈军、王泳欢负责编写；成都光明“贴现现金流法在非球面项目投资中的运用”案例由李小春、刘晓东、万华、谢俊杰、庞跃负责编写。企业风险管理工具由朱华荣、华騳骉、陈剑锋、范朝东、蔡建峰、王雪冰、周永玲、杜琴、张晶、张小全负责编写；红宇公司“推进内控体系建设，提升全面风险管控能力”案例由王绍慧、刘启光、唐志春、徐陆伟负责编写；建设空调“空调器基于全面风险管理的履约监督体系建设”案例由李华光、吕红献、叶宇昕、薛刚毅、宋伟、牛艳丽负责编写。

《报告、信息化与其他》分册中的企业管理会计报告工具由薛刚毅负责编写；望江工业“基于精益化决策的管理会计报告体系建设”案例由耿志勇、李光福、张博、陈玲、罗江铭负责编写；兵器装备集团摩托车部“管理会计报告的深度应用与实践”案例由李华光、宋乐刚、王国强负责编写。管理会计信息化工具由浪潮集团执行总裁王兴山和谢华、张东场、李皓负责编写；长江电工“信息化系统助推管理会计落地”案例由张能、胥明全、顾长仁、马丹玲、李进城、王纲负责编写；建设工业“管理会计信息系统建设实践”案例由车连夫、叶文华、潘锡睿、张诗红、余晖、尹勤、陈琦负责编写；华川工业“管理系统建设实践”案例由邓国栋、万德平、石尧祥、邬鑫、任飞负责编写。价值链成本管理工具由石尧祥、罗金成负责编写；长安汽车“基于平台建设的汽车全价值链精细化成本管理”案例由张宝林、朱华荣、王锟、陈剑锋、张小全、王宁、赵宇浩、李元玥、罗茜欠负责编写；长安工业“基于精益生产方式的特种产品企业计划与物流管理变革”案例由张健、鲜志刚、李毅、黄庆新、梁隆、王德昆负责编写；青山公司“产品全生命周期的全价值链成本管理”案例由刘波、李培军、王春阳、邓梦欢负责编写；华川电装“基于信息化的质量成本推进探索”案例由耿辉雄、张小兵、吕志明、范建光负责编写。小微案例集中的北企集团“降低注塑产品制造成本主要做法”案例由张宏、陈光、黄峥嵘、安永清负责编写；轻骑铃木“强化对标和盈利能力分析，推动效益效率提升和双品牌战略制定”案例由宋乐刚、刘利、黄欣、郝克智负责编写；西南公司“万友滤机产品包装方式优化案例”案例由周开荃、牟焰辉、卢凯、刘红艳负责编写；东安动力“优化价值链管理，提升成本管理水平”案例由陈笠宝、宋志强、任纪刚、孙岩、李伟、肖云芳负责编写；江滨公司“工艺技术改进、产品质量提升、价值创造”案例由金铭、邹晓丽、朱鸿斐、罗文珍、贺彬彬、胡纵负责编写；宁江山川“价值链成本在宁江山川的运用”案例由唐旭东、邓杰、吕凤静、刘武川、赵国斌、李煜遐负责编写。

衷心感谢清华大学于增彪教授、北京大学王立彦教授、厦门大学傅元略教授、上海财经大学潘飞教授、北京工商大学谢志华教授、对外经济贸易大学汤谷良教授在本套丛书付梓出版之际拨冗作序，热诚推介。谨向在兵器装备集团价值创造型财务管理体系建设和本书的成功出版过程中给予关心支持的各位领导、专家学者，以及付出辛勤劳动的工作团队、编写团队和出版团队表示由衷的敬意，并致以最诚挚的谢意。

由于时间和水平所限，书中难免存在许多不足甚至错漏之处，恳请读者批评指正。

编 者

2018 年 5 月